明天被颠覆的是什么

MINGTIAN BEI DIANFU DE SHI SHENME

林汶奎◎著

THE INTERNET BUSINESS

北方妇女儿童出版社

长春

图书在版编目（CIP）数据

明天被颠覆的是什么 / 林汶奎著. -- 长春 ：北方
妇女儿童出版社，2015.4
　　ISBN 978-7-5385-9144-6

　　Ⅰ．①明… Ⅱ．①林… Ⅲ．①企业管理－研究 Ⅳ.
①F270

中国版本图书馆CIP数据核字(2014)第309388号

出 版 人　刘　刚
出版统筹　师晓晖
策　　划　慢半拍 · 马百岗
责任编辑　张晓峰　苏丽萍
封面设计　红杉林
开　　本　700mm×1000mm　　1/16
印　　张　17.5
字　　数　290千字
印　　刷　北京盛华达印刷有限公司
版　　次　2015年4月第1版
印　　次　2015年7月第2次印刷

出　　版　北方妇女儿童出版社
发　　行　北方妇女儿童出版社
地　　址　长春市人民大街4646号
　　　　　　邮　编：130021
电　　话　编辑部：0431-86037512
　　　　　　发行科：0431-85640624

定　　价　45.00元

| 目　录 |

序 明天被颠覆的是什么

当下的这个世界着实让人有些发懵，似乎一觉醒来发现自己已然生活在了另一个星球——一切来得那么突然、一切变得那么陌生。

曾几何时，你已经习惯了通过新闻客户端看新闻，通过微博、微信等移动社交 APP（应用程序）来和朋友保持联系，而不是买份报纸、打个电话。

曾几何时，你已经习惯了捧着手机或抱着平板电脑看书，而不是在包里装上一本重重的纸质书。

曾几何时，你想来一场说走就走的旅行竟如此简单——订票、查攻略、订酒店，在出发前一天，应用程序还会自动弹出提醒日程，在出发前的两个小时会提醒你"该出发了"，到达目的地，通过叫车软件打车，并通过手机定位和移动社交网络口碑来选择要住在哪家酒店——所有这一切，只需一部手机就可以统统搞定。

曾几何时，实体店变成了"网购的试衣间"。在实体店里，你一只手拿着心仪的物品，一只手拿着手机打开扫描软件，对着条形码轻轻地一扫，就知道实体店和网上哪个价格更便宜。你利用实体店体验产品，而在网上以更低的价格购买或直接通过手机购买。当你的手机开启定位服务，在你经过这家实体店的时候，手机屏幕会自动弹出线上线下的优惠活动和曾在这家店有过购买记录的好友的评论。

移动互联网以前所未有的速度颠覆着我们传统的生活方式、思维习惯，同时也在深刻影响和革命性地改变着几乎所有的传统行业。

互联网颠覆传统产业以 2013 年最为疯狂，几乎各个行业只要与互联网相结合，就可以做出颠覆性的市场新格局。

361°联手百度发布防走丢智能童鞋——一个植有智能芯片 (可实时定位) 的可穿戴设备，与手机应用程序连接，借助手机接收、传递信息。

长虹改卖一种叫"Qike"的产品——可以如互联网一样随意观看、储存、备份——意欲挑战传统电视产业。

联想与互联网结合种桃子，结果还没有卖，就形成了"褚橙柳桃"的品牌知名度。

海尔与阿里合作，意欲打造一个"无交互，不海尔"的新市场。

当属于传统行业的教育撞上移动互联网后，也发生了奇妙的变化。"跟谁学"创始人陈向东说，传统的教育模式让教师、家长、学生不能很好地沟通，而利用移动互联网的方式，就可以使三方共处在一个平台相互交流。在这个平台上，可以整合各个学科，不管是文科、理科，还是音乐、美术，甚至冷门的学科，都可以邀请老师在平台上授课，而学生无论处于哪个角落，哪怕是偏远地区，都可以通过这个平台学到自己想学的知识。

传统金融业务同样受到了移动互联网的挑战。以阿里巴巴为首的互联网巨头们紧盯着"移动互联网＋金融"这一领域，余额宝、百发、微信支付等各种新玩法层出不穷。通过余额宝，用户在支付宝网站内就可以直接购买基金等理财产品；用户只需在微信中关联一张银行卡，即可将装有微信的智能手机变成一个"全能钱包"，随时购买合作商户的商品及服务。

就连最传统的钢铁业也不得不向互联网张开双臂。现在的钢铁业都在做电子商务。宝钢发起的上海钢铁交易中心成立半年交易量已突破百万吨。2012 年上线的"找钢网"日均交易量据称达到 5 万吨，网站估值 2 亿美元。

2014 年 2 月 13 日，著名房地产商冯仑在亚布力中国企业家论坛闭幕式演讲中说："我来的前一天去了小米，所有人都在创新和研究互联网怎么样影响和改变房地产。我们一看有一点懵了。为什么？小米现在准备做房地产了。小米产品的简单极致以及它的粉丝经济包括它的服务，它讲到了互联网的思维，所有这一切都在颠覆我们。"——房地产行业竟也在被颠覆之列！

一时间，众多企业家都有"天要塌了"般的担忧。

张瑞敏说："传统企业走到尽头必须向互联网化转型。"

刘永好说："新型的互联网格局正在冲击传统的产业，互联网冲击了零售，互联网冲击了制造业，互联网甚至冲击了我们所谓'高富美'的银行业，互联网的金融势头非常猛，我们银行感觉到极大的压力，我们怎么办？"

王健林说："互联网对传统行业的冲击是趋势我已经有一个认识，今后所有行业必须互联网化。"

俞敏洪说："面对这样的时代，只有两种人：一种人想办法集中自己所有资源，灵活变革，才能继续保持江湖地位；另一种人束手无策，则必须随时做好江湖地位被他人取代的准备。"

马明哲说："互联网肯定会改变社会的经济、文化，各行各业。"

冯仑说："互联网会改变一切传统行业！"

毋庸讳言，在这个移动互联时代，"颠覆"已然成为一种来势凶猛、不可阻挡的风潮，在这个世界上肆意蔓延、席卷，重塑或摧毁着一切。

如果你的生活还没有被移动互联网改变，那么，你就一定处在被改变的路上。如果你不改变，那就等着被颠覆吧。

颠覆固然可怕，但更可怕的是，不知道明天将被颠覆的是什么？

马云说："没有传统的企业，只有传统的思维。当互联网来袭时，不要抗拒，而是拥抱。"

有人说未来是个"大数据"时代。尤其是移动设备普及之后，网上购物会产生数据，搜索新闻也会产生数据，玩游戏也会产生数据，移动传感器、可穿戴设备、智能电视、车载电子设备都会产生数据。所有的传统行业，都将插上"大数据"的翅膀。

毫不夸张地说，这将是一场烈度超强的"工业革命"。

狄更斯在《双城记》中有这样一句话："其实这是一个最好的时代，也是一个最坏的时代。"

该来的总归要来，挡也挡不住，害怕更没有用。与其等着被颠覆，不如自己迎着潮头先"革自己的命"，涅槃重生！

第1章
大数据时代，一切行业都是互联网行业

互联网无所不在，正重塑着一切传统行业，这是人类正面临的"大冲击"。一场由互联网引爆的"新工业革命"已经开始。

　　在2014年的全国"两会"上，百度公司首席执行官李彦宏表示，在互联网思维审视下，每一个产业都是风口；小米科技首席执行官雷军称，互联网对传统行业的改造才刚刚开始；苏宁控股集团董事长张近东在提案中提议升级国家互联网发展战略，加快传统产业的互联网应用，将互联网与各产业深度融合，推动社会经济的整体转型升级。

　　新华信息化专家团成员、中国社会科学院信息化研究中心秘书长姜奇平认为，未来若干年，产业的互联网化是互联网对经济、社会、产业等各领域产生深远影响的典型代表。在产业互联网化的大潮下，各行各业都会成为互联网产业，而互联网产业将消失，因为没有哪个产业不是互联网产业了。

　　诚然，无论是百度与宝马合作生产无人驾驶汽车，华为与车企合作提供智能网络设备，钢铁业融入电子商务，还是医疗设备通过网络实时监控健康状况，都表明我们生活的方方面面已经离不开互联网了。互联网的脚步不会因为某一个行业而停下甚至放缓，它要做的就是改变一个又一个行业，无论是金融业、医疗业、还是钢铁业。

正如腾讯公司控股董事会主席兼首席执行官马化腾所说："互联网不是新经济新领域独有的东西，最终它会像蒸汽机、电力等工业化时代的产物一样，应用到所有行业。"

将来，无论是传统企业还是高科技企业，如果不能从联结的世界中受益，不能通过联结去创新商业模式和交易模式，不能通过用户数据的采集和分析去优化运营和营销，就都将输掉未来。

新东方集团董事长俞敏洪说："互联网发展对每一个企业都提出了重大的挑战，一夜之间，你就有可能被别人超越、占领、推翻了，这种情况都有可能。"

"1号店"董事长于刚说："我们自己都是如履薄冰，现在移动商务来的时候，你不革你自己的命，别人就要来革你的命。"

俞敏洪和于刚的话绝不是危言耸听。

"春雨医生"轻问诊，颠覆传统医疗习惯

当我们的身体有病时，应该怎么办呢？

传统的做法除忍耐之外，当然是按部就班地去医院，先是排队挂号，然后排队看医生，接着还要排队做检查，似乎这些已经是天经地义的事了。然而，有这么一个人，偏要打破这种天经地义，把医疗和网络联系到一起，让人们在身体有小毛病时不必再到医院去。这个人就是"春雨天下"的创始人张锐。

张锐的性格很叛逆，虽然父亲是一名医生，但他却很不喜欢医学，而且刻意去选择与医疗无关的专业和工作，先是在大学时学生物专业，后来又改学新闻专业，毕业后做了传统媒体记者，从理科领域进入了文科领域，再后来进入互联网行业，进入网易公司工作，几年以后就做到了副总编辑这一让很多人羡慕的职位。慢慢地，张锐发现国外的互联网领域群雄逐鹿，人才辈出，而国内互联网领域的精英好像出现了断层。移动互联网的发展，让他看到了自己的创业机会，他觉得应该出去做这个行业的英雄，于是在2011年，他辞掉了网易副总编辑的工作。

走出了第一步，接下来就面临着寻找合伙人的问题，因为一个人蛮干是不行的，必须拥有一个分工科学的团队——这是成功的基础。张锐认为自己是一个不靠谱的人，并且不懂得如何赚取利润，所以必须找几个能和他互补的合伙人。他认为找人要比找钱难，而在找钱的时候，他选择自己掏钱，因为在他看来，拿自己的钱创业就是告诉投资人自己的态度。

张锐在选择自己产品的方向时有很清醒的认识，由于很多网络产品已经很成熟，人们已经形成了稳定的使用习惯，再去复制已经不可能抗衡得过它们，所以他认为万万不可以去做社交，也不可以去做游戏。经过淘汰排除，他和他的合伙人选择了做移动医疗，一个当时国内还没有其他人涉足的领域。

"创业要找准自己的基因。"张锐如是说。

张锐为什么选择医疗这个自己一度非常排斥的行业呢？最重要的一点是互联网的诞生已经巨大地改变了人们的生活习惯，人与人之间的沟通已经不是问题，人们的交际、消费观念都已经发生了质的变化。可是张锐却看不到在医疗领域有什么变化，像游戏、聊天这些不是人们必需的需求都能通过互联网做得风生水起，而医疗这样的刚性需求却无人问津，于是借着移动互联网发展的东风，张锐想要挑战这个领域。

正是由于没有其他人做这个产品，张锐的创业才显得有点顺利，而且他在管理上只用一招："己所不欲，勿施于人。"2011 年 11 月，"春雨医生"掌上客户端上线，张锐成了"春雨天下"的创始人兼首席执行官。

万事俱备，下一步还要有医疗资源。对此，张锐是这样做的：他与一些三甲医院签订合作协议，或者直接与有空余时间的医生签约。这样一来，就有了"春雨医生"。

那什么是"春雨医生"呢？用张锐的话说，就是人们身体不适的时候，可以通过客户端咨询的三甲医院的医生。人们可以从"春雨医生"那里得到专业的解答。当然，张锐对此的定位是"轻问诊"。

中国医疗产业的现实是不太乐观的，具体体现在看病贵，挂号难，医患关系不佳且医疗资源分配极度不均衡。有的医院患者饱和，因为很多人无论多么小的疾病都喜欢到大医院去看，这就造成了医疗资源的浪费，而有的医院则是门可罗雀。"春雨医生"这一款免费医学咨询软件的推出，就较好地解决了这一问题。张锐的这个产品，可以同时满足医患双方的需求。

入驻"春雨"的医生，都是拥有各种资格证书、二甲以上医院的医生，这使得咨询的质量得到了充分保障。很多人的疾病都属于非常小的疾病，不需要去医院看，通过网上咨询就可以解决，这就为医院节省了大量的医疗资源。

医生都是在空余的时间为患者服务的，不是动辄几十上百人的诊断，这样他们就有足够的时间为前来请教的客户做详细的解答，而且这个平台上也有足够的医生为患者服务。每位医生为患者解决的问题，都会被保存下来重复使用。而这些医生通过做网上教育和咨询，可以使自身的价值得到最大限度的实现，同时可以利用业余时间得到一定的报酬。

在这个平台上，患者可以对医生的服务进行评价，如果医生的服务质量很好，就会得到很多肯定的评价，这些评价反过来又会促进该医生得到更多的患者资源。

也许是命运的安排，本来极力抗拒"子承父业"的张锐，最后还是选择了和医疗有关的行业。他创业的产品是"春雨医生"，一款手机医生问答软件，而张锐的父亲则是以医院为平台，面对面地为病人服务。张锐以网络为媒介，让医生们与患者进行远程交流，足不出户找医生，可谓是对传统医疗程序的一个革命性颠覆。

随着公司的不断发展壮大，张锐的产品已经成为移动医疗产品中的标志，用户需求不断增长，成为中国最大的手机问诊平台。可是张锐知道自己的公司还有很多尚待完善的地方，而他的目标是让"春雨医生"成为中国最大的医学知识库。于是他就带领着一个只有几十人的团队，为医生、为患者服务着，同时也为自己创造着人生价值。

转变思维："汽车之家"成为全球最大的汽车网站

李想，一位"80后"创业的典型人物，"泡泡网"和"汽车之家"创始人。2005年年底，"泡泡网"的年营业额达到2000万元，利润率高达50%，占有绝大多数股份的他，身家过亿。2005年，他又从IT成功转型汽车业，创办了网站——汽车之家。2006年5月，李想被授予"中国十大创业新锐"的光荣称号。

李想，1981年生，河北省石家庄人。他成长于一个艺术氛围相当浓厚的家庭，母亲是当地艺术学校的老师，父亲是一名优秀的戏剧导演。1981年是恢复高考的第五年，父母双双考上了中国戏剧学院，无奈只得将李想托付给外婆。在此后的七年里，李想在广阔的田野中愉快地奔跑，随着当过兵的外公外出打麻雀。在他读小学二年级的时候，父母把他接回了石家庄。不过，父母并没有对他严加管束，也没有像大多数父母那样希望子承父业，而是给了他很大的自由空间。现在，他最感激父母的是他们培养了他最重要的素质——独立。

中考的时候，李想考入了当地的重点高中，按理说他应该可以在学业上走得更远。然而还在读初中的时候，李想就对电子游戏机产生了浓厚的兴趣。谈及他接触电脑的初衷，李想笑着说是从玩游戏开始的。1997年，家人经不住他的软磨硬泡，破例给他这个16岁的中学生买了一台计算机，配置都是他自己找的。就这么几个月下来，借助着游戏，他很快熟悉了操作系统和软件。

最年轻的六年美好岁月，李想几乎全身心地投入到了计算机和网络上。大量的电脑杂志阅读加上对电脑硬件的熟悉，让他在读高二的时候，就在国内主流的互联网媒体上发表了文章，他的强项是电脑品牌、硬件选择和专业技术分析，因此千字 300 元的高稿酬他拿到手软。

李想是非常幸运的，他赶上了中国互联网的兴起。和大多数喜欢尝鲜的年轻人一样，李想创立了个人网站——"显卡之家"专业论坛。同类网站不胜枚举，李想决心在显卡之家小试牛刀。那个时候，正值高三学业最紧张的时期，李想坚持每天四点洗漱，阅读相关资料，他几乎把所有的复习时间都用在了更新网站内容上面。这样的辛勤劳动换来了收获，网站访问量由起初的每天 200 人飙升到三个月后的 7000 人，巨大的商机随之产生。刚开始的时候，李想并没有意识到人流量的激增会给他带来财富，直到有厂商主动表示愿意花钱在上面投广告。就这样，高三一年，李想赚到了他人生的第一桶金——10 万元，而当时他的父母月薪也就一千元左右。

1999 年，李想经过慎重的思考，以自己的经历成功地说服了父母，做出了人生第一个重大的决定——放弃高考。然而，刚刚决定在互联网上大展宏图的他就遇到了 1999 年下半年的互联网泡沫。这样一来，广告一个都没有了，李想遭遇到了创业以来的第一个挫折。可是，他并没有气馁，决心在互联网这片土地上正式起航。

2000 年，"泡泡网（PCPOP）"正式成立，所用的资金就是李想的第一桶金。"泡泡网"很快就有了起色，访问量日渐上涨，但是并没有直接的经济收益。李想决定到北京发展。2002 年年初，李想从石家庄转战北京中关村，"泡泡网"开始了真正的商业化运作。从那年开始，"泡泡网"的年广告收益以年均 100% 以上的速度飞涨着。那些年，李想也买了自己的车子和房子。

由于缺乏管理经验，李想接连遇到了创业上的诸多问题。突然有一天，公司一半左右的人都集体跳槽到了竞争对手那里，挽留无果之下，李想开始反思，加紧学习。当员工数达到一百多人的时候，又出现了一次离职潮，这使李想开始考虑聘用专业的职业经理人，而此后，针对员工的保险、公积金等保障性措施逐步完善，连生日会也被列入公司制度。在有企业提出收购意向时，李想意识到了自己在财务知识方面的匮乏，便引进了普华永道有五年专业经验的审计经理。

2002 年年底，李想和几个创业合伙人想创建一个汽车网站，但这还只是一个不成熟的想法，"泡泡网"的成绩还不足以让他们转战汽车网站。李想的座驾从一辆蓝色的 Polo（波罗）换成了宝马 3 系，慢慢地，他开始迷恋上了汽车。当时的主流汽车网站在李想的眼里是一团糟，没有最新的资讯和一手的分析，产品库更是残缺不全。到了2005 年，汽车网站的上马计划已经逐渐成熟。

2005 年 6 月 1 日，"汽车之家"网站（autohome.com.cn）正式成立，由最初的"泡泡"名字改成。对飙车情有独钟的李想谈及网站时说过，汽车具有巨大的市场机会，并且网站模式也相仿于现有的网站，可以在内容和评测方面下功夫，这正是李想的拿手绝活。

不过，李想不愿意随大溜，他喜欢标新立异，互联网需要的就是这种精神。李想策划了一个全新的网站模式，它没有繁杂冗余的内容，每款车型对应一个专属网站，附有最新的图片、数据、新闻以及测评，还创造性地开辟了用户沟通论坛。李想真正地为用户考虑，打破传统网站以综合性为主的格局，突出访问用户的自主选择性，让用户使用时的选择更加便捷和简单。李想前瞻性地认识到了汽车网站在产业链中的位置，对用户来说，巨大的附加值是非常重要的。

李想说过，"泡泡网"错过了最佳的发展机会，被"中关村在线"

抓住了市场转换的时机，虽然通过不懈的努力拿到了第三名的骄人成绩，但是做不到第一，而"汽车之家"很显然看到了成为第一的这个机会，他当然不愿意放过。

"汽车之家"的创建，正好处在汽车行业高速发展期，它的对手也远没有 IT 行业那样强大。李想曾经认为，"汽车之家"是互联网现有的汽车网站里最优秀的，具有强大的互联网生产力。

2007 年，毕业于清华大学、具有工商管理和计算机双料硕士学历的留美人才——职业经理人秦致被李想引入担当汽车之家的首席执行官，而他却屈尊于副总裁的职位。秦致，是一个具备相当能力的人，曾就职于多家国外著名公司，在中国也有较为丰富的从业经历。李想以往的团队在产品和用户方面具有非常深厚的积累，但在管理和销售上力不从心，他正是看中了秦致身上所具备的这些才能。

2009 年，"汽车之家"一跃成为同行业的领头羊，保持着汽车网站咨询高达 50% 的占有率。现在，"汽车之家"可以为全国经销商提供不同类别的服务，客户可以了解到全国各大中小型城市的绝大部分汽车的最新信息。

目前，"汽车之家"已经成为全球最大的汽车网站，日均访问量高达一亿人次。

雕爷牛腩——中国轻奢餐第一号

舌尖上的味道是根植在每个人心中的记忆。有的味道高贵奢华，有的味道朴实浓郁，那一串串的记忆无时无刻不在冲击着我们的味蕾，让整个身心陶醉。雕爷牛腩就是这种记忆——深情款款，细致地道。

说到轻奢餐不得不提的就是雕爷牛腩。这种介于快餐与正餐之间的行业越来越成为饮食行业的重要角色，它的主要特点就是比一些低价位的快餐优雅美味，相比一些正餐又要省时省钱。可以说，雕爷牛腩恰恰是抓住这个商机为中国轻奢餐开辟蹊径的。

那么，创立雕爷牛腩的到底是何许人呢？不错，他就是稳坐淘宝系化妆品和中国精油产品金交椅的"雕爷"——孟醒。二次创业的孟醒以其独到的思维，不惜重金打造自己的品牌。雕爷品质、营销一起抓，使得雕爷牛腩在未出世之前就让千千万万的粉丝翘首以盼了。

首先，雕爷烹饪牛腩的秘方是从香港"厨神"戴龙手中高价购买的，就连炖制牛腩所用的锅都申请了专利。有了秘方，"雕爷"并没有急着开张，而是进行了为期半年的封测。在这期间，"雕爷"邀请明星大腕、微博达人、美食家等免费试吃，从主菜到甜品无一例外，仅仅半年的时间就花费了一千多万元，可"雕爷"自己却毫不在意。

终于盼到了开张，可是顾客翻开菜单的时候简直咋舌——这家餐厅只有 12 道菜，甚至比肯德基、麦当劳的菜品还少。业内人士纷纷说"雕爷"在引火自焚，但"雕爷"偏偏要一意孤行。"雕爷"心里明白：一家餐厅的成功与否不在于经营多少菜品，而在于对原材料不断改进优化和对消费者感官上的提升。为此，他特别创造了咖喱牛腩饭和金汤牛腩面两道特别风味，而单凭这两道风味雕爷就创造出了难以想象和复制的味觉巅峰。

值得一提的是，雕爷牛腩的咖喱的制作方法。相比于市面上只选五六种香料熬制的咖喱，雕爷牛腩熬制咖喱的香料成本颇高，有的香料甚至需要进口，价格往往近百元一克，而且需要用上 21 种香料精心调配才能做出顶级绝味的上品咖喱，并且经过二十多年的反复实践、不断改良才拥有了今天的味道，可谓是独具匠心，功夫深厚。相对而言，金汤牛腩面的制作工序似乎更加考究，给一些不吃辣的食客提供了选择。其实，它的秘密全在汤里：食材所用的鲍鱼一定要新鲜的，用牛骨熬汤，佐以老母鸡、牛筋、冬菇、各种香料，长时间秘密熬制，才能得到一碗香味浓郁、色泽清冽的汤头。金汤牛腩面所选用的面不是香港人喜好的地道伊面，而是纯手工的拉面，但又与兰州拉面不同，金汤牛腩面所选的面粉是加拿大日照时间最长地区所产的麦芯粉，这种面粉做出来的面爽滑弹牙，对于食客而言是不可多得的优质食材。

招牌菜品搞出了名堂，雕爷牛腩在互联网上也是风生水起。由于在封测期邀请明星大腕、微博达人等重量级人物免费试吃，他们为了回馈"雕爷"纷纷在微博、微信里宣传雕爷牛腩的消费体验。有了这些人物的倾力加盟，其网络宣传力度不言而喻。想来，此时"雕爷"的心里也是乐开了花，这一千万元算是花在了刀刃上。

但是，雕爷在微博炒作的过程中，也遇到了一些争议，比如禁止12岁以下儿童进店消费这一店规，这是大多数消费者难以理解和想象的。

可是，"雕爷"并不在乎这些争议，他认为只要互联网有他的粉丝在，他的产业就在，越是有争议，这些粉丝就越坚强，这个产品也就越有生命力。

此外，雕爷牛腩对细节的掌控是细致而独到的。

雕爷牛腩喜欢精练的菜单，在菜单设计方面，以顾客为中心，把顾客的感觉放在第一位。客人坐下来只需要按照顺序点餐就可以了：主菜、前菜、汤品，最后是酒水和甜品。在雕爷牛腩，最有趣的是顾客对于菜的好感和满意度决定着它的存在与否。顾客很少点的菜品会被逐一地请出菜单，而每道菜的呈现也并不是一成不变的，雕爷牛腩会根据顾客的需要，对菜单进行调换，以保证顾客吃到的都是最新鲜、最新颖的菜品。

茶水是每个饭店都不可或缺的饮料，雕爷牛腩向男士免费提供四种茶水，味道从淡到浓，层层递进，工艺也从不发酵到完全发酵。而针对女士则准备了各种花茶，在注重养生的今天，满足女性爱美的需求——花茶是不可或缺的美容、美体之选。

而雕爷牛腩所选用的稻米是绝无仅有的。它所蒸制的米饭主要有三种：第一是从日本移植的越光稻，口感柔软，素有"世界米王"的雅号；第二是蟹田糙米，这种大米从不施人工肥，靠地里的螃蟹提供养料，对大米的本身不做深加工，而是保持其原本的味道；最后一种是泰国香米，这种香米种植历史悠久，香味特殊，和牛腩混合在一起味道独特。以上三种任意一款米饭都可以无限免费地添加。

雕爷牛腩的细致可以延伸到碗筷的制作，这绝对不是夸大。雕爷牛腩所用的筷子材料是从缅甸的原始森林甄选的名贵鸡翅木，在筷子的上部用激光雕刻"雕爷牛腩"字样的商品标识，而且可以保证这些筷子绝对是新的，从未被他人使用过。筷子使用完毕后，服务人员会把这些筷子当作礼品送给顾客，其服务可以说是细心、周到。

作为器皿的碗，则是任何一家餐厅都不具有的，并且这种碗也同样申请了专利。碗的底部粗糙厚重，以免顾客端起来烫手，并且手感也特别舒服。喝汤的部分则薄而光滑，在碗八点二十的位置，特意开了一个斜槽，以卡住勺子，方便喝汤。这种碗放别的食物可能很别扭，但是放上雕爷牛腩的金汤牛腩面则十分合适。简而言之，这个碗就是为这一碗面而特别研制的。

我们可以思考：作为中国轻奢餐第一号的雕爷牛腩如此深受消费者信赖，靠的就是它适应市场的营销策略、地道的制作工艺和对细节的完美掌控。其实，做一件事情并不难，难的是怎样把一件事做精致、做完美，在"雕爷"第二次的创业经历中，成功人士的睿智眼光和敏锐思维可见一斑。

不懂游戏的游戏业精英

如果告诉你，有这么一个人，在大学还没有毕业的时候，就已经赚了几百万元，你相信吗？而且，至此故事还远远没有结束，他在创业时打造的游戏用户已经过亿，开发的第一款网页游戏月收入也有几千万元。这个听起来有点神奇的故事的主角就是王悦，一位自称不懂游戏的游戏行业精英。

王悦的故事其实并没有多么地传奇，也没有惊心动魄的戏剧冲突。他就是一步一个脚印地稳扎稳打，每一步都经过了谨慎的分析。慢慢地，他从一个人赤手空拳"闯江湖"到今天管理着七百多人的公司，年收入也从几百万慢慢地增加到了今天的近十亿。也许这样的一个故事，会给正打算创业的年轻人很多的启发。

王悦是江苏省苏州人，1983年出生，是不折不扣的"80后"。王悦从小就有很强的动手能力，在读初中的时候接触到了计算机，他的伯父在海关工作，这使他有了当时大多数人所没有的经历：玩计算机。也许就是那段别人所没有的经历，影响了王悦以后的人生轨迹。

后来王悦拥有了一台计算机，这在当时属于很奢侈的东西，这是王悦考上重点高中所获得的奖励。阴差阳错，王悦在读大学时却没能读自己心爱的计算机专业，而是去了西安的长安大学读水资源环境工程专业。面对这个现实，王悦决定自学成才，自己去研究计算机。

了解王悦后来在游戏领域里创业成功的人也许会觉得大学里的王悦一定是个游戏高手。像很多大学生一样，每天逃课玩游戏，甚至通宵玩游戏，这才符合人们的惯性思维。可事实是，那些整天沉浸在游戏中无法自拔的大学生往往没有什么成绩，而有很大成绩的王悦却根本就不喜欢玩游戏，只是偶尔玩一下休闲益智类的游戏，创业成功以后的王悦甚至自称"不懂游戏"。

　　如何能靠计算机赚一点钱才是王悦在大学里主要考虑的问题，原因是每年春运回家时痛苦的折磨都令他记忆犹新，所以为了能买一张飞机票回家，王悦特别地想赚钱。当然，现在的王悦早已实现了自己的目标，而他靠的正是自己擅长的计算机。

　　2003 年个人站长开始兴起，这给了王悦一个实现梦想的可能。王悦做起了个人站长，网站的一切都是他自己弄出来的。由于了解市场需求，又恰好赶上了个人网站的黄金时代，所以他每天都能有几千元收入。尽管这并不是王悦的正式创业，但这却为他以后的创业积累了一定的资金。

　　然而，此时王悦也许并没有意识到计算机是自己一生的事业，而仅仅是想用它暂时地赚一点钱。

　　毕业以后的王悦，进入了"51 公司"。尽管他此时已经有了自己的梦想，有了创业的念头，可是他既没有足够的资金，也没有人脉，只能先找一份稳定的工作，然后再根据形势做出选择。尽管在"51 公司"每个月的工资还比不上他做个人站长时一天挣得多，可是王悦并不是目光短浅的人，他要去看一看人家是如何经营公司的，以使自己积累一些经营公司的经验。王悦在"51 公司"做了很多工作——行政、产品、策划、运营，后来又负责游戏开发。从此，这个不爱玩游戏的年轻人与游戏结下了不解之缘。

　　在"51 公司"的时候，王悦就常常研究和思考沟通的技巧，以及如何维护各种关系,公司可能会遇到哪些问题。王悦当初进入"51 公司"时，公司同样处于创业阶段，从初创期到高速发展期，整个过程王悦都是亲历者。这给王悦带来了别人无法体会到的感触与收获。2008 年，王悦带着十多个人离开了"51 公司"。他觉得自己的积累足够了，于是决定自己创业。

　　自己出去闯天下的王悦成立了"恺英网络"，最开始的创业团队仅有 10 个人。最开始时他们只是做一些小游戏，每个月的收入有几十万。这个成绩对于这样一个小公司来说，是足够令人兴奋的了。也就是从这个时候起，王悦确立了自己的发展方向，要在游戏领域干一番事业。

当时网络游戏流行全民"偷菜"，在借鉴了风靡一时的"偷菜"游戏之后，"恺英网络"开发了一款叫"楼一幢"的游戏。该游戏在没做任何推广宣传的情况下，登陆人人网后就有了大量的用户，而王悦也因此得到了几百万美元的投资。这使王悦决定不再做小游戏了。

此时，腾讯网也注意到了王悦，邀请王悦加入他们的开放平台。于是改名为"摩天大楼"的这款游戏就进入了腾讯开放平台，这是最早进入腾讯开放平台的三款游戏之一。尽管分成比例不高，可是目光长远的王悦清楚腾讯过亿的用户量对于他的游戏来说是个很大的机会。王悦没有看走眼，短短几个月，"摩天大楼"的用户就过了亿，"恺英网络"的员工也增加了，王悦的分成也因此提高了。

"摩天大楼"也是游戏与社交结合的产物，玩家与玩家之间可以进行互动。在短短的两年时间里，王悦和他的团队开发的多款社交游戏登陆腾讯朋友、QQ 空间、人人网等平台，拥有了过亿的用户，每天的收入达到了几十万元。

随着腾讯平台的继续开放，行业竞争越来越激烈，王悦审时度势，及时做出了改变：向网页游戏进军。在制作上，网页游戏相对要复杂得多，正好团队里面有这方面的人才，再加上招兵买马找来的人，奋战三个多月，一款叫作"蜀山传奇"的游戏出现在用户的视野里。这款游戏在腾讯开放平台上线以后，反响非常好，轰动的程度连王悦自己都没有想到。

游戏行业的规律是，每年都有几千款游戏问世，可是只有很少的一部分能赚到钱，而"恺英网络"以蜀山为题材的"蜀山传奇"作为王悦推出的第一款网页游戏，每个月的收入达到了几千万元，令他成为这个行业的佼佼者。

由于在设置上与"摩天大楼"等社交游戏不同，"蜀山传奇"更赚钱。这个成功的转变，显示了王悦在这个行业的高瞻远瞩。

社交游戏没落，网页游戏兴起，这是大势所趋。于是，王悦把所有的精力都放在了开发网页游戏上。

在公司的管理上，王悦知道自己没有必要事必躬亲，他请来专业的管理人才，然后自己管理这些人，效率非常高。这个行业的人都知道，游戏是很赚钱的，可是竞争也是相当残酷的，今天你起来了，明天也许就会被另一个更有创意的团队赶上，所以大家都非常努力。

王悦觉得不应该过分地依赖腾讯平台，而应该有自己的平台去推广自己的产品，想到了就去做，王悦就是这样的一个人。有了自己的推广平台，成本就大大地被压缩。而"恺英网络"的产品除了"蜀山传奇"，还有"斗战西游""炎黄传奇"等。

我们看到了王悦的成功，可是却很难体会到他付出的辛苦。从一个轨道成功地转移到另一个轨道，王悦依靠的不是凭空而来的运气，而是自己付出的努力。

王悦有魄力，做事果断，该出手时就出手，该放弃时也不会有太多的犹豫。他觉得过去的经验能用则用，跟不上潮流的经验就要敢于抛弃。

王悦并不是游戏领域的拓荒者，他一直是跟在这个领域的先行者后面做自己的事，可是他的每一步都是那么机智与稳定，每一步都走出了自己的风格。如果非要说存在运气的话，那么运气也只会降临在有准备的人身上，而王悦就是这样的一个人，他在创业之前就进行了大量的积累。

王悦，一个自称不懂游戏的年轻人，他认为正是自己不懂游戏才会让自己的团队放手去干，给其他人足够的空间，使缺点转化成了优点，创造了如今的传奇。

王悦从一个非计算机专业的个人站长到"恺英网络"首席执行官的传奇经历生动地告诉我们："天道酬勤，事在人为"。

从七元钱到亿万富翁：乔万里的"万里征途"

商业互联网在中国已经走过了 20 年的历程，在这不长不短的 20 年里，我们会发现，游戏是互联网上最有"钱景"的商业领域之一。这导致大大小小的创业者蜂拥而入，可是能分得一杯羹的仅仅是少数。而"胡莱游戏"就是其中一家很有代表性的公司，它的创始人是乔万里。

乔万里是"80 后"，江苏省连云港人。他的学习成绩很好，17 岁时就考入了哈尔滨工程大学。大学时代的乔万里对成功的欲望非常强烈，曾高调宣布自己有两个愿望，一个是成为学生会干部，另一个是要成为亿万富翁。这在当时被看作天方夜谭。

乔万里是一个不服输的人，通过努力，他真的参加竞选，成了学院的团委副书记，并且非常热衷于社团工作，通过组织各种各样的活动得到了充分锻炼。这段经历给了乔万里这个从农村走出来的孩子很多自信，而他也坚定地认为自己未来做任何事情都能成功。虽然当时他的很多行为不被同学理解，但他却显得气场十足。

大学毕业以后，乔万里进入中国科学院空间中心工作。可是他对此并不满足，他想要自己的家人过上更好的生活。于是，他决定创业。

乔万里的第一个公司成立的时候，连他自己都不知道应该做些什么。第一份工作是代理销售人力资源软件，在那个时候，这还是比较赚钱的。可是乔万里在 2002 年忙了一年，却发现自己做了亏本买卖，不但没有赚到什么钱，还亏损了 5 万元。

乔万里决定从头开始，这一次他意识到一个公司必须有核心竞争力才能存活。这时乔万里碰到了一个大学同学，这个同学的机械设计成绩特别好。他们决定合作，于是在北京回龙观租了一个兼有办公、居住双重性质的民房。这样，公司就算是成立了，取名"若态"。而此时乔万里并没有辞职，而是在兼职创业，因为若态只有靠乔万里在中科院的工资才能支撑下去。直到 2010 年乔万里才从中科院辞职。

新公司生产销售机器人玩具，可效益还是不好。乔万里冥思苦想如何才能把产品卖出去，一番思考之后，他决定找一个可以买下他们技术的公司。于是，他开始在网上搜索国外玩具公司的官网，然后发邮件，可是没人回复。后来通过一家国外的邮件中转网站，他联系到了一些国外有名的玩具公司，然后就在回龙观的民房里和这些公司洽谈。通过洽谈，他得到了 3 万美元的意向定金。之后，他决定接受风险投资，并且想办法找到了天使投资人。再后来，也有其他投资公司来和乔万里联系。根据投资公司提出的条件，公司要搬到苏州，于是乔万里把公司分成了两个机构：一个在苏州，另一个继续留在北京。

当万事俱备的时候，下一步要做的就是把科研成果变成产品，然后经历市场的考验。在承受了各种痛苦的煎熬之后，公司获得了初步的成功——他们的产品在国外获了奖，公司开始向好的方向发展。

按照旁观者的思维，乔万里应该会从体制内辞职，然后一心一意地做玩具行业，并努力把它做大。令人匪夷所思的是，乔万里既没有从中科院辞职，也没有把目光盯在玩具这个领域。而是慢慢地退出了公司的管理——在推出了"胡莱游戏"之后，不再担任若态公司的董事长，淡出了自己缔造的公司。

这是因为，乔万里的兴趣转移到了互联网上，而且是竞争相当残酷的游戏行业。

对游戏感兴趣的人太多了，他们大多是在互联网环境中熏陶出来的，而乔万里则没有接触过这个领域，属于半路出家。乔万里想要挑战这个行业，仅仅是因为偶然听说游戏在美国很流行。

和上回创业一样，乔万里带着几个志同道合的人兼职做这件事。努力了一段时间后，他们开发出了一款社交游戏——"胡菜旅馆"。游戏在人人网上推出，取得了很好的成绩，每个月能有 30 万元的收入，算是小有所成。其实这个时候的乔万里，连农场游戏都不会玩。虽然赚了一些钱，可是乔万里知道如果扣除掉一些公司运营推广等花费，也剩不下什么钱。后来因为一些原因，他的一些员工跳槽，而公司在运营了一段时间后，"胡菜旅馆"以数百万元的价格被出售给了一家网页游戏公司。

乔万里的这次创业，为他积累了大量的经验，而且这也使他对于如何管理一个公司、如何运营一款游戏有了很深的体会。

虽然公司也搞了几个其他的项目，但远没有"胡菜旅馆"那样成功。这使乔万里觉得还得走社交游戏的路子，于是他决定推出"胡菜三国"。可是，他对涉及游戏技术方面的事都不懂，平时也不喜欢玩游戏，而公司又缺乏这样的人才。于是，乔万里干脆自己做起了游戏策划。他觉得，凭着自己的生活积累，凭着自己对人性的把握，他可以给用户们一个惊喜。当然，"胡菜三国"的推出过程是难熬的，乔万里的团队会因为某个问题而连续熬四五个通宵。不过，最终还是有了成果。2011 年，"胡菜三国"上线，它综合了社交游戏和网页游戏的特色，并且作为第一款策略性社交游戏登陆腾讯开放平台。

乔万里的付出没有白费，"胡菜三国"非常成功，在朋友网上日活跃用户 40 万，而在 QQ 空间上，日活跃用户最多时达到了 1000 多万。看到公司的日收入达到了 400 万，乔万里都有点不敢相信自己的眼睛，甚至都开始失眠了。

"胡菜三国"iPhone 版在年度最畅销游戏排名第一。这标志着乔万里的公司开始赚钱了。

直到今天，在社交游戏没落、手机游戏崛起的时代，这款社交游戏也仍然有每个月上千万元的收入。而在当时，谁也不知道搞出这么大名堂的人到底是何方神圣。

"胡莱三国"一鸣惊人之后，乔万里想要扩大公司的规模，进行了 B 轮投资。B 轮投资对于乔万里来说，其实更多的是具有象征意义——公司本不需要那些钱，但是 B 轮投资的都是红杉资本、贝塔斯曼这样的大腕，这本身就是对乔万里公司的一种肯定。

在互联网的圈子里，想要取得成功很难，想要保持成功更难，想要在成功之后成功地转型更是难上加难。乔万里看到了网页游戏的发展，于是决定进军网页游戏。

2012 年，网页游戏"斩仙"问世。"斩仙"获得了更为辉煌的成绩——每个月有上千万元的收入，这使乔万里不知不觉中实现了他多年前的那个梦想——做个亿万富翁。

数据资产化：做大数据最"性感"的公司

《哈佛商业评论》将数据科学家称为"21 世纪最性感的职业"，这让国双科技董事长祁国昇很是感慨。"数据"这个词大多存在于互联网从业人员的思维中，没想到竟然和"性感"挂上钩了。

不过，权威业界对于大数据的定义，给了国双科技这个企业很大的动力。祁国昇有时候甚至会很激动，这家专门从事数据收集、处理、分析的公司终于有了名分，从此能名正言顺地做下去了。很多人对于大数据的理解还是错误和不全面的，但是大家越来越意识到了数据的价值。数据是一项可以从事的业务，是有非常大的价值的。祁国昇正是依靠大数据的崛起，创办了国双科技公司。

近年来，随着大数据的兴起，国双科技迅速发展，势头喜人，不仅实现了倍速增长，还成功获得了风险投资。2011 年，国双科技公司销售额以十倍的速度呈井喷式增长；2012 年，发展势头依然强劲。曾经萧瑟的"荒野"，如今正成长为茂盛的"草原"，朝气蓬勃。不过，对于这家"最性感"的公司而言，面临的挑战依然会很多。

在专业做数据之前，国双科技的主要业务是网络营销和用户分析。作为国内极少数从事数据分析、挖掘和咨询的专业机构之一，国双科技以前主要是为客户提供分析数据的产品，价值大多体现在产品的功能和分析服务上。祁国昇现在说，数据的累积使得他发现，数据本身就潜藏着价值，而且是多样化的。

2005 年，国双科技公司成立，以软件外包为主要业务。当时，搜索引擎中数据产生的营销价值引起了祁国昇的重视。2007 年，祁国昇"大义灭亲"，忍痛放弃了为公司创造最多利润的外包服务，转而开始研发 WebDissector（网络分析工具），这相当于二次创业。刚开始的时候，市场还没有意识到数据的价值，但祁国昇坚定自己的信念，坚持认为未来市场对数据的需求是刚性的。他说，移动互联网的发展超出了人们的预期，数据量之巨大让传统的数据库方法束手无策，数据的产生速度要远远高于数据处理速度。用户能够通过购买获得解决方案，但是对于数据的持续挖掘和深度分析需求却是无法满足的。

认识到数据的重要性，是祁国昇的国双科技在互联网创业的百舸争流中依旧纵横捭阖的最大原因。在数字媒体产业蓬勃发展之后，国双科技一直把重心放在大数据上。前瞻性和创新性是互联网企业成功的关键。祁国昇很早就认识到大数据的重要性，这使他较之于同行既有大量的经验，也有成熟的案例，企业竞争力很强。大数据的集中和强悍的分析能力是国双科技的核心技术，这使它在行业内具有得天独厚的优势。这样的业务能力，使得国双科技在面对用户提出的数据业务需求时能够快速、有效地解决问题，在日益激烈的市场竞争中游刃有余。

2011—2012 年，经过三年的卧薪尝胆，国双科技主攻的在线分析业务收入呈逾十倍的猛增。公司的客户也超过了 300 家，遍布于 18 个不同的领域，全球 500 强和中国 500 强等知名企业占据了绝大多数。对于这样的优异成绩，国双科技副总裁李峰表示，公司的主营业务主要集中在大型企业和单位，这样的客户由于具备机构成熟、架构完善等特点，对运营管理提出了更高的要求，需要以大量的数据分析为依托，相应地会要求更细致和完善的服务。而那些还在发展中的中小企业，追求的是更快的发展和扩张，发展模式还处在早期的粗制滥造阶段，对于精细化的运营管理没有高要求。针对这种市场需求，国双科技将消费群体定位在大型企业和单位。

2013 年，国双数据中心正式成立，"将数据资产化"是这个中心的主攻方向。该中心一开始就面临着重大的挑战，如何全面地"激活"国双数据中长期运营积累的数据挖掘能力和数据资产，等待着这个团队去思考、解决。

在数据资产化这个新领域开发出新的商业模式，是国双科技未来要面对的关键问题。国双科技曾经和国家信息中心合作关于电子政务的业务。在一项业务合作中，祁国昇发现，大量的历史数据累积成的全样本数据对于分析起到了至关重要的作用。这个报告最终促成了政府出台规定，改变传统的操作方式和方法。

数据资产化是国双科技企业试图开拓的新的业务增长点，祁国昇首先将突破口放在需求较大的运营商、网络电视台等领域。尽管这类业务呈现出较快的增长势头，但企业也面临着技术之外的问题。对于这些企业或单位来说，数据的安全隐患是它们要考虑的问题。国双科技在商业上有着自己的生存底线，祁国昇明白，客户的放心是企业生存的法宝，在数据分析的前提之下，绝不涉及或泄露客户商业性的数据秘密。

在数据的采集过程中，祁国昇慢慢地发现，数据分为商业数据和行业数据。对于商业数据，祁国昇的企业进行商业服务后绝不保留，坚守企业的生存底线。但是，对于行业性数据，祁国昇明智地选择了保留。后来，这些数据对于整合相关行业、分析行业发展趋势产生了巨大的价值。

互联网行业，一旦某种潜力或价值被发现，就将后来者不断。对于国双科技这样的"老人"来说，后来者往往拥有更新的技术、更大的企业活力，会给它带来冲击。祁国昇很明白，但是他又指出，数据行业的数据积累为行业"老人"带来了发展优势。实时数据或者说部分数据只能解决局部性、结构性的问题，对于系统性的问题往往无能为力。而国双科技的数据积累正好适应了这样的发展趋势。

对于企业的快速发展，祁国昇坦言，高速发展容易遗留隐患，国双科技的发展速度将会一直保持在一个可控的范围内。

做不完的生意，学不完的新思维

有这么一个人，曾经几度进出监狱，是一个需要社会拯救的人。但如今，搭着互联网的顺风车，他完美蜕变为一个成功的商人，身价超过千万。他就是一个初中还没毕业的创业牛人——陈灵富。

陈灵富，出生在 20 世纪 70 年代浙江温岭的一个农村家庭，他小时候并没有显示出什么特别的地方，有的经历倒是颇可玩味。

陈灵富经常独自坐在自家院子里的一个石凳上抬头观察黄昏的日落，邻居从农田回来路过看到他这副"傻"样，便打趣道是从机场赶回来的。当时他的脑海里还没有"机场"这个新鲜的词语，只知道家里养鸡的鸡场，每每都会回应："鸡场是捉鸡的吗？"邻居只当这个小伙子在开玩笑，更爱捉弄他了。

由于一直生活在偏僻的农村，陈灵富一张嘴就是家乡话，普通话说得很"方言"。有一次，肯德基的服务员忘了给番茄酱，陈灵富把"番茄酱"说了很多遍，但还是没能让服务员听懂，他急了，反而批评人家听不懂普通话。而就英语字母究竟有多少个的问题，他以 10 元钱的赌注，白糟蹋了 20 元钱。不过，他打小就学会了搓麻将，为了把账算好，数学还是不差的。

陈灵富初中还没念完就早早地辍学了。过早地流落到社会，由于没有得到正确的指引，他渐渐地混迹于当地的不良社会团伙里。那段时期，是他人生中最不光彩的时期，他沦为了实实在在的社会不良青年。1993 年，他因犯抢劫罪而被收监管教一年；1996 年，抱着好奇的心理，他买了一把发令枪，却突发奇想地进行了一番改造，在温州被当作危险人物再次被关押了 3 个月；1999 年，又因为涉嫌强奸帮凶蹲了两年半的监狱，而事实是结识的弟兄在他不知道的情况下借用了他的屋子。

有这样的经历，想要在社会上找到一份安稳的工作是非常困难的。在走投无路的情况下，2002 年，刚刚走出监狱大门的陈灵富沉迷于网络，试图在网络游戏里发泄自己对社会和生活的不满。凑巧的是，他竟然在游戏方面具有很高的天赋，简直算得上是一个天才，很快就能"杀"得别人片甲不留。被陈灵富在网络上"痛宰"的人，输了之后就开始辱骂他，表示不服气。陈灵富气得直跺脚，想骂回去却不会用拼音打字。万万没想到的是，陈灵富竟然主动花了一笔钱去电脑培训机构学了一段时间的五笔打字，阴差阳错地在他早期混沌的路上做了一件正经事，而这也为他以后的淘宝创业打下了很好的基础。

　　更让人想不到的是，陈灵富靠着游戏竟然赚了近 20 万元，主要是帮网上的客户打游戏。既然打游戏能够挣钱，陈灵富就决定把这个事情做大。他开始召集一些社会上的无业青年来帮他玩游戏。不花钱就能有免费的游戏打，还管饭，双方都得到了实惠。

　　眼看到了结婚的年纪，陈灵富也和多数年轻人一样选择了相亲这条传统的道路。接连接触了三四个对象，却连一个电话号码都没有拿到，他心中很是难过。头脑灵活的陈灵富最后总结，是陪同相亲的朋友普遍比他帅，把他给比下去了。于是陈灵富耍起了小聪明，开始专门找那些长得比自己还矬的朋友陪他一同去相亲，竟然还真就相中了一个。2003 年年底，陈灵富顺顺利利地完成了人生大事。

　　结婚之后，陈灵富还是以帮人打游戏为主要的赚钱手段。做了一段时间，他又干起了转手游戏装备等相关买卖。2006 年年底，网络游戏行情开始大幅下滑，陈灵富开始面临转行的问题。虚拟的世界，终究不是个长久之道。陈灵富利用自己在网络上挣得的第一桶金，在贵阳和朋友一起开了一家五金店。最后五金店散伙的时候，陈灵富大赚了 70 万，花了 20 万元买了一辆出租车，然后又以 65 万元的高价转手。在房地产红火时，陈灵富在长沙、贵阳等地做起了炒房的行当，几乎回回都能赚到钱。

　　后来，陈灵富再次回到了自己的老本行——网络上面。不过，这一次他做起了淘宝生意。2008 年 7 月 16 日，他尝试着在淘宝网上销售男鞋。在那个网络购物刚刚兴起的年代，网上充斥着便宜货、假货，而陈灵富也以为网上都是这个样子的。

　　世事难料，老实人有老实福。有一次，一个顾客到陈灵富店里买鞋，当他得知是对方结婚穿的时候，便拒绝了顾客。知道实情的顾客被陈灵富的真诚打动了，成了店里的老客户，每年都能消费上千元钱。2008 年 10 月，陈灵富将淘宝店更名为"小博士童鞋城"。

慢慢地，陈灵富又捕捉到了小孩子身上的商机，销售玩具、滑板之类的东西。

陈灵富虽然初中还没毕业，但是深知人才对于创业的重要性。有一次，一个美工来面试，陈灵富折返了一百多千米亲自去接送。而陈灵富也是一个工作狂。刚起步的时候，所有的事都是他一个人在做，每天他只能睡四五个小时，累的时候就用冷水冲冲脸。后来，积劳成疾，他在医院里待了一个多月。

在鞋子买卖上尝到甜头的陈灵富并没有满足，他又新开了一个汽车用品店——舞悦，专业从事汽车相关产品的销售。为了进一步发展，避免陷入恶性竞争当中，陈灵富把产品品质和服务质量放在首要位置，不到一年的工夫，舞悦淘宝店就晋升为皇冠店。后来，陈灵富把重点转移到了舞悦上，并收购了一家快要倒闭的生产汽车用品的工厂，作为舞悦的生产基地。自产自销的商业模式，加上自己对产品和服务的高追求，让舞悦在同类产品的销售上逐步占据了领先地位。

陈灵富生意越做越大，团队人数也逐渐增多，办公地点也从松门小县城搬到了市区。陈灵富还特别注重对公司的管理，开始大幅提高管理层工资，并且年底给予近半数的员工利润分红，这对于稳定管理团队和保障员工利益起到了很好的效果。

如今的陈灵富再也不是当年那个迷茫的无业青年了，互联网带来的创业浪潮彻底改变了他的命运。现在的陈灵富，再也不打麻将了，别人问他都在忙些什么，他说在忙着培训和学习呢。

用互联网思维经营房地产，万科再创新辉煌

这个时代好像处处都在谈论跨界，跨界运营已经成为商业发展的时尚，就连那些在传统行业中拥有"霸主"地位的企业也明白了如今

企业发展的不确定性要比过去更多。比如，万科就有了改朝换代的危机感，而"用互联网的思维经营房地产"，也成为那些地产精英们最喜欢谈论的话题。事实证明，万科也精准地抓住了这个机会。

万科的创始人王石最早就职于广州铁路局，是一名技术员。当时的王石，每个月只能拿到42元工资。后来王石觉得不能再这样下去了，决定做点什么，就毅然决然地跑到了改革开放的前沿——深圳，因为当时深圳的建设热火朝天，也有一些优惠政策，有着别的地区所没有的机遇。虽然王石不知道自己要去做什么，可还是来到了深圳市发展公司。经过研究，王石做起了玉米生意，几经转折，历经大起大落，他赚到了人生的第一桶金。

尽管已经狂赚400万元，王石却一点儿也不满足，他仍然认为这只是小打小闹。他的野心很大，要干一番有影响力的事业。王石在1984年成立了深圳现代科教仪器展销中心，也就是后来著名的万科的前身，王石就任总经理。1988年国内已经具备了发展房地产的有利环境，王石决定进军房地产业。万科于同年完成了企业发展过程中的重要一步，发行了中国大陆第一份《招股通函》，发行股票288万股，集资2800万元。万科坚持"高档房，高售价"的原则，使公司的事业一直顺利进行，树立起自己"高大上"的品牌形象。

"跨界运营"成为时髦的名词，万科自然也不会落后。

曾经有很多传闻，说万科不想再搞房地产了，要改行做别的项目。万科企业股份有限公司总经理郁亮表示万科只是要用新的思想来武装自己，目标仍然是要做好原来的业务，做好自己的本行。

互联网时代已经到来，这是不可逆转的趋势，万科不可能没有意识到这一点。

房地产是国家经济的重要产业，在互联网席卷人们生活方方面面的时代，它会被网络颠覆吗？还是会利用互联网，在行业固有优势的基础上去捍卫自己的地位？

没有什么是一成不变的，今日的"霸主"地位说明不了什么。就拿手机领域来说，当诺基亚"雄霸天下"的时候，谁会看到它后来的衰落？当小米宣布要"进军"手机领域的时候，谁又把它放在了心上？谁能保证自己的这个领域不会出现一个"小米"呢？与其等着"小米"的出现，还不如像腾讯一样，在自己内部搞一场革命。

2014 年，万科高层在郁亮的带领下，先后拜访了腾讯、阿里巴巴、海尔等企业，目的自然是"取经"，并且先后与淘宝、腾讯进行合作。万科苦心研究房地产业如何在互联网时代跟上脚步，成功转型，率先打开了传统的房地产行业与互联网结合的大门。

万科研究了很多互联网公司，"取经"之后，经过深度思考，商业模式就有了明显的互联网思维。简单地说，就是注意培养与客户的黏性，就像"小米"所做的那样。

万科与淘宝是这样合作的，万科宣布淘宝用户全年花钱的总数可以直接冲抵万科在 12 个城市 23 个楼盘的购房款，最高可以抵扣 200 万元，这样的话，淘宝用户的购房成本最多就可以节省 10%。万科巧妙地利用互联网实现了销售突破 13 亿元的业绩。

万科还搭建了网络客户端，与阿里巴巴淘点点线上服务平台签约，业主可以随时下单、付款，而餐饮半小时就可以送到业主的家。

万科曾经有一个叫作"金色里程"的项目，但所在区域不在主流地产板块，临近加油站与殡仪馆。客户对此当然会有所排斥。

后来互联网因素在其中大显身手：万科请来了南京本地的一个说唱团体，创作了一首说唱作品，歌词诙谐幽默又"接地气"，唱出了一些客户心中所想，在互联网上形成了"病毒式"传播。万科接着推出了"万科小红人"的形象，售楼处和样板间布置得非常贴近年轻人的心理，项目调整为 70 平方米的复式两房和 108 平方米的三房，而且会赠送一部分面积。

这样一来，2009年万科重新开盘的时候，情况出现了惊人的转变。

在推出的234套房中，其中的225套有客户购买，平均价格为10570元/平方米，来电来访在高峰期突破了800组，形成了购房的风潮。这可算是利用互联网思维进行改造并且大获全胜的典型。

万科与中信出版集团签订了合作协议，万科引进中信书店及书店衍生业务，极大地丰富了万科的商业内涵，万科的商业文化及社区文化因此有了笔墨香，使万科的社区与读书联系到了一起，打造了一种富有人文气息的生活方式。

万科不断地进行着跨界，先是食堂、市场、洗衣店，现在又是书店，万科不断在其社区商业增加让人耳目一新的元素。万科社区的中信书店不只是读书的地方，还融合了咖啡、网络、银行等多种元素，满足了顾客多元化的需求。

在学习互联网思维的热潮中，万科学会了跨界，打破了常规的思维方法，十分注重用户体验，成功地丰富了自己的产业链条，创造了新的辉煌。

珠宝和手机游戏的跨界合作

"隔行如隔山"，这句话生动地说明了各个行业之间有着不可逾越的鸿沟，从事某个行业的人最好一直从事自己的老本行。可是"跨界"却是2014年最流行的词之一，我们也可以看到许多大大小小的跨界——阿里巴巴本来做电子商务做得好好的，却跨界搞起了金融；本来在视频领域叱咤风云的乐视却卖起了智能电视，而且都做得有声有色。

如今，跨界俨然成为一种热潮。苹果跨界了，诺基亚被颠覆；乐视跨界了，传统电视生产商压力很大。人们这时候会发现，原来的对手已经不是对手，而自己的真正对手不知道是从哪里来的。曾经给人以不搭界感觉的两个行业，今天却可以紧密地捆绑在一起，各个产业之间不再有什么鸿沟，很多公司也许还挂着原来的招牌，但是人们却再也看不出它是一家什么公司。

在如今这个时代里，很多万试万灵的老话都失去了存在基础，人们面对着瞬息万变的世界，不禁要感叹：多元才是王道。

跨界是一种行为，是一种思想，其实用简单的一句话概括，就是：在酒吧真的就只能喝酒吗？

跨界虽然渐成时尚，作为传媒的一个流行语反复被提起，但是周大福和"天天酷跑"的合作还是着实让人吃惊了一回。一个是在黄金珠宝零售业中首屈一指的品牌，另一个则是风靡一时的手机游戏，这两者实在是无法让人联系到一起去，可是它们还真就走到了一起。

2014 年 6 月 14 日，五十多名手游玩家在北京前门的周大福三楼齐聚一堂——"天天酷跑"黄金联赛北京赛区线下选拔在这里举行，这些手机游戏玩家都是赶来参赛的选手，联赛在线上和线下都有角逐，获胜者的奖品是价值上百万元、由周大福提供的金枪小帅奖杯一座（金枪小帅是腾讯"天天酷跑"中的角色之一）。

"天天酷跑"于 2013 年 9 月 16 日发行，是腾讯移动游戏平台专门为微信和手机 QQ 用户设计的一款精品手机游戏，是腾讯天天游戏系列的第三款，有很多全新的设计，比如萌动宠物、超萌小精灵等，用户可以随时与微信以及 QQ 好友同时玩，该游戏上线后在不到一天的时间里即登上 App Store（应用程序商店）畅销榜第一位。

其实这并不是腾讯第一次搞跨界，2014 年 3 月，"天天飞车"与通用就有了合作，是将通用旗下运动风格的汽车形象融入到自己的游戏中。

而其合作伙伴周大福，竟然也不是第一次玩跨界——2007 年时，它就与诺基亚合作推出了一款黄金限量版手机，作为赠品与之搭配的黄金——双色限量版指环，自然是周大福的作品了。

手机游戏的跨界运营现在已经不是什么新鲜事，可是和金店进行跨界营销，这在以前是没有过的。这样一款风靡一时的手机游戏，为什么会突发奇想要和珠宝业品牌合作呢？

原因是目前手机游戏的用户持续增加，日活跃用户已经达到了 8000 万人，这让周大福看出了"天天酷跑"作为媒介的价值。周大福是想借助这个平台，与"天天酷跑"的粉丝们建立一种感情上的联系，也就是一种"为我所用"的思路。周大福亟须在年轻人中寻找"知己"，寻求突破，自然会把目光盯在年轻人云集的腾讯游戏平台上。如果在这方面真的有所突破，培养一批新一代的消费者，对于周大福未来的进一步发展，意义是不言而喻的。可以说，这一代人是周大福能否在战略方面成功转型的关键。

在两家企业的战略合作发布会上，腾讯的游戏副总裁吕鹏对双方共赢的前景很乐观。双方的合作不仅仅是共同举办这场游戏联赛，还要在游戏中增添一些周大福的色彩，比如游戏中的宠物形象会有很多是周大福最著名的产品——福星宝宝，同时，周大福也会在自己的黄金饰品中打造"天天酷跑"中的游戏形象。和腾讯以往的跨界营销比起来，这回与周大福的合作显得更加深入。

周大福制作的金枪小帅形象也将会在线下的两千多家店面进行宣传，玩家可以通过新增游戏专属的微信公众号入口购买产品。活动上线仅仅三天，周大福的饰品日均销量就达到了平时的三倍以上。

周大福的优势是历史悠久，是一家有着八十多年历史的华人珠宝品牌，由于是做奢侈品的，自然有一种高贵的气质，而且是那种古老的"家传贵族"。腾讯选择与之合作，多少可以使自己的"草根游戏"

摆脱一种"土气"；周大福虽然财大气粗，但是免不了有一种跟不上时代"老古董"的感觉，这次合作，将会给自身的形象打上很时尚、很年轻、很"互联网"的烙印。而周大福也会在"天天酷跑"的海量用户中培养自己的潜在用户。最重要的是，这两家企业的性质完全不同，根本不搭界，彼此之间并不存在竞争。

"天天酷跑"与周大福的合作开移动互联网和传统珠宝零售业之间跨界合作的先河，是传统行业"进军"互联网领域的又一次尝试和探索。而从中我们可以发现，市场竞争已经白热化，行业之间的互相渗透已经成为一种必然。

看媒体人詹宏志搞跨界

詹宏志人生的精彩程度足以拍一部影视剧——他赶上了台湾许多大事。

詹宏志曾经是台湾知名文学评论人，台湾畅销书作家。他策划过台湾"音乐教父"罗大佑的音乐，也是 20 世纪 80 年代台湾文化的幕后推手，是著名影片《悲情城市》《牯岭街少年杀人事件》的制片人。作家、编辑、媒体人，这些工作他无一不精，是有名的跨界高手，后来又玩起了互联网。

詹宏志创办了两家互联网公司，而且都办得很成功。一家为台湾最大的综合网络提供商，另一家则是台湾最大的女性购物平台，这两家公司使他成功地从媒体人转变为互联网人，而他跨界的整个过程不仅很戏剧化，也使他的经历显得更为传奇。

詹宏志的媒体人经历是极为成功的，他做主编的时候年仅 25 岁，可谓年轻有为。他于 1995 年离开出版社，与几位朋友合办一本关于计算机的杂志。经过努力，这本杂志还真的成功出炉了，但詹宏志觉得这本杂志应该有一个网站，于是网站"电脑之家"（PChome）就诞生了。这是台湾最早的网站之一。

尽管在纸媒上如鱼得水，但詹宏志有实力做好互联网吗？答案是肯定的，就像他每一次跨界都做得有声有色一样。

那时的台湾互联网更新很慢，可是詹宏志的网站却每天都更新，密切关注着互联网世界的动态，很快就小有名气。"电脑之家"鼓励大家通过订阅的方式浏览，并很快拥有了超过十五万的用户，可见其受欢迎的程度。也正是这个结果让詹宏志相信：互联网将改变世界！他觉得网络媒体不会仅仅是将新闻内容移植到网上，而是颠覆传统媒体的报道方式。

在这种情况下，詹宏志做出了一个非常有野心的决定——他要成立一个以互联网新闻为主的电子报联盟。他的思路是这样的：每一个用户注册了账号，来到这个平台，"电脑之家"帮助这些用户发送他们自己制作的内容。这个模式的背后含义就是，人人都可以做记者！人人同时又是读者！

这种报纸的内容包罗万象，既有《冷笑话精选》，又有收集商场信息的《富家女败家报》，共达两百多种，詹宏志每天要发送四千万份报纸。

不过，这些成绩都是后话，当时面临的问题是，用什么办法让这个计划执行下去？如何才能赚到钱？虽然"电脑之家"的注册人数在2000年已经达到了一千万人，可是收入来源依然是一个问题。在这种情况下，詹宏志仍然需要摸索。

为了支付网站运营需要的巨大开支，詹宏志和他的团队后来想到了电子商务，而对于电子商务，詹宏志也是熟悉的，因为他当年在美国工作的时候接触过。这使他了解电子商务的便捷性。为了保险起见，最初做电子商务时他们走的是亚马逊模式，但是他们既不采购，也不积压商品，而是去做转单的处理——用户通过"电脑之家"订单，订单将会被分为两个信号，分别被送到供货系统和供应商系统，供应商见到订单后出货，然后詹宏志找物流公司去取货送货。

但这个模式门槛过低，在供应商管理中存在很多问题，难以长期保证服务质量，于是詹宏志决定建立自己的库存和物流，在网络上销售日常用品，使用户逐渐适应网络购物的新习惯。

不过业界对此并不看好，他们觉得台湾面积很小，商店又那么发达，电子商务平台很难建立起来。可詹宏志还是证明了他的远见。而这只是詹宏志"三步走"的第一步而已。

詹宏志每一次都跨界成功，就是因为他特别善于学习新事物。日本电子商务集团乐天的商店街模式让他觉得很不错，于是他就每天收集相关信息，分析信息，于 2005 年推出了自己的"电脑之家"商店街，后来这个决定也被证明是正确的。和其他的互联网人一样，詹宏志也十分注重用户体验——他对用户保证 24 小时到货，7 天之内无条件退货，甚至承担了退货成本。

除此之外，詹宏志的其他探索也开始了。台湾 eBay（亿贝）在台湾市场表现不好，在詹宏志的说服下于 2007 年关掉了台湾业务，与詹宏志合作"露天集市"，后来成为台湾最大的拍卖网站，甚至超过了曾经在台湾市场一家独大的雅虎奇摩。

詹宏志对于自己认准的事就会去放手一搏，而这样的个性也令他遭遇过"滑铁卢"——创办《明日报》失败。

创办《明日报》的失败被詹宏志自己称为"最出名最彻底的失败"，因为这甚至让他上了《华尔街日报》的头条。

2000 年 2 月，詹宏志带着打造一个互联网时代的新"媒体帝国"的雄心壮志，一手打造了《明日报》。该报拥有 200 名高水平的记者，詹宏志要求他们每天必须出 1000 篇稿件，随采随发，而这些稿件要按照篇幅的长短分成精简版和完整版——读者可以根据自己时间的多少加以选择。这是特别新颖的形式，多少超越了时代，因而也就不符合当时人们的节奏，落得一败涂地。尽管詹宏志在半年多的时间里一直在做调整，努力维持，但该报还是在 2001 年宣告失败。

尽管这一次创业失败了，但是詹宏志仍然相信自己的直觉，而他也为此反思了很久。

詹宏志从年轻人身上看到了互联网对他们的巨大影响，几十年间，他从纸媒一路走来，成功地完成了向互联网的转型。

华谊兄弟的探索与转变

也许人们不一定知道华谊兄弟董事长王中军的名字，不过喜欢去电影院的人大都看过华谊兄弟出品的电影，而提起华谊兄弟，人们也一定会联想到电影。很多票房大卖的电影，比如《西游降魔篇》《天下无贼》《功夫》等，都是这个公司出品的。除了拍电影，华谊兄弟还会去做其他的事吗？

华谊兄弟自从 2009 年上市以来，就频频打破拍电影这一常规，参股掌趣科技，与巨人网络合资，还向实景娱乐领域进发。

华谊兄弟做电影是非常成功的，也是超级赚钱的，发行与制作的电影作品的总票房在 2013 年达到了 30 亿元。这个数字占了当年国产电影总票房的 25%。不仅如此，华谊兄弟还具有国际视野，不想仅仅在国内发财，于 2013 年参与投资了布拉德·皮特担任主演的电影。

但是作为董事长的王中军却没有被胜利冲昏头脑，他对此有自己的认识，他觉得这样的情况是不会一直持续下去的，电影市场在以后的日子里会逐渐发展成"群雄逐鹿"的状态，不会再有绝对的"老大"，"蛋糕"会被很多人分着吃。

电影界的资源是流动的，某个著名的演员很有票房号召力，但是该演员未必会永久为你所有，他也许会在合约期满的时候离开公司，而且电影业是无法做出精准预测的行业。也许你根本瞧不上眼的那部片子恰巧就大卖了，一切都是观众说了算。也许几部片子不卖座就会直接影响到公司的业绩，而无论一个电影公司运作得多么成熟，也不能完全避免对一两部电影的前景看走眼。

2005 年的电影《天下无贼》和《功夫》让华谊兄弟赚得盆满钵满，可是到了第二年形势就不一样了，没有什么大片，赚取的利润特别少。

王中军的视野开阔，他看到了国外很多电影公司的兴衰史。迪士尼的动画电影举世闻名，但是如果你认为迪士尼只做动画电影就大错特错了——它有很多的娱乐业务。媒体网络、消费产品、制片娱乐业务，这些它都跨界参与，模式一点也不单一。用王中军的话来说，迪士尼如果只做动画片，它就不会是现在的迪士尼了。而王中军为了让公司摆脱过于依赖电影的状态，也一直在做着各种努力。华谊兄弟的转型是从 2006 年开始的，那一年，华谊决定涉足电视剧业务，还收购音乐公司，不过那次跨界，属于"孪生兄弟"级别的跨界。

也许是华谊兄弟的股东里有很多互联网精英，这让王中军觉得有必要跨界互联网领域。

北京掌趣科技股份有限公司是一家主营游戏开发的公司，主要从事手机游戏、网页游戏等业务，先后购买了电视剧《潜伏》《丑女无敌》的游戏版权。王中军把目光投在了它的身上，在 2010 年 6 月 22 日以 1.49 亿元的资金参股掌趣科技，成为掌趣科技的第二大股东。不过当时外界普遍觉得华谊吃亏了，买贵了，但王中军对网络游戏却十分看好。他知道网络中除了广告就数游戏最赚钱了。2010 年 12 月 11 日，华谊兄弟宣布与史玉柱的巨人网络合资成立北京华谊巨人信息技术有限公司，并凭借着 7000 万元的资金获得 51% 的股权，正式"进军"游戏领域。虽然和史玉柱的合作不太理想，但这次合作却让华谊对游戏公司的管理机制、产品判断标准等有了更深刻的了解。

王中军是很有远见的，2012 年，掌趣上市，华谊的股份市值变成了 15.28 亿元，掌趣股价也增长了 397%。2014 年，王中军仍然有市值 30 亿元的掌趣股票，这等于是公司有了 30 亿元的利润储备。

2013 年 6 月，华谊宣布以 6.7 亿元收购广州银汉科技有限公司50.88% 的股权，而银汉出品的游戏"神魔"的月流水已经超过了5000 万元，华谊兄弟不失时机地宣布要把这款游戏改编为电影，而"神魔"游戏的形象代言人，也正是华谊兄弟公司旗下的艺人。

2013 年 11 月，华谊兄弟又和腾讯合作，推出了一款 O2O（线上到线下）社交平台。平台由腾讯来提供，版权和后台运营由华谊兄弟提供。

华谊兄弟的这些举动，正是为了完善自己的产业链布局，把一个电影公司打造成一个综合娱乐集团。虽然华谊现在频频跨界，但是华谊的跨界是有一定标准的，那就是必须是精品，而且短期内就要看到效果。

王中军懂电影，懂商业，但是现在他也必须懂互联网，而他也知道，在一个一切都和互联网密切相关的世界里，只有具备了互联网思维才会赢得商业的胜利。

王中军曾说："电影成就了华谊兄弟，但华谊兄弟不能只是一个电影公司。"

为了实现自己的综合娱乐"帝国"梦想，王中军正在运用互联网思维全力"征战"在路上，并且他已经在寻找电影业与互联网之间的契合点方面，做出了行动。

第2章
不懂跨界，你就只能干个小作坊

万科入股徽商银行；阿里巴巴"娱乐宝"与《小时代 4》《狼图腾》等电影开展合作；百度"百发有戏"投资《黄金时代》等电影的成功众筹；没有互联网基因的顺丰从物流和线下虚拟体验店逆向发力电子商务业务——2014 年 5 月 18 日在全国 70 个城市高调开出 518 家"嘿客"，致力于"打造物流领域的百货公司"。

当然还有很多很多的例子，所有的这些都是互联网时代的跨界现象。供应链的垂直整合以及不同行业领域间的横向扩张都可以看作是跨界的举动。

所谓的"跨界"，其背后其实是互联网时代的商业逻辑问题：到底是想做"生意的生意"，还是想做"人的生意"。如果做的是"生意的生意"，那么所有的关注点都会在生意本身上；而做"人的生意"，就不仅要去做生意，还要关注生意背后的人。就像伏牛堂不仅卖米粉，还关注究竟是一群什么样的人在吃米粉，这群人除了吃米粉，他们穿什么、用什么、看什么。

因为同一个人对于不同消费需求、不同产品的选择是多元化的，但是其定位、个性、特点一定是趋同的。跨界合作能把品牌和客户的关系紧密地联系在一起，仅仅靠卖产品无法做到这一点。

这样，我们就很容易理解那些大公司跨界动作频出的原因了，其实很简单——顾客在哪儿，它们就去哪儿。

从这个意义上说，跨界的终极境界，应该叫无界。

在未来，跨界将成为各方转型的主战场。不懂跨界，不善跨界，那么，你将面临的是四面高高竖起的壁垒，最后无路而终。

K歌也可以社交："唱吧"重新定义KTV

2012年，一款全新的K歌软件——"唱吧"风靡了整个移动互联网。此软件不仅仅是用来K歌的，其核心依然是社交，在苹果应用程序商店上线只有5天，就占据了榜首，而且不仅仅是草根喜欢来"唱吧"一展歌喉，甚至很多明星也跑到"唱吧"来飙歌，而这有声的宣传，反过来又极大地增强了"唱吧"的影响力。一时间，对着手机唱歌成为一种时尚，而这款软件的创始人就是陈华，一个重新定义了KTV的"70后"。鲜为人知的是，如此火热的K歌软件，竟然是陈华和他的团队"无心插柳柳成荫"的结果。

陈华是广东人，出生于1978年，毕业于北京大学计算机系。显然，他在成功人士中是很年轻的。早在1999年，还在校园的陈华就成功地开发出红火一时的搜索引擎天网FTP（文件传输协议），而有名的天网MAZE文件系统也是在他的带领下完成的。可以说，他是互联网行业中一员年轻的"老将"。2004年走出校园的陈华，先后任职于微软研究院和阿里巴巴，大公司的工作经历开阔了他的视野，也锻炼了他的职业技能。在成功地推出"唱吧"之前，他已经有过多次创业的经历，熟悉互联网发展史的人都会在其中发现他的名字，比如在 2006 年的时候，他曾经和朋友吴世春做搭档，创立北京酷讯科技有限公司。2008 年年底离开酷讯。而"唱吧"的出现，让业外人士也对他有了一定程度的认识。

2011 年 2 月，陈华离开了阿里巴巴，开始了自己的第二次创业。可是准备创业的陈华，此时还对自己要推出的产品没有任何概念，也没有团队，只是有一个基本的思路：移动加电子商务。这一思路就涵盖了两个最热门的创业关键词，之所以选择这个方向，是因为陈华认为电子商务有足够的人脉和资源，而在 2009 年才第一次接触智能手机的陈华，看到了"移动改变生活"的巨大商机。

陈华在搜索技术领域是杰出的，又在微软和阿里巴巴这样的大公司磨炼过，还拥有一个巨大潜力的方向，这让投资人十分信任陈华，并对其寄予厚望。陈华从众多风投公司中选择了蓝驰创投。陈华开始打算在团购上下功夫，开发了一个和移动有关的团购产品，使用这款工具的用户可以知道朋友在买什么产品，可是上线之后进展缓慢，所以陈华果断将其放弃了。

2011 年 7 月，"最淘网"面世，主打 PC 端（安装在个人电脑上的应用程序客户端）的优惠券业务。一段时间之后陈华发现，优惠券省下的那一点钱，根本吸引不到用户的目光，所以陈华再次决定将其放弃。

虽然出师不利，连连受挫，可是陈华还是充满了信心，而且野心还特别大——他的目标是让自己的产品拥有一亿的用户，大有一种破釜沉舟，"不成功便成仁"的架势。可是团队中的其他成员就未必全都沉得住气了，已经有一些成员离开了他的创业队伍。其实，这也可以理解，搞了两个产品都没搞出什么名堂来，谁敢保证明天就一定会有希望？就连陈华自己，其实也是常常睡不着觉，从他的脸上也能看出焦虑——他带着兄弟们出来闯荡，没有给兄弟们带来更好的生活，这让他觉得很内疚。

这时，团队中有人提出了做歌曲共享的建议，戏剧性的是，这个提议开始并没有受到重视，因为大家觉得这个想法简直是匪夷所思，现在专业歌手在网络上数也数不清，谁会去在意那些陌生的、不专业的草根们的声音呢？

接着，无数的建议被提出，又无数次地被推翻，大家陷入了一个让人崩溃的循环之中。但是有一点陈华是清楚地知道的，就是必须做移动互联网。移动互联网的发展风起云涌，智能手机的普及率也有了巨大的突破，传统互联网的蛋糕已经被大腕们分得差不多了，想要分一杯羹是难上加难。可是开了一次又一次的会，团队的分歧还是很大，无法达成一致意见，而陈华甚至提出了推出一个有声微博，可以在上面为粉丝唱歌或者讲故事的提议，但也遭到了"无情"的否决。不过，此时方向总算是转到唱歌方面了。尽管陈华觉得走唱歌这个路子是可行的，可是团队内部并不认可，在犹豫中，陈华果断地下了决心，开始朝音乐这个方向发展。而此时，已经有团队成员表示如果这个方向还是不靠谱，这个团队就到了应该解散的时候了。可见，当时没人知道明天会发生什么。

值得一提的是，陈华的这个团队没有一个人有过做音乐的经验，甚至没有一个人有一副好嗓子。

但既然做出了决定，陈华就于2012年全力以赴开始研发相关产品。工程师们为此也翻了无数的书籍，这款软件终于成功出炉。可是出炉后要取一个响亮的名字也是很费脑筋的。大伙儿想了又想，觉得都不合适。最后还是陈华的妻子为它取了一个亲切的名字："唱吧"。这个词含有丰富的意义，"吧"表示这是一个平台，就像酒吧、网吧一样，而整体看起来"唱吧"这个词又带有强烈的鼓励意味，有一种"甭管咱唱得好坏，先登台来一曲"的意味。陈华对此的定位是手机KTV，也就是拿着手机就可以 K 歌。他还有一个创意就是让这款软件像美图秀秀一样，通过一些技术处理，让唱歌者的声音更好听。

陈华还力主将这款软件与社交功能结合起来，使用户之间可以对歌声进行评论。这个十分高明的建议在当时却有很多人不理解，觉得是多此一举，干脆直接点个赞完事。而正是这个建议赋予了"唱吧"极其生动的特性，使它变得特别好玩。陈华很清楚年轻人的心理，自己的歌被别人点评，才会有动力再次上传歌曲。后来，软件又加入了上传照片、图片的创意。陈华及其团队决定要让"唱吧"支持微博、人人网等社交账号登录，而"唱吧"本身并没有属于自己的登录系统，这都是为了方便用户们使用这款软件。这样，本来一款纯粹的音乐软件转变成了社交工具，"唱歌加社交加照片"的完美模式就形成了。而且"唱吧"将会凭借社交账号强大的"病毒式"传播功能进行全方位的传播。可以说，这些都为它后来的成功奠定了良好的基础。

可是前景真的那么美好吗？没有人敢做这个保证。相反，任何一种产品的推出都充满了不确定性，即使是优质的产品。毕竟让所有人都拿着手机唱歌并上传只是一个假设，人家为什么要唱？唱完为什么要传到网上？传到网上为什么要评价别人的声音？很多想法也许只是这些既不懂音乐市场，也没有音乐细胞的人的一厢情愿罢了。也许，真的像之前的一位团队队友所说的那样，这只是团队散伙之前最后的一次折腾罢了。

2012 年 4 月底，"唱吧"的测试版上线，成绩不错。

2012 年 5 月 31 日，"唱吧"正式上线，从构思到上线，仅仅两个月而已。

"唱吧"上线当天，整个团队的气氛是极其紧张的。开始时没有太大的动静，那一刻大家很失望。可是几个小时以后，服务器的瘫痪成了成功的铁证，无数的下载请求、无数的用户，让整个团队忙得不亦乐乎，但在那一瞬间，任何辛苦都已不再是辛苦！

无疑，"唱吧"爆红！

"唱吧"上线仅仅三天，便进入应用程序商店排行榜的前十名，后来又成了第一，而这只用了 5 天时间，此后占据前 5 名达 3 个月。千万用户加入进来，使"唱吧"拥有了庞大的粉丝群。"唱吧"最大的特点是让每一个普通人都有了一个高质量的嗓音，让每个喜欢唱歌的人都有存在感与成就感。在"唱吧"的平台上，出现了很多的草根明星。而且，有一个意外收获是《中国好声音》的巨大影响力。之前"唱吧"与《中国好声音》决定要合作时，没有人知道这个节目后来会火遍全国，就像没有人知道"唱吧"会火遍全国一样，一个是网络版的好声音，一个是电视版的好声音，两个"奇迹"先后诞生。而陈华也认为自己的产品借了《中国好声音》的"东风"。

"唱吧"的成功，不仅仅吸引了普通的音乐爱好者，也同样吸引了很多明星参与进来，而明星的加入，反过来再次吸引了普通用户。可以说，导致这样持续性发展的，正是当初陈华强调的社交功能。

2013 年，陈华受湖南卫视的邀请，去参加《天天向上》节目的录制，借这个绝佳的宣传平台，"唱吧"的用户量继续飞速增长。

陈华认为产品好固然重要，可是天时、地利、人和更重要，而"唱吧"就是完美地借助天时、地利、人和的典范。

目前，陈华的团队也仅仅是十几个人而已，用很少的人力就能做一件大事，这就是真正的互联网思维。从屡屡受挫到成功，陈华可谓是感慨万千。他觉得创业是激动人心的事，但不一定是很辛苦的事。

"唱吧"目前已经非常成功，陈华明白只要搞好这一种产品，让"唱吧"越来越好玩，始终有活力，就是最大的成功。他不打算去涉足其他的产品，因为他清楚，一个方向找对之后要做的事就是探索如何保持，而不是多多益善地去开发其他的产品。谁也无法预料哪天就出现一个后来居上者，这在互联网领域已经是一种常态。陈华认为移动互联网还有很多的机遇等着人们去挖掘，移动互联网的创新应用还是不多，竞争虽然非常激烈，可是增长空间依旧很大。

陈华目前的方向是，不仅仅局限于做 KTV 社交工具，而是努力把"唱吧"打造为草根娱乐平台。

也许在别人眼中，陈华已经到达了目的地，可在陈华自己心中，他还在路上，而且永远也不可能停下前进的脚步。

小家具供应商搭借网站平台：从农民工到企业老总的创业传奇

由一个出门讨活干的普通农民工转变为"2008 年中国企业创新优秀人物"，黄崇鉴用自己的努力创造了一段丰富而又美丽的创业传奇。伴随着黄崇鉴的名词很多，比如"2010 年度百货行业十佳供应商""小家具供应商之首""衢州市十大网商"。

1963 年 9 月，黄崇鉴出生在浙江省一个普普通通的农民家庭。和很多高考落榜后的人一样，黄崇鉴在老家混了几年，但一直苦于找不到快速致富的方法。他不想从此过着和父辈们一样的生活，决心走出门去，加入浩浩荡荡的农民工大潮中，开始了自己打工生活的艰难历程。黄崇鉴具备了普通农民身上所特有的踏实能干、吃苦耐劳的精神，平时还喜欢利用业余时间进行自学，丰富自己的内涵。辗转台州、宁波，再到上海、杭州，黄崇鉴慢慢地由一个小作坊的木工成长为工厂的技术员，又担任了某大型企业的设计员，最后晋升为杭州某外贸公司专业扎实、业务能力突出的部门经理，主管简易家具的出口业务。

经过一段时间的打拼，黄崇鉴充分利用自己在外贸公司积累的大量国外客户资源，一边继续做着外贸公司的业务，一边和几个朋友筹集资金在台州兴办了一个专门生产高档别墅用的门窗的工厂，一跃成为当地拥有近百万资产的响当当的企业老板。这使他第一次尝到了自主创业的甜头。

然而好景不长，随着国际金融市场的急速动荡、美元加速贬值和出口关税的上升，外贸出口由"香饽饽"萎缩成了令人生厌的"鸡肋"。黄崇鉴又一次处在了进退两难的境地。当时，全国外贸公司的简易家具出口业务大幅下滑，黄崇鉴的台州工厂也受到了影响，产品利润每况愈下，两手挑的担子都处在了一个发展的"瓶颈"期。未来的路将何去何从？黄崇鉴和那时候很多处于人生转折路口的创业者一样，开始重新思考自己前进的道路。

通过很长时间的市场分析，黄崇鉴发现，原来中国才是全球简易家具的最大市场。他仿佛醍醐灌顶般地明白了一切，一下子就感觉到了未来充满希望的曙光。2006年年初，黄崇鉴力排众议，把自己台州工厂的全部股权转让给了合伙的朋友，拿着有限的资金，开始了他在衢州地区的第二次创业之旅。

衢州，自古就有"四省通衢"的美称，交通极其便利，而且生产成本相对于其他城市较低。他利用自己在这边工作时积累的人脉，果断收购了江西和衢州地区两家家具厂的一部分股权，专门从事衣柜和置物架的简易家具生产。很快，一个显而易见的问题就摆到了他的面前——简易家具的产品顺利地生产出来了，可是销售渠道却成了一个令人头疼的问题。黄崇鉴短时间内就在国内的一些地区开了几家门店，可是实体店的投资成本太昂贵，而且仅仅依靠这几家门店很难把业务覆盖到全国范围。

由于之前自学过营销学，黄崇鉴敏锐地把眼光投入到了电子商务中去，开始"摸着石头过河"。2006年10月，黄崇鉴在淘宝网上注册了一家网店，既做客服又联系快递发货，开始了既当老板又当员工的生活。他把自己的潜在消费人群定位在 20~40 岁的白领，这一阶层的人恰恰又是网购的主力军。凭借着简易家具体积小、分量轻的特点，他很快就解决了产品销售的问题。有着敏锐直觉的黄崇鉴开始意识到，自己的产品在电子商务这片广阔的天地上具有得天独厚的优势，潜藏着巨大的经济价值。黄崇鉴不满足于现状，紧接着又注册了第二家网店，并且雇了一个出纳、一个发货员和两个客服，开始在电子商务上大展宏图。

2007 年 3 月，黄崇鉴正式创立了衢州美亿佳家具公司，并且前瞻性地注册了"美亿佳"商标，不久又申请了几项产品的相关生产专利。黄崇鉴曾经仔细地算过，全国各地每年大约有六百万的大学毕业生，三年下来就有近 2000 万的潜在消费人群。如果美亿佳能够生产出相当丰富的产品，并能拥有一定的知名度，一个毕业生每年在美亿佳购买 200 元的产品，那么一年就有近 40 亿元的销售额。这是一个非常庞大的数字，其中隐藏着巨大的商机，但是黄崇鉴清楚地知道，这需要一个漫长的过程。为了能够进一步拓宽市场，黄崇鉴敢为人先，创造性地打出了"一个月内无条件退货"的牌子。起初，这个想法遭到了员工们的一致反对。但是，黄崇鉴具有自己独特的头脑，凭借着美亿佳产品的新颖和诚信的服务，产品的知名度与日俱增。

2008 年，美亿佳公司成立一周年的时候，两家淘宝网店先后晋升为皇冠店，并在北京、上海、广东、四川、山东等地都设立了自己的仓库和办事处。2008 年 5 月，随着美亿佳进入淘宝商城，公司以想象不到的速度在全面发展壮大。公司成立不到两年的时间，美亿佳企业总部已从黄崇鉴一个人壮大到涵盖了人事部、生产部、销售部、财务部、仓储部、产品研发部、品质管理部、售后服务部在内的四十多人的专业团队，下属有六家工厂，工人近千名，年生产力达两千多万元，成为一家集生产、销售、设计于一体的集团公司。公司的产品也在拓宽和延伸，由刚开始的少数款型的简易书架和衣柜到现在的卧室、客厅和书房家具，卫浴设备及餐厅灯系列的数百种产品。公司的办事处和仓储部也由起先的几家壮大到几十家，并且衔接很多的专卖店，构成了一个融网络和线下为一体的庞大的销售网络，覆盖全国所有的大中小城市。美亿佳的年销售额从 2007 年的 300 万元迅速增长到 2008 年的 1000 万元，增长幅度高达 300%，而到了 2009 年更是跃升到了 3000 万元，并且不断攀升。

紧接着，亚马逊、当当网、京东商城纷纷向美亿佳表达了合作意向。美亿佳也抓住发展的机遇期，正式成为京东、亚马逊、当当网的供应商，每年可达到四五十万元的供货量。

依托着强大的网络电子商务平台，美亿佳的品牌知名度广为流传。不仅有国内的大型供应商和电子商务平台向其寻求合作，台湾的大企业也看中了美亿佳的品牌和销售渠道。而黄崇鉴始终保持着清醒的头脑，成功地借助这些外部力量来壮大美亿佳品牌。

如今，美亿佳的品牌享誉度已经传播到美国、德国和澳大利亚等地，并在国外成功申请了"myca"的商标注册，这为美亿佳进军海外市场做好了充足的准备。

2008 年 12 月，黄崇鉴被"创新中国——中国企业创新论坛"授予"2008 年中国企业创新优秀人物"称号。黄崇鉴创造了一段由普通农民工到企业老总的辉煌传奇，也激励着越来越多的年轻人在创业的道路上奋发前进。

全能的支付模式：易宝支付在移动互联网时代的崛起

如果与背后有 3.4 亿腾讯活跃用户的财付通、注册用户有 8000 多万的支付宝做对比，易宝支付现在看起来显然还属于这个领域的小角色，可是它在 2008 年 5 月汶川大地震的募捐活动中募集了 1850 万元，和财付通、支付宝共同成为全国最大的三个捐款网站。

从创业到现在的这些年里，易宝支付一直提供从柴米油盐到机票、购物等全方位的支付方案，交易量每年都以 5 ~ 6 倍的速度增长，并且在 2008 年年底达到了收入过亿的目标。这样的突破对易宝支付来说是历史性的。易宝支付修筑了一条电子支付行业的"高速公路"。

也就是说，易宝支付的"全能"目标已经开始初具规模。在手段上，易宝支付覆盖网间连接器和电话支付；在商业模式上，易宝支付覆盖 B2B（企业对企业）、B2C（商对客）、C2C（顾客对顾客）；在支付工具上，不仅涵盖银行卡，还支持神州行等非银行系统的支付工具；在资金流方向上，同时完成帮商家收钱和帮着批量打款的业务。它是第一家推出综合性支付平台的公司。

2003 年，还是硅谷无线技术协会理事的唐彬和余晨组织会员回国考察，唐彬在路上发现了一个问题，就是国内的支付存在很多不方便的地方。比如，常常不得不半夜起来买手机预付卡。这虽是一个小问题，但却让人特别头疼。而一件小事，可能就是一个转折点。

而支付的价值，是可以推动整个行业的电子化的。

唐彬和余晨都是技术出身，在研究这个问题的时候发现电子支付的机会是最大的。

支付是一种基础性行业，人们在互联网上无论从事哪一种交易，都无法离开资金流的转移，离不开支付平台。在这个大量行业向电子化方向发展的时代里，对电子支付的需求不仅仅局限在电子商务。

比如美国的支付公司 PAYPAL 被 eBay 收购以后已经转为电子支付的模式。再比如，2002 年在上海建立第一个数据中心的第一视讯公司，当时在国内鲜为人知，但 2007 年的时候收入就达到了 81 亿美元。

这些成功的电子支付公司给当时的余晨很大的启发，他觉得其中有很大的空间，中国的支付市场巨大且远远没有得到满足，而电子支付又是一个多渠道的支付平台。就这样，一个很有前景的创业机会出现在了眼前。

但是易宝支付有强大的对手，就是支付宝和财付通，它们有巨大的用户平台，易宝支付没有办法在夹缝中间获得用户优势，因此不得不去寻找一条差异化的道路。虽然支付宝和财付通的优势明显，但是有一个问题存在，即它们无法成为一个独立的第三方支付，而这正是易宝支付的优势所在。

唐彬和余晨逐渐意识到虽然在网络、航空领域很快就可以盈利，但是如果想要真正地占据市场，就得在提供多个行业的针对性解决方案上下功夫。因为要想产生规模效益，多行业之间就必须深度结合。银行虽然和多家支付机构都有合作，但是合作的程度是不一样的，而易宝支付的后端，各行业商家数据都有，易宝支付完全可以凭借着数据库来帮助商家通过交叉销售的方式创造财富。同时，在某些行业进入周期性低谷时，易宝支付依然可以逆势增长。2008 年的金融危机让航空旅游支付交易量急剧降低，但易宝支付的交易量还是在数字娱乐方面有所增长。

从基础支付做起，易宝支付尝试着逐渐去搭建一个产业链的生态系统，除在支付手段、销售模式、支付工具等方面建立综合性的解决方案以外，还重点在网络购物、航空、游戏等领域深挖。

在中国的 B2C 购物，大部分人仍然喜欢使用货到付款方式，因为它代表的是一个验证的过程。所以在 B2C 购物中，电子商务并不活跃。对电子支付需求巨大的反而是没有物流能力的小商家、没有实际物流的数字娱乐产品等。覆盖这些市场，既能为易宝支付搭建一个综合平台，又能够带来交易量。这对公司的生存是很重要的。

2007 年电子支付的交易额是 1000 亿元，2008 年是 2780 亿元，一个支付公司年交易额只有 200% 的增长，这在余晨看来是不理想的。电子支付行业依赖的是线下到线上的增量，而不是总体经济的变化。

易宝支付可以做到与航空公司和机票代理商系统对接、收单、授信、分发各级代理商的收益。这些易宝支付都可以做到，而财付通、支付宝却无法做到。

易宝支付能够独家拿下联通的大单，和它的这种特征是分不开的。

为了加强竞争力，联通想要整合所有的电子渠道，需要电子支付企业的支持，在和支付宝的竞争中，易宝支付脱颖而出，独吞了"整块蛋糕"。其秘诀其实就是易宝支付为此制订了电信解决方案，而这套方案可以为联通分公司分别做资金流管理。

与大家熟悉的支付宝不一样，易宝支付从一开始就瞄准了行业用户，服务的对象为航空、交易、医疗等具有上下游供应链的行业，并为之提供金融增值服务。

易宝支付提供的增值服务主要是为企业提供短期的资金周转，是按天计算利率的，但是年化收益率仍然很可观。以航空业为例，易宝支付发放资金的年化收益率有望达到 18%，这个数字是高于银行直接发放贷款获得的收益的，银行直接发放贷款获得收益的年化利率一般在 8% 左右。当企业所需要的金额很大时，易宝支付会派人去企业做一个考察。易宝支付还向企业用户提供担保服务和市场推广。易宝支付从竞争中脱颖而出，和其他企业的最大区别就是"行业定位，增值服务，整体解决方案"这一模式。余晨对此的总结是面对不同的行业需求，为不同垂直行业提供量身定制的支付解决方案及金融增值服务。

比如，易宝支付在和航空公司和机票代理商合作时，会根据资质和信用情况为那些不乏客户资源，但是缺少资金的机票代理商提供短期资金，这就是一种增值服务，此外其他的增值服务还有互动营销、跨行业营销等。

互联网和电子商务逐渐普及，电子支付已经成为一个方向，易宝支付教育频道一期试点在 2012 年 8 月底上线，这标志着易宝支付的公益性的教育综合增值服务平台的建立，考生、教育培训机构和第三方支付三者之间可以借助这个平台实现互惠和共赢。这一平台受到了广泛的关注。

唐彬认为在大数据时代取胜的关键不是产品的功能，而是素质的力量和挖掘素质的能力，这就是大数据时代带给易宝支付的变化。而互联网正在逐渐打破传统金融模式，颠覆传统银行的经营方式。在这个过程中，互联网是充满了想象空间的，而易宝支付希望可以扛起互联网金融的"大旗"。

顾客"喜新厌旧"，彩铃产品也要多样化

彩铃到底算不算音乐，目前仍有争议。但不管怎样，彩铃在前些年确实火了，而且成为一种时尚。其实，在这个追求个性的时代，彩铃的火爆是一种必然。而和传统意义上的音乐最大的区别可能就是，它并不仅仅局限于歌曲，而可以是任何声音，可以是一段没有歌词的音乐，可以是没有任何旋律的故事情节，甚至还可以是一段人物对话。它主要的功能其实就是解闷，而彩铃的火爆也促使了一个新的职业的诞生：彩铃编写者。

肖乐是中国传媒大学播音专业的毕业生，做一名优秀的主持人自然是他最大的梦想。毕业后他到北京音乐台工作，算是迈出了寻梦的第一步。

肖乐主持的节目本来是和汽车有关的，但后来节目被取消了，要设立一个新的节目，当时正好是 2003 年，彩铃处于起步阶段，大多

数中国人还没有接触过彩铃，台里做了一个很超前的决定：设立一个和彩铃有关的节目，用肖乐自己的话说，就是对彩铃一窍不通的他被"逼"到了这个行业。可那个时候有趣的彩铃太少了，为了寻找节目素材，肖乐成立了一个小工作室——乐乐声工厂，自己做彩铃。

虽然起步很艰难，但后来在乐乐声工厂里，一条条崭新的彩铃源源不断地被创作出来。而"彩铃乐翻天"正式推出后，反应很不错，肖乐也一炮走红，成为最早进入个性化彩铃创作领域的先锋。过了一段时间，有服务商找上门来，肖乐这时才知道，原来这些服务商也在找内容，这让他看到了商机，也使他很快找到了商业模式。

由于自己专门做这个关于彩铃的节目，原来对彩铃一无所知的肖乐终于明白了整个流程，先由创作者撰稿，再找那些声音有特点的人或唱或朗读下来，接着就是录音，制作完成后卖给中国移动或者中国联通通信公司。显然，这属于增值服务模式。

为了解决彩铃下载的问题，肖乐又去找销售渠道，另一方面也解决了工作室的生存问题，而就是这个节目让肖乐了解了彩铃，同时也了解了无线互联网的前景——他看出了这个领域目前还在起步阶段，如果谁在这个阶段占领了一块区域，将来就有可能干出一番事业。

本来只是因为做节目而半路出家的肖乐，此时心潮澎湃，犹豫了半个月，决定辞职，离开主持人的行业，规模化彩铃事业。因为此时他已经成为优秀的主持人，这个梦想已经实现，接下来要为事业而努力了。

肖乐成立了第一家专业创作彩铃的公司——我要秀公司。

肖乐对公司的定位是为个人提供自我价值实现的空间。我要秀公司的创作人大多数是普通人，只要他们觉得自己的作品能行，就可以来肖乐的公司录制。

肖乐通过彩铃赚到的第一笔钱只有两千多元。这让肖乐在失望的同时也慢慢地了解到自己没赚到钱的原因是这个行业是有很多壁垒的——彩铃授权给了服务商，却并不意味着一定能够上传，而且即使上传，第一页的下载量也是最大的，而肖乐的彩铃未必会放在第一页。

而现在，中国最大的彩铃制作公司就是肖乐的我要秀公司。2005年5月，肖乐的公司从海外得到了第一笔融资。

彩铃主要的价值就是娱乐，而且用户很容易喜新厌旧，一首彩铃使用一段时间之后就会被认为不再时尚，就需要更新换代。彩铃属于一种快餐文化，所以服务商每个月都需要大量的彩铃，特别是那些诙谐幽默的彩铃特别受欢迎，而肖乐的公司作为一个专业的彩铃制作公司，每周都需要制作出很多优秀的彩铃。

我要秀公司只负责创意和技术，签约、代理了很多彩铃制作团队，而肖乐认为彩铃最重要的就是创意，技术含量是不大的。

肖乐刚刚主持"彩铃乐翻天"的时候，由于缺少资源，就请求他的那些做音乐的朋友帮忙做一些彩铃，于是一首超级火爆的彩铃《老狼请吃鸡》诞生了。该彩铃的创作团队就是后来知名度比较高的彩铃制作团队吾酷。在做这首火爆的彩铃的时候，他们对彩铃还没有什么概念，仅用了一个晚上就搞定了这首40秒的彩铃。这首彩铃成了吾酷的成名作，在电台播了两个多月，而此时，他们已经在音乐的圈子里打拼了10年。

吾酷的彩铃，胜在构思新颖，当然其关键是能把人逗乐。

误打误撞，吾酷进入了彩铃制作的队伍，后来做了大量的彩铃音乐，而且很多都流行一时。比如，火遍大江南北的《我赚钱了》，成为很多用户手机的必备。渐渐地，人们也就认为他们是专门做彩铃的，而忘记了吾酷本来是做专业编曲配乐的。而彩铃的收入，也比吾酷做其他音乐的收入要高10倍，同时也给吾酷带来了很多机会去参加各种演出。和肖乐一样，他们误打误撞，反而成功了。

肖乐的公司到 2006 年的时候已创作彩铃 5000 首。这个数字是彩铃总量的一半。

"极致蛋糕"的新做法、新吃法

吴滋峰是一名资深的互联网创业者。还在 2002 年时，他就进入了这个领域。

吴滋峰毕业于上海大学计算机系，毕业后先是去德国磨炼了一段时间，发现那里并不适合创业，而当时正好是中国互联网发展的黄金时期，三个月后吴滋峰就回国开始了自己的创业历程。

吴滋峰先是做了程序员，后来又去了网络游戏公司，就是那个年收入过两亿的"传奇 3"运营团队。这些经历都使吴滋峰觉得互联网就是自己的事业，并于 2007 年创立了手机游戏团队，月收入过千万。由于公司规模小，研发乏力，这家手机游戏公司最终也没有坚持下去，被卖给了业内知名的手机游戏公司。

之后，吴滋峰开始去寻找一片可以使互联网与实体行业结合的领域。电子商务是吴滋峰的发展方向，可是什么样的电子商务才是巨头们不会进入的领域呢？这个领域不但是巨头们很难进来，还要毛利率和客单价高，而曾经投资过烘焙店的吴滋峰发现只有做蛋糕是完全符合这些条件的。出人意料地，他最终真的选择了烘焙产业。他觉得这个传统产业拥有良好的重复购买率，如果用互联网思维去改造，会有很大的前景。于是，吴滋峰决定用互联网思维去颠覆这个行业。

手机游戏和烘焙业，看似互不沾边的两个领域，吴滋峰却以互联网为桥梁，从一个领域成功地跨到了另一个领域。

最初，吴滋峰只是做了一个蛋糕商城，简单地把这个行业复制到网上而已。上面有上海所有的蛋糕品牌，吴滋峰负责送货上门，后来发现这样无法培养消费者在网上买蛋糕的习惯，因为这不是什么特殊的东西，到处都有，想要吸引消费者的目光，还得给消费者一个理由，为什么选择的是我们而不是别人？

吴滋峰在 2013 年年底推出新品牌"极致蛋糕"。他是借鉴了小米手机的成功经验，在运用互联网思维运作蛋糕的销售。他认为在蛋糕行业，大家的差距不是很大，数来数去都是那些原料，谁也别想脱颖而出。所以必须在服务、理念、用户体验上努力做出改变，使用户乐于接受他的产品。

首先是要有自己的粉丝，这是典型的互联网思维，而传统的行业是没有这个概念的，仅仅是我卖你买的交易而已。吴滋峰就通过送蛋糕的方式，培养了一批忠实的粉丝，这些粉丝会把极致蛋糕推荐给身边的朋友。就这样，通过这些粉丝的社交网络影响力，吴滋峰推广了自己的蛋糕。

吴滋峰的产品有着最好的材料、最好的包装，包装看起来特别"高大上"，还额外送不锈钢的刀叉。而线上收到蛋糕的订单以后，会由距离订单位置较近的配送员在第一时间把蛋糕送到。吴滋峰的要求是两小时送货，货到付款，信用购买。这就是吴滋峰提出的"云配送"概念，而每一个流动的配送员其实就等于是移动的仓库。

极致蛋糕的工作流程就是每天按照订单生产蛋糕，然后把生产出来的蛋糕用车送到上海的 10 个冷链站，然后由这 10 个冷链站负责配送。

吴滋峰对物流有自己的一套认识，他觉得蛋糕属于易碎的产品，所以必须建立起自己的物流体系，保证用户没有负面的体验，送蛋糕必须要准时。当然不一定提前多长时间才叫好，但是一定要保证准时。另外，还可以利用物流与消费者直接沟通，以及时地得到反馈。

和传统的烘焙业比较，时效性是吴滋峰特别注重的。极致蛋糕是没有实体店的，只有体验店，但体验店并不是卖蛋糕的，而是一个展示与宣传的窗口。通过这个窗口，消费者可以看到吴滋峰团队的企业文化，甚至蛋糕的原材料，而通过这样的展示，能让消费者清楚地知道极致蛋糕是如何生产出来的，同时这也展示了吴滋峰的自信。

仅仅把蛋糕放在互联网上卖，还不叫互联网思维，而是要相应地有一套互联网式的解决思维。吴滋峰深谙其中的道理，并把真正的互联网思维渗透在了自己的事业中。

极致蛋糕在其他方面也具备鲜明的互联网思维——为了吸引年轻的消费者，吴滋峰把他的产品和时尚的星座联系到了一起，为不同星座设计专属蛋糕，任何星座的人都可以在这里找到适合自己的蛋糕。并且，这种时尚的星座蛋糕，每年只卖 12 款，对应 12 个星座的日期出售。也就是说这个星座的蛋糕只有在这个日期才可以买到，过了这个日期就买不到了，大有"过了这个村就没有这个店"的架势，给人一种火爆的气势。比如，在白羊座所对应的日期，蛋糕融入了白羊座的各种元素，而且像白羊座喜欢什么样的口味，喜欢什么样的包装这样的问题，都由星座师来分析，而从这个星座日期到下一个星座日期，也会严格按照标准时间切换。

吴滋峰甚至还在蛋糕的增值服务中融入了社交因素（可以说，这是一个很大胆的尝试）。比如，吴滋峰会组织一些线下的活动，让人们在吃蛋糕的时候也可以认识一些和自己同一天出生的人，增加活动的乐趣。在上海有 6 万名极致蛋糕的粉丝，这些粉丝只要分享了极致蛋糕的活动内容，就可以免费参加"蛋糕内测"。在"蛋糕内测"时，粉丝还有机会参与到蛋糕样式的选择中来，下个月将要推出的新款蛋糕，由粉丝来试吃，然后投票选择它的样式。参与了蛋糕制作的粉丝会有一种主人翁的感觉，有利于品牌的树立。正是这些增值服务，成功地吸引了年轻的消费者。

极致蛋糕还有自己的会员系统。会员购买的蛋糕越多，等级自然就越高，高级用户就会有一些特权。这样的互动，使吴滋峰的蛋糕真的不仅仅是蛋糕那么简单了。

极致蛋糕上线还不到半年，订单就已经达到了每天 1000 份，甚至有时会达到每天 3000 份，真可谓是供不应求，月营业收入甚至达到了三百多万元。

吴滋峰的产品，用互联网去实现生产、下单、物流、配送，而蛋糕则仅仅是载体而已。

吴滋峰的蛋糕价格并不贵，在 50 ~ 100 元，任何人都吃得起。他不想把自己的东西做成仅限于某些人群食用的产品，而且他觉得更重要的是要做增值服务。在他看来，这是时代的要求。不过，他会通过一些办法使自己的蛋糕显得极其昂贵，比如限量，制造一种"饥饿感"，给人一种高贵的感觉。

吴滋峰的座右铭是"没有创新就会死亡"，而他的蛋糕的口味也会随时更新。这个月的口味和下个月的口味是不一样的。

一个个在网络上被人们熟知的名词，被吴滋峰成功地嫁接到了蛋糕上。他眼中的互联网思维，分别是系统、服务和理念。他认为，互联网并没有改变产品本身，改变的其实是一种服务模式。

在上海，极致蛋糕占到了整个烘焙市场份额的 40%，吴滋峰认为未来还会有更为广阔的前景。

吴滋峰不想让自己的蛋糕仅仅是蛋糕而已，那样没有什么突破，他希望自己的蛋糕也能像麦当劳、肯德基、可口可乐那样，成为一种流行的文化，成为一段故事，让自己成为蛋糕的代言人。

吴滋峰的蛋糕，其实已经成为一种时尚的互联网产品，而他用他那独特的思维，使消费者对烘焙服务有了一种全新的体验，使烘焙业也爆发了互联网思维的革命。

飞跃鞋：老国货"走出"的新思路

在改革开放的带动下，国际商品大量地被引进，再加上市场经济的冲击，让国货的地位江河日下，许多生产国货的商家都在苦苦地挣扎。对于一些年轻群体而言，国货在他们心中的地位已经不是那么重要了。可是这并不代表着国货的时代已经消亡，在"售卖文化"的商业背景下，国货仿佛又焕发出了新的生机，悄悄地回到了我们的生活当中。

大多数中国人对于国货都或多或少地存在着一些记忆。比如，老北京瑞蚨祥的绸布、内联升的布鞋、马聚源的帽子，等等。而我们这里要说的却是 20 世纪 60 年代流行于大街小巷的飞跃球鞋。现在人们追捧"草根文化"，而当年的飞跃球鞋，称呼它为"草根"再合适不过了。

飞跃球鞋于 1959 年在上海诞生。当年的飞跃球鞋与现在的设计理念是非常接近的，它的款式简洁，用料轻便，产品 LOGO（商标）大方明了，而其近乎纯手工的制作工艺更符合现代人的时尚审美。1964 年的年产值更是达到了 161.6 万双，荣登全国同类产品榜首。工厂员工壮大时，两千多名员工在两三层的车间里一起工作，有时甚至昼夜赶工。那时的人们对飞跃鞋的爱护简直到了无以复加的地步，每次都会把鞋刷得特别白，甚至连一点点泥土都不能沾上；一双飞跃球鞋要是能穿够两年，除了鞋底最终坏掉，其他的部分都是白白净净的。

可是现在，飞跃球鞋的身影早已从店铺的柜台上消失了，除了一些偏远农村和城市的农民工聚居地，几乎再也寻找不到飞跃球鞋的影子了。

现今，生产飞跃球鞋的老厂房也因为污染问题被迫搬迁到了郊区。由于市场狭小，这些工厂反而更愿意用低价为国际知名鞋业做代工，而不愿意从事新产品、新款式的研发。最为可悲的是，飞跃球鞋到最后连自己的注册商标都没有。这就造成了许多的小型作坊无限地仿制，由于仿制的质量参差不齐，让飞跃球鞋的处境更加雪上加霜，飞跃球鞋的境遇可想而知！一些老员工回忆：以前制作一双球鞋会严格按照制作标准操作，没有任何的错误，精准率并不逊色于机器生产。当年他们在车间上底、压制、绷线、刷浆到最终机器缝合，一套工序下来配合得天衣无缝。而现在，由于球鞋卖不上价，许多的工艺被省略、压缩，致使球鞋的质量不能得到保证，断底、断面、开线等问题已经成为家常便饭。可以说，飞跃球鞋的市场行情不容乐观。

就在飞跃球鞋一筹莫展的时候，三个年轻的法国人却引爆了一场飞跃球鞋的革命。

2006年，38岁的帕斯特和他的两位朋友尼古拉斯、克雷门共同创办了飞跃控股公司，并在法国注册、销售。几乎快被中国人遗忘的飞跃球鞋，经过法国人的设计打造，品牌形象大大提升，融入了西方时尚、青春的气息，迅速被法国青年所钟爱。经过短短四五年的发展，飞跃鞋迅速攻占了法国市场，一跃成为欧洲最大的品牌，产品行销世界各地。

帕斯特回忆，当时的他在上海、东京两地工作，每次穿着飞跃鞋出现在人群中总能够吸引大片的目光，于是在他的心底萌生了一个想法：如果把这款球鞋加以改造，必定存在巨大的商机，于是他就找来尼古拉斯和克雷门谈合作，准备开发这款经典球鞋。

他们开始联系中国飞跃鞋的生产厂商，起初的会面并不顺利，因为在中国生产厂商的眼里，他们和以前厂家介绍来的外国人一样，无非是想从中国出口一些球鞋到他们的国家，但当他们提出要改进飞跃鞋的质量并把它推向国际市场的时候，却引来了中国生产厂商不小的质疑。不过，帕斯特经过几轮的谈判还是取得了飞跃海外生产的拥有权，直到签约时，中方代表还是不太理解帕斯特的这一做法，在中国十几二十几元钱的地摊货，怎么到了法国人的手里竟然能够卖上五十多欧元（约合人民币五百多元）？在他们看来，这简直是不可能！

可就是这种不可能在塞纳河畔竟然成了不可争辩的现实。谈判成功后，法商立刻开始了对飞跃鞋的设计与研究，经过无数个日日夜夜的反复实践论证，飞跃鞋从整体到细节都获得了新生：外形变得精巧时尚，面料质量得到提升，标识字体也进行了设计的升级和改造，并且在鞋内和鞋底都印上了自己的海外商标，他们还在外包装上做了充分的改观，给人以时尚大气的视觉感受。为了和同类球鞋加以区分，飞跃鞋给自己的每一款新鞋都取了一个可爱的名字，名字的内容和鞋的风格一致，深受消费者的欢迎与好评。如今，在巴黎的著名消费街区香榭丽舍、欧斯曼、巴黎春天的大大小小店铺都能看到飞跃鞋的影子，而且它们都是被摆在柜台的最显眼处。

帕斯特对飞跃鞋的生产要求极其严格，他细心地叮嘱工作人员："要认真对待每一双飞跃鞋，不允许出现半点的瑕疵。要认真检查每双鞋的每一个细节！"当帕斯特的飞跃鞋在法国获得新生的时候，他对飞跃鞋又有了一个新的阐释——向前飞。他和他的团队都清楚，要想做最好的营销，必须让所有欧洲人都知道这个中国老品牌背后的故事。比如飞跃鞋本身的历史，以及中国人把它作为练功鞋等。在帕斯特做的第一个广告当中，就融入了这个元素，帕斯特设计了一个穿着飞跃鞋的人在练中国功夫的剪影，背景后面是醒目的汉字——少林功夫。这些历史故事和商业设计被法国各大媒体和网站争相报道，销售商们也蠢蠢欲动，仅仅一个星期就有超过十家销售商开始销售，两周以后就增加到了十六七家。如今的飞跃鞋还做了网上销售，各种款式和各种材质一应俱全，价位在 50 ~ 75 欧元不等。

如今困扰帕斯特的最大问题还是资金问题，这也是他们开始的时候遭到生产厂家拒绝的原因（这是他们一直面临的困难）。帕斯特的确是一个有头脑的人，这些问题并没有阻挡他前进的道路，反而让他找到了突破口。

帕斯特的品牌营销策略是：在充分建立零售渠道的同时开设网上商店。网店的模特全部在自己的朋友圈里选择，这个办法反而迎合了年轻人时尚、开放的性格，反响相当热烈。在和一些艺术家合作的时候，帕斯特专门推出了限量版飞跃鞋，这些艺术家穿着飞跃鞋接拍各种广告，这就在无形之中给飞跃鞋带来了宣传效果。这些艺术家的粉丝争相追捧，让飞跃鞋的口碑越来越好。

帕斯特每年都会因为工作原因至少来中国三次，每次都穿着飞跃鞋踏上中国的国土，他说只有这样才能感觉到自己对中国的亲切感。在法国，帕斯特一有时间就要到大大小小的店铺转一转，遇到粉丝他都会合影留念，有时与粉丝在咖啡馆偶遇，他甚至要为粉丝结账。这就是帕斯特，一个懂得交流、懂得分享的人。

原本在中国市场死气沉沉的飞跃鞋到了法国人手里竟可以做得如此火爆，其关键就在于帕斯特本人超乎寻常的把控能力，他知道市场需要什么样的东西，也知道怎样迎合市场的需求。说白了就是创新，只有创新才能发展，只有创造才能超越。

一瓶矿泉水背后的大数据

当我们在购买某种东西的时候，都会下意识地看看它的生产日期，看看要买的东西是不是在产品保质期之内。如果将近过期，有的人会因为打折买下来，如果是新上架的产品顾客同样会购买，因为它足够安全，足够有保障。这种概念，我们基本可以称之为对数据的了解。

那么，什么是大数据呢？所谓的大数据就是我们通过各种渠道采集到的大量数据，我们会利用大数据技术分析和预测来了解消费者对某种产品的喜好程度，以及明白怎样才能够让顾客接受这种产品。打个比方，在两个城市的同一家某大型超市，都对苹果进行数据的调查取证，甲超市把同一种苹果包上包装，乙超市不带包装直接售卖，从卖出的数量上计算苹果的日销量，通过这个数据我们就可以知道顾客喜欢哪种类型的苹果销售方式。这种方法就是我们说的大数据。目前，这种大数据被广泛地应用在互联网广告之中。

而农夫山泉，一瓶简单的矿泉水又是怎样在大数据时代运作发展的呢？

对此，农夫山泉的首席信息官胡健通过对大数据的开发和利用切切实实地为农夫山泉带来了不小的回报。他通过对大数据的调查研究，让农夫山泉少走了很多弯路。

不知道你是否在国内的一些商场、超市留意过，每天身着农夫山泉工服的业务员都要在农夫山泉的货架前拿着相机拍一些照片，这个行动几乎让每一个看到的顾客都匪夷所思。其实不然，农夫山泉这样做自有它的道理。

胡健表示，农夫山泉会通过这些照片对市场进行初步的了解。这些照片所呈现的角度是：水是怎样摆放的，位置发生了什么样的变化，它摆放的高度是否合适等。每个业务员平均一天要跑 15 家这样的销售点采集照片，每个销售点要拍 10 张照片，一共 150 张，下午下班之前把这些照片发到公司总部，每个业务员平均每天要产生 10M 的数据量。农夫山泉有一万名这样的业务员，每天就是 10G 的数据量，一个月加起来就是 3TB。如此大的数据，在以前，胡健根本不知道如何下手，不知道到底该怎样解决这些问题，想出好的方案。

每翻阅一次这些照片，胡健都要仔细琢磨这里面蕴含的商机：农夫山泉要怎样摆放才能让人乐于购买？哪个年龄段的人喜欢这款水？顾客一次要买多少？季节的变换会不会给农夫山泉的销量带来影响？

同行业竞争对手在哪个方面比他们更胜一筹？一系列问题摆在他的面前，而回答这些问题的都是经验，却不是数据。

随着照片积累的数据量越来越大，胡健开始思考怎样将这些非关系型数据转化为大数据，这是农夫山泉在大数据时代必须要向前迈进的一步。在接下来的具体行动中，胡健继续对图片进行分析，提取其中的数据信息，又加入了对视频和音频的采集，通过这样的分析解答，一组庞大的消费画卷就被转化为数据。从此，这些非关系型数据就变成"0、1、1、0"的大数据，在网络画面里疯狂地飘动，终于实现了有数可查。

2011年6月，胡健在农夫山泉启动了对运输环境的数据调查活动，在物流领域进行重点改革，跟他一起搞这个合作的还有SAP公司。

胡健为什么要首先急于调查这组数据呢？因为，这组数据对农夫山泉至关重要，可以说是农夫山泉的命脉。以前，由于对物流方面没有具体的数据掌控，农夫山泉确实花了不少的冤枉钱，在企业内部，一句"搬上搬下，钱财哗哗"的顺口溜在员工口中广泛流传。

举一个很形象的例子：550毫升的农夫山泉在某个城市脱销，这就要通过从大区间调运来弥补销量上的不足，就从北部往南部运输，可是在运输的过程中发现东部的富余还有很多，且运费还要便宜，可是预测偏偏又出了问题，北部比南部还要短缺，接着东部又要往北部调运，要是东部遇到了旱情水资源短缺，又不知道要从哪个地方调运来补给北部，几番周折下来，简直要把人累死，问题的复杂程度不亚于解决一道数学难题。

可见，没有准确的数据作为依托，农夫山泉就像一只无头的苍蝇，到处乱撞，为此农夫山泉蒙受了很大的损失。胡健首先在这里操刀改革不无道理，可以说是一个英明、果断的决策。

农夫山泉将自己定义为"大自然的搬运工"，他们加工的饮用水都是来自于深山的天然水。"农夫山泉有点甜"的广告语几乎是妇孺皆知。农夫山泉在全国有十多个水源地，灌装、配送、上架，一直到卖出，一系列流程下来，550 毫升的饮用水仅仅 2 元一瓶，而一瓶水所需的运输费用就是 3 毛。这样一来，农夫山泉不得不考虑在参考不同变量因素的前提下，控制农夫山泉在物流方面所花费的成本。

胡健随即和他的团队展开了工作。他们这次引入了大量的数据，包括各方面的考虑：高速路段的收费问题、道路的等级问题、销售渠道问题、人力花费问题、突发情况的处理问题（如大型的集会），甚至考虑到了天气和季节的因素，这样，通过对数据的分析和应用，就能完整地把控在物流运输上可能出现的各种情况，节约运输成本，同时提高物流的服务水平，打开市场销路，赢得商家和顾客的信赖。

在生产和销售的问题上，胡健也做了大量的调查，为了解决生产和消费带来的不均衡，他在各大商场、代售点收集信息，明确要生产多少、配送多少，避免货物的积压和滞销；他还急切地希望办事处和配送中心联合起来形成一个网状的动态结构，能够牵一发而动全身；对于那些退货和残次品，胡健希望商家能够与生产基地对接，减少流通流程，更好地实现效率的提升。这些问题的解决要完全以数据为依托，也只有充分、准确的数据才能提供良好的市场导向。

胡健说："我们掌握了如此庞大的数据，就要它能够为我们服务，通过对数据的理解和分析，形成接下来的工作部署。可是，我们所应用的数据整理工具，要花费 24 个小时才能实现整体数据的展现，要想了解某天的物流、资金和信息就要等到第二天。如果农夫山泉一个月的数据积累达到 3TB，就会导致每个月的结算推迟一天，简直是浪费时间。"更让人恼火的是，作为决策者的胡健等人只能依靠这些数字分析决策是否正确、工作过程是否出现了偏差，不能及时出来的数据，使他们对未来的预测仍然是个未知数。

2011 年，SAP 公司针对这一问题，研发了 SAP HANA 这一具有创新性的数据库平台，使农夫山泉成为全球第三个、亚洲第一个享受这个平台的企业。

这个消息传到 SAP 公司总裁孙小群耳朵里时，他显得异常兴奋，在饮用水行业进行新数据的研发还是第一次。9 月，SAP HANA 系统成功对接，这让同等数量的数据计算时间从以往的 24 小时缩短到 0.67 秒，几乎达到了实时计算的完美程度，很多不可能实现的问题变成了现实，而胡健的"快点，算得再快点"的目标也得到了实现。

胡健一手创办的精准大数据物流为农夫山泉带来了难以估量的收益。这套方案不仅适用于物流管控，其他领域也可以涉及。现在，农夫山泉的董事长只要用鼠标在电脑上一点中国地图的某个区域，要建立一个物流中心的成本就会显示出来，这些，都得益于数据的飞速发展。

回想以往，农夫山泉建立一个项目，要经过考察、论证，还要选出备选方案，具体的项目城市还需要凭经验掌握思考。而今，只需要和当地政府通过洽谈获得资格，在成本上就无须再考虑了。

农夫山泉以强大的数据作依托，在近几年一直以 30% ~ 40% 的增长率稳定增长，在市场上所取得的成绩已经超过了娃哈哈、乐百氏和可口可乐。胡健的下一步工作是将那些业务员收集来的图片、视频资料充分地利用起来，让农夫山泉在销售市场上站得更稳。

第3章
一切不以用户为中心的产品，都是"耍流氓"

对于所有产品而言，用户的需求就是根本。

移动互联网时代就是做用户体验的时代，成功的移动互联网产品是从产品设计和研发阶段就开始以用户体验为中心的。

一个产品的品牌给予用户的感受已经不仅仅只是一个标识，而更多的是一种体验。耐克品牌给人留下的印象应该不仅仅是简单的一个"钩"的符号，而应该是穿上耐克鞋后那种舒适透气以及活力四射的感觉。

一个成功的产品设计应该让产品能够与用户进行对话，换句话说，就是让产品的"表现模型"更接近用户的"心智模型"。

程序员的手创造出来的软件产品，其实不应只是冷冰冰的一段代码而已，而应该是有生命的，应该具备"智能"，甚至是具备"情感"的一个东西。

有一份调查结果显示，对于所有的产品来说，用户几乎都不会按照设计者的思路去使用，这无疑是一个不小的讽刺。

要知道，我们不是为自己设计产品，而是为用户设计产品。因此必须了解他们是谁，他们想要的是什么。一个好的设计不应该是设计"用户应该怎么用",而是能够想到"用户想怎么用"。

奇虎360公司董事长周鸿祎说,一个产品(公司)成功的秘诀有三:一是产品必须要能够带给用户价值,打动用户的心;二是要不断运营,持续打磨,以用户为导向,不断修正和调整产品;三是要学会做减法,去掉不重要的产品属性,要抓住产品的一个正确的点,做到极致,从而成为一个鲜明的卖点。

长期成功的产品必须给人带来快乐,切忌使用户有一种被产品操纵的感觉,否则一切都是一厢情愿。

"一切不以用户为中心的产品,都是'耍流氓'。"酷6网董事兼首席执行官李善友的话说得虽直白,但很有道理。

找准定位，贝瓦网——早教市场的拓荒者

也许对很多人来说，贝瓦网并不是那么地如雷贯耳，可是如果告诉你它的注册用户在一千万人以上，月收入在 500 万元到 600 万元之间，你会不会觉得很震惊呢?

提到贝瓦网，就不得不提它的创始人杨威，一个在创业之前就已经有七年互联网从业经验的老互联网人。

杨威是年轻的"80 后"，2004 年毕业于西安交通大学，在除了 QQ 以外就不知道腾讯为何物的情况下通过了腾讯公司的面试，2005 年被调到了北京，2006 年成为腾讯的总监。而就在事业如日中天的时候，他于 2009 年 3 月选择了辞职。

杨威辞职的理由是很戏剧化的，因为这一年，他做了父亲，在给自己的孩子做早教时，杨威失望地发现，网上的早教资源特别少。

杨威从小就有经商的头脑，并且对新鲜的事物有着极大的兴趣与好奇心。杨威在市场调查中发现，我国的网络育儿市场是有很大的发展潜力的，中国每年新生儿的增加数量是很大的，现在很多家长的共识是"不要让孩子输在起跑线上"，这使他觉得自己是可以在这方面

有所作为的。如果成功地涉足早教领域，会直接影响到其他产业的开发。而国内互联网事业的蓬勃发展，也使杨威意识到可以通过互联网与手机的互动对整个早教事业进行改造。

尽管如此，杨威对早教这个领域却是陌生的。

由于多年来都在互联网行业摸爬滚打，杨威的人脉是不成问题的，他得到了曾李青，也就是腾讯联合的创始人的天使投资，很快也有了搭档。2010 年 7 月，贝瓦网上线了，公司的名字叫"芝兰玉树"。

和其他做早教的公司比起来，杨威选择的道路看起来似乎有点笨拙，因为公司的产品都是自己研发的，注重原创。作为一个做早教的公司，自然要有一个让孩子们乐于接受的卡通形象，而小河狸贝瓦就是杨威送给小朋友们的一个小伙伴。

上线后，公司面临着几个问题，即教育必须要专业，内容要优质，同时还要让小朋友们觉得有趣。杨威甚至花了一个月时间读了十几本关于早教、儿童发展心理学的专业书籍，还请到了很多资深教育专家做公司的智囊团。

杨威看到，国外的早教产业非常成熟，而在我国这个领域还处于起步阶段。我国的早教，更像是孩子进入校园之前的热身，充满了"专业"的知识。杨威是老资格的互联网人，思考问题喜欢从互联网的角度去想。他带领自己的团队经过反复的摸索与分析后，认为早教的核心其实就是儿歌、国学与故事。而杨威给自己定的目标是：要让自己的产品做到适合儿童使用，父母可以参与其中，对教育工作者也有借鉴意义。但产品最为重视的是激发孩子的创新想象能力。这主要是为了对儿童的成长产生正面的影响。

早教产品对孩子的成长很重要，一个优质的早教产品会让孩子养成良好的社会习惯，培养起正确的社会行为。而贝瓦产品就特别重视这些，它设计了很多的游戏互动，让孩子可以在有趣的游戏中学习到一些社会行为，对社会产生早期的感知与体会。这些东西往往比多背几首诗、多学几个英语单词更重要。

杨威对自己的早教产品的定位是面向 0～6 岁的孩子，为这个年龄段的孩子提供丰富多彩的资讯。

杨威对产品的要求很高，公司的产品研发出来，他会让自己的孩子来体验，如果自己的孩子对此不感兴趣，那么这个产品显然是不合格的。

"酒香"也怕"巷子深"，只有好的产品还不够，还得想办法让用户了解。2010 年 9 月对杨威来说是一个机遇，百度世界 2010 大会召开，发布应用开放平台，贝瓦网与百度合作。贝瓦的应用提交给百度以后，在百度应用平台上线了。这样一来，为孩子寻找儿歌的家长们，只要在百度搜索栏内轻轻一点，就会看到贝瓦网的早教产品。贝瓦的儿歌赢得了孩子们的心，以至于很多家长在杨威的微博上留言，感谢他送给宝宝们的惊喜。贝瓦产品的用户持续增多，这说明杨威的宣传策略成功了。

在公司发展的初期，贝瓦的产品主要是互联网上的一些数字产品。比如儿歌、故事、游戏等。特别是儿歌，杨威认为儿歌特别易于传播，用于打开市场的儿歌自然是已经成为经典的儿歌。市场打开以后，贝瓦开始出品原创的作品，杨威和很多儿歌作者合作，创作了很多富有生活气息、朗朗上口的作品。2011 年，贝瓦不再局限于做数字产品，而是开始出品实体产品。杨威认为，实物是看得见的宣传。实物产品有贝瓦儿童平板电脑、故事机、玩具等。随着影响力的不断扩大，贝瓦与优酷、迅雷、腾讯视频都实现了合作，占据了国内儿童早教市场。

贝瓦的早教模式相对于其他的早教产品有了很多突破，这表现在其特别重视原创上。例如，贝瓦在 2013 年 5 月第一个推出了儿童专用的平板电脑贝瓦 Pad，也就是一款儿童早教机。杨威对此寄予了厚望，当然硬件只是传送内容的桥梁而已，主打的还是内容。

杨威在贝瓦网有了极高的人气以后，还推出了早教包——淘奇包。可以在线销售，也支持粉丝电话购买。可以说贝瓦网的收入有一半是淘奇包做的贡献。

当一个品牌已经形成的时候，庞大的粉丝群对于它的其他产品也是乐于接受的。

这些显著的特色，成了贝瓦能从早教市场脱颖而出的法宝。贝瓦的产品，既有线上的，也有线下的，既有硬件的，也有软件的，比较全面地陪伴着孩子的成长。

小河狸贝瓦是贝瓦网推出的主角，杨威研发的早教产品就是围绕着贝瓦来展开的。贝瓦出现在儿歌里，出现在故事里。贝瓦系列在四年的时间里被播放了 100 亿次，给孩子们留下了深刻的印象。

现在，如果你询问那些做了父母的人，或者长期接触孩子的幼师，孩子们现在最喜欢的早教产品是什么时，他们一定会告诉你，是贝瓦儿歌。如今，贝瓦产品已成为孩子们的必需品、好朋友。

似乎，杨威的创业之路过于顺利了，没有那么多的波折，但是杨威自己却不这么认为。"创业者承受的压力和波折只有自己才知道。"杨威在微博中写道。

杨威在公司的发展中曾经遇到一个难题，就是是否要坚持原创，因为这个行业的其他公司并没有这个发展策略，发展的速度却一点也不慢，而杨威和他的团队，为了坚守这一方向，承受了双重的压力，每天超负荷地工作，争取的却是一个并不清晰的未来。

坚持原创其实会面临很多的现实问题。比如，版权的保护与成本问题。

幸运的是，最后杨威和他的创业团队坚守住了这个原则。而事实也证明，贝瓦的成功，原创功不可没。

对于自己的成功，杨威认为自己的制胜法宝就是内容营销。他觉得传统的企业普遍不喜欢把自己的好东西放到互联网上去，但是贝瓦网与此相反，这让贝瓦网拥有了大量稳定的粉丝。而这些贝瓦的粉丝被亲切地称为"瓦丝"。

可能是自己也是孩子父亲的原因，杨威把早教看得很重，他研发这些产品也是为了让国内的家长重视孩子的早教，帮助自己的孩子寻找优秀的精神食粮，带动儿童教育水平的提高。

杨威对目前取得的成绩并不满足，他是一个理想主义者，有一个也许需要十几年、二十年后才会实现的梦想，就是他要做出有世界水准的早教产品，在国际市场上也占有一席之地。

让任何人都成为网络的主角

王武佳是福建人，生长在一个资讯并不是很发达的小城镇。1999年，还在读高中的王武佳接触到了网络，成了电脑爱好者，并且在2001年读上海财经大学时就开始做个人网站，是国内最早从事社交网络行业的人之一。

由于对互联网有极大的兴趣，当时王武佳就觉得自己以后的方向也应该在互联网领域，不过也仅仅是有这样一个意识而已。对互联网的关注过多，在学习上自然就不会付出那么多的精力，这导致他的功课相当差，但是他却学会了很多网络技术。而当时的王武佳，还谈不上有什么商业头脑。他做的网站虽然红火，却没有赚到钱。

毕业后的王武佳并没有马上去做他钟爱的互联网事业，因为此时很多互联网企业都关门大吉了。在这种情况下，王武佳只得进入一家投资理财公司做销售。一个月之后他就被公司辞退了。这时，他想起了互联网，并且将此作为创业目标。

　　王武佳的创业开始了，不过他并没有一开始就去开发什么新软件，而是找了一个更实际的工作——订外卖。他和三个伙伴，一共四个人，注册了一个在线订餐的网站，名字就叫"外卖巴士"。这在当时实在算是一个创举了。只是大家七手八脚地忙活了半天，各种能想到的办法都想了，就是不赚钱。他们干了两个月就维持不下去了。不过，和很多创业成功者最初的创业经历一样，王武佳积累了很多的经验。

　　这样一来，还得继续找工作。于是，王武佳进入了庞升东的51公司。庞升东和王武佳一样，是做个人站长出身，而且是第一代站长，创立51公司时他就投了很多钱。王武佳在公司负责拓展校园业务，不久由于成本太大又改做产品。值得一提的是，这次王武佳差点儿又丢了饭碗，因为既然已经放弃了线下业务，公司也就没有必要再留王武佳这样一个显得多余的人了。不过，公司觉得他干活很努力，就没有辞退他。

　　51公司并不忌讳自己的员工有出去创业的念头，因此该公司走出了很多的创业者。而王武佳也在2012年离开了该公司，决定自己创业。

　　当时王武佳一个原来的同事劝他去做视频，他觉得这的确是一个机会，于是下定决心以此作为创业目标。不过当时视频网站已经很多了，王武佳并不是一个拓荒人，他觉得不能让自己的网站走特别专业的路线，而是希望把网站打造成一个可以让一点表演经历也没有的人也可以参与的平台。在他看来，这样可以拥有庞大的用户。

　　"视频达人秀"的出现是很偶然的，当时电视上正在播放选秀节目"中国达人秀"，王武佳就觉得有很多人才无法出现在电视的平台上，为什么不去做一个网络版的达人秀呢？于是就出现了口号为"让天下没有被埋没的人才"的"视频达人秀"。

　　初期，和其他许多创业公司一样，"视频达人秀"的办公场地是在一间民房内。这样的条件甚至吓跑了很多的求职者。最初"视频达人秀"并没有引起什么关注，在上面表演的很多都是员工的家属，慢慢地，才开始受到广大用户的欢迎。

"视频达人秀"在页面上是这样设计的，按照星座分别列出主播，每天开通 10 ~ 15 个达人频道，内容包括才艺表演、财经证券、网络教学。有很高人气的主播未必是美女，只要你有特点，有自己的风格，就能有自己的粉丝。"视频达人秀"有一些虚拟的物品，用户可以花钱买下来，然后再把这些物品送给那些自己认可的主播，而这就是"视频达人秀"的盈利方式。

在宣传上，王武佳并没有像其他的视频网站运营者那样，通过购买关键词的方式来实现推广，而是和 51、开心网等网站联运，就像游戏领域中所做的那样。后来，王武佳意识到腾讯开放平台的发展也许也是"视频达人秀"发展的巨大历史机遇，可是在渴望同腾讯这样的大平台合作时却遇到了问题——腾讯担心"视频达人秀"会有不良视频。而王武佳则一次又一次地去和腾讯联系，最后使腾讯打消了顾虑。王武佳在审核上是很注意的，为此建立了监控系统，通过页面上的客服 QQ 也可以举报不良用户，这种双管齐下的方式有效地维护了网站的健康环境。

"视频达人秀"和腾讯实现了合作，网站接入了 QQ 空间。当时王武佳也仅仅是抱着"试试看"的心态。

腾讯是一个绝佳的推广平台，QQ 空间的用户太多了，在极短的时间内，无数达人申请随之而来，开放平台的力量让人震撼。2013 年，"视频达人秀"的活跃度增长了 50%，短短一两个月，月收入竟然过了 100 万元，王武佳既做到了尽可能地压缩成本，也壮大了公司的规模。王武佳的公司从最初只有 6 个人的小团队，发展到了今天的一百多人。

已经做出了很大成绩的王武佳，更注意从一些全局的角度来处理公司的事务，而不是像事必躬亲的诸葛孔明一样，任何细节都要过问。在 51 公司工作的经历也给了他丰富的经验，当时的王武佳负责的工作很多，他亲历了 51 公司的发展历程。

王武佳很注意吸取 51 公司由盛而衰的教训。51 公司曾经异军突起，一度是腾讯的对手，并给腾讯造成了极大的压力。但后来由于过度改进产品，挑战了用户的使用习惯，最后黯然收场。

尽管"视频达人秀"已经有了一些成绩，但是王武佳很清醒。他知道，他在创业的路上选择了一条捷径——做视频网站是一个已经很成熟的模式，但这并不是说王武佳就选择了一条百分之百成功的道路，他还需要抓住必须要抓住的机遇。虽然王武佳没冒太多险就赚到了钱，但这样的捷径也会束缚公司的发展空间，而下一步如何取得突破，是一个关键问题。针对此，王武佳继续探索着。

王武佳明白，照搬其他公司的模式只有死路一条，既然你不是一个开拓者，那么就要做一个突破者。

玩家想玩什么：网页游戏也需要改变

一款全新的网页游戏在 2012 年 3 月横空出世，登陆了腾讯开放平台。和以往的游戏不同，这款游戏并不强调激烈的打斗，主打的是策略路线。这款游戏就是"塔防三国志"，上线仅三个月，就开始面向玩家收费，到 2013 年 10 月，推出这款游戏的上游互动公司被掌趣科技两次公告收购，收购价格竟达 13 亿元人民币，而上游互动在此时才成立一年半的时间。

上游互动的创始人刘智君，出生于内蒙古赤峰，他从小就有很强的自立性，并且养成了爱看书的习惯。读大学的时候，英语专业的他迷上了玩游戏，当时沉浸在游戏中的刘智君一定不会想到，自己以后竟然也会走进这个领域。

刘智君对游戏的认识和很多人不同，他认为玩一玩游戏对孩子的反应能力和操纵能力是一种锻炼。当然，生性孤僻的人则不适合玩游戏。

毕业以后，刘智君先是在一家想要做连锁咖啡店的企业工作，可是后来由于种种原因,这个项目并没有成功,他也就失去了工作。最终，爱玩游戏的刘智君还是去了游戏巅峰公司。在进入这家游戏公司之前，他常常混在网吧里，思考着关于游戏的改进问题，研究游戏的各种细节，最后是拿着一份厚厚的游戏策划去求职的，这也许暗示了他以后会在游戏这个行业里大有作为。他在这家游戏公司的职务是活动策划，后来是管理职务，这段时期对他来说是很好的锻炼，借此可以观察游戏开发运作的整个过程，并且可以近距离地研究和体会游戏。可以说，在这家公司工作的经验是刘智君日后有所作为的基础。

棋牌游戏火了，已经离开游戏巅峰公司的刘智君在联众公司参与开发了很多风靡一时的游戏。后来，看到游戏的发展前景不错，他又离开了联众公司自己创业，去做地方棋牌游戏。做了一段时间，他觉得地方棋牌游戏的发展空间不大，就暂时停止了创业的脚步，进入了人人网。这一次，他是在人人游戏做刚刚兴起的网页游戏。做了一段时间后，刘智君就像一个无法停住脚步的浪子一样，又在两家规模很大的国际游戏公司工作了一段时间，其中在美国艺电公司（EA）做到了大中华区产品总监。

在美国艺电公司刘智君受益匪浅，学到了不少东西，也积累了很多的人脉，这使他觉得是"重出江湖"的时候了。

作为中国网络游戏发展的同龄人，本来是可以安稳地享受高职位的，可是就像其他的创业者一样，刘智君知道这并不是自己想要的，他需要的是实现自己的理想。2012年，刘智君离开了美国艺电公司，带领着追随自己的朋友，带着筹集到的资金，开始踏上了创业征途。在起步阶段，生活条件极差——6个人的团队就挤在一个40平方米的狭小空间里。这段艰苦的岁月，成了刘智君宝贵的记忆，直到现在，他仍常常会想起那段紧张而充实的日子。

网页游戏有很大的发展空间，所以刘智君的公司开发了一款叫"塔防三国志"的网页游戏，游戏非常容易掌握，细节的设置也很巧妙，而当时刘智君就感觉到，应该发展手机游戏。

刘智君当初筹集的资金是 50 万元，这肯定是不够的。正好当时腾讯搞了一个比赛，"塔防三国志"报名参赛，很多人都认为三国题材的游戏已经被挖掘得差不多了，重复已是吃力不讨好，可是刘智君带领的这个不足十人的团队推出的这款游戏却成了一个传奇。"塔防三国志"在大赛中横空出世，夺取了很好的名次。因为在 2012 年，腾讯加大了对游戏的扶持力度，成千上万的社交游戏在腾讯的开放平台上出现，善于捕捉商机的刘智君看到了一条捷径，决定与腾讯合作。可以说，利用一切可以利用的资源，是刘智君的创业绝招。为了节省资金，刘智君尽量压缩成本，50 万元按照计划应该用到 9 月份。没想到，仅仅上线三个月，"塔防三国志"就具备了对玩家收费的条件，在第一个月里的收费就已经达到了 480 万元，这个时候刘智君发现，筹集到的那 50 万元竟然还剩下 20 万元。

这简直就是发射火箭的速度，别人要辛苦几年才能看到的成功，刘智君几个月就看到了。有人会说，这是刘智君运气好。其实，这不仅仅是运气的问题，每一个成功者其实都是有准备的人，运气是不会光临在那些坐在家里等机会的人的身上的。

刘智君认为自身是存在短板的，所以他从来没有停止利用一切机会来提高自己。在游戏这个领域，棋牌游戏红火的时候，刘智君去研究棋牌游戏；网页游戏推出之后，他又去琢磨如何做好网页游戏；手机游戏兴起以后，他又成了手机游戏的专家。他就是这样通过一点一点的努力去弥补自己的不足的。当然，刘智君也认为有些短板是无论如何努力也没法补齐的，就像一个人在某方面有很高的天赋，不需要太努力就可以做好一样，如果发现自己有无论怎样也不可能提高的一面，那么干脆放弃这一块，把时间利用到自己擅长的一面上。就像大学时刘智君毅然放弃自己的英语学习一样。而补足了能够补足的短板，成功的概率也就会得以提高。

比如，作为一个专业型的人才，在公司的运作方面刘智君并不是很擅长，可是他会通过论坛、微博这样的平台去努力，去补自己的短板。

刘智君在进入游戏行业五年的时候，就已经精通了游戏运作的整个流程与技能，可他的短板是搞商业，只有好的产品是不够的，很多企业已经开发出了很优秀的游戏，可是宣传做得不好，就会使这款游戏无法得到大范围的推广。在刘智君看来，能够开发出优质的产品，仅仅是一个合格的技术性人才，只有让所有人都知道自己开发了这个产品，获取到自己应得的商业利益，才是一个优秀的创业者，才是一个合格的团队领导者。

刘智君精于技术领域，创业后就是一个领导者，但他知道自己必须转变为一名优秀的管理者，才能带领公司快速发展。刘智君用自己的行动证明了自己的能力，在他的带领下，团队一直很稳定。而稳定，也是一个公司运作的重中之重。刘智君善于处理公司事务，团队成员有了任何疑惑，他都耐心地去解释，而公司的账目他也会算得很明白，以让每一个成员对公司的收支情况都心知肚明。总之，把一切都说清楚，不要藏着掖着，从而让大家没有任何猜疑地去安心工作。

关于员工离开公司，刘智君是这样看的，有两种原因会导致员工跳槽，一个是公司内部的明争暗斗，另一个就是员工觉得自己在本公司的潜力没有被充分挖掘，无法体现自己的价值。刘智君喜欢和自己的员工交流与沟通，及时地了解员工的想法，而即便是在公司已经取得了很大的发展之后，刘智君仍然很重视员工的福利待遇。员工的衣食住行、薪资假期，他安排得公平合理，比较人性化。这对稳定公司队伍、增强凝聚力起到了很好的作用。

至于"塔防三国志"这款游戏本身为什么会吸引那么多的玩家，在刘智君看来有两个很重要的因素，一个是这款游戏具有创新精神，有突破；另一个就是腾讯凭借着强大的社交优势为它提供了很好的推广平台。

传统的网页游戏是以看为主的，也就是说，在激烈的战斗场面面前，玩家都是看客，参与性不强，而"塔防三国志"则避免了这个乏味的传统，在设置了巧妙而生动的战斗情节的前提下，让玩家有驰骋疆场的感受，让玩家自己去操作。这款游戏不仅仅是挂一个三国的噱头而已，它历史感极强，整个游戏利用了九十多张历史地图，重现了三国时代那些经典的战争场面，而场景、音效都是精心设计的，让玩家在娱乐的同时，也深切地体会到了历史的沧桑感。

腾讯开放平台用户社交关系链的价值被刘智君充分地挖掘，腾讯开放平台打通了很多的社交网络，好友评论、好友分享，为一款优秀游戏的传播提供了强大的宣传平台，而"塔防三国志"中的互动也是吸引广大玩家的一大特点，用户可以从这个平台走入另一个平台，可以邀请自己的好友共同参与这款游戏，可以走进好友的地图，可以拜访好友的将领，可谓妙趣横生。将发展得非常完善的社交工具与游戏相结合，用户会产生不同于以往的感受和体验，而这就是用户被这款游戏深深吸引的原因。

2013 年 10 月，掌趣科技宣布以 13 亿元人民币的高价收购上游互动，负责人依然是刘智君，而刘智君下一步则是向手机游戏领域投入更大的精力。在互联网行业，游戏更注重不断地创新，仅仅稳定是不够的，如果不创新，很快就会遭到抛弃。而移动互联网时代的来临，让刘智君看到了希望。在做"塔防三国志"这款游戏之初，刘智君的定位就是以后要向手机游戏方向延伸。2012 年 11 月，他们开始了新的挑战，提前做好了市场布局，而到了 2013 年，他们在手机游戏方面的回报已经达到了每个月千万元。

"我们都应该有一点信仰，因为有信仰，才能找到自己，相信自己。"刘智君豪迈地说。

根据用户喜好制作视频：爱奇艺视频拥抱大数据

近些年来，网络自制剧越来越火，形成了广泛的追剧狂潮。2014 年，《人生需要拆穿》以及《灵魂摆渡》在爱奇艺十分火爆。在分析这些节目的制作缘由时，"大数据"一词成了大家热议的话题。

随着移动互联网时代的到来，网络视频享有最大的用户人数。用户只要在视频网页访问并停留，爱奇艺就能详尽地知道该用户的具体信息数据，比如性别、家庭情况、收入水平、居住地址等。爱奇艺既然能够知道这么多的数据，就能以这些数据为支撑，展开精准的广告投放和视频推送，甚至还能进行多频互动。爱奇艺能够在用户想看的时候，推送用户想看的视频。

爱奇艺分析认为，未来的互联网是以人为中心。用户会进行多频切换，但是通过大数据分析可以知道这是同一个人。在不同的地方，给同一个用户推送同一个节目，爱奇艺一直在尝试运用大数据。爱奇艺首席技术官汤兴表示，根据用户的不同选择在不同时间推送不同的内容是爱奇艺利用大数据分析的成果。

除了对视频的数据分析，爱奇艺每年要花费大量的资金购买视频剧目。因为通过充分的数据分析，爱奇艺知道，绝大多数用户的访问都是以视频剧为目标的。因为知道视频能够带来丰厚的经济回报，爱奇艺的视频剧购买显得更加理性。通过数据分析确定它能在爱奇艺热播，就能知道这个视频剧能带来的广告收入。对于视频网站来说，内容制作是一个很重大的问题。只有建立在用户喜好分析的基础上，内容制作才会更具合理性。电视播放时，人是处于被动地位的。要想获得用户的数据，必须要进行耗费大量人力和财力的抽查，很不方便。但是，在互联网时代，视频面对的是真实的人，人与视频能产生交互。当用户喜欢这个视频时，会慢慢地看下去。而当不喜欢这个视频时，用户会主动往前拖，甚至直接关闭。大量的人机交互数据给了爱奇艺分析、研究、制作视频内容的依据。在数据的支撑下，爱奇艺通过分析能够知道用户喜欢这个剧的哪一个部分，不喜欢哪一个部分，从而在推荐的时候有所侧重。在爱奇艺的流量当中，有一半是来自网站的精品推荐。这种大数据分析的应用，给爱奇艺带来了更大的流量和经济效益，也为用户节省了很多选择视频的时间，使得销售者和消费者都得到了实惠。

爱奇艺的数据收集，从日志的处理到实时信息的反馈，都是为了数据的挖掘。爱奇艺决策的核心依据，都是从浩瀚的数据中找到目标数据，并做精准分析、研究得来的。爱奇艺不仅能够获得用户在爱奇艺上的数据信息，还能拥有用户在百度贴吧、百度音乐等平台的数据信息。所有的数据整合到一起，最终形成了爱奇艺庞大的数据群。当用户停留足够长的时间时，爱奇艺才有获得真实数据的行为和能力。

爱奇艺在 2013 年推出了一个客户端。客户端的存在，很好地解放了用户，客户端会在不同的时段主动推荐不同的内容。客户端的流量，几乎占据了整个爱奇艺流量的一半，具有强大的发展潜力。爱奇艺还开发出一款新的产品，对于工作繁忙的用户来说，能够节省大量观赏时间。有的娱乐节目常常超过一个小时，给很多用户带来了观看上的时间压力。正常的时候，用户都会选择拉快进条，非常不便。在每个播放条的下面，都会出现不同的颜色，比如绿色、橙色。而这些不同颜色的区域，都是根据大量的用户数据得来的，用户都会选择在这个区域内观看，具有较好的观看效果。而且，这个都是自动生成的。爱奇艺的绿镜功能以大量的数据为依据，根据用户的观看行为将视频的精彩内容剪切下来，成为一个较短时间的播放版本，迎合了部分观众的需要。以足球为例，一场近两个小时的足球比赛，精彩的时候或者说进球的时间很短，那么对于那些只是想浏览一下的用户来说，只要拉动橙色条，就可以在短时间内看到全场比赛的精彩时刻。

以爱奇艺的热播剧《人生需要拆穿》为例，通过数据分析，这部剧的观众集中在北京、广东、上海等经济发达地区。在用户年龄的数据上，20～29岁的占据了近70%，男性比例高达60%。而有意思的是，数据还显示，影视粉丝具有最强的观看兴趣，而吃货一族则兴趣最低。在该剧的百度指数上，讨论人生的感悟指数热度最高，第三者等社会热点话题常常会引发观众的议论热潮。这部剧不仅在剧目的形式上有较大的创新，故事情节也能引发大量的观看体味。故事情节的选编，都是来源于平时网络上讨论热点的大数据。

汤兴表示，通过大数据的分析，可以准确地分析题材的受欢迎程度，还能知道哪些导演、演员的作品更受欢迎。未来，爱奇艺将会在用户分析的基础上，进行内容、自身发展和广告数据的分析。

传统的影视制作单位，长期的积累往往使其在资源方面占据着较大的优势，但视频网站可以以用户为中心，展开更精准的制作，为用户打造更便捷和舒适的观赏体验。

大数据时代的到来，让视频网站的发展有迹可循，可以向传统的影视制作单位和传播平台发起挑战。在未来的竞争中，大数据的掌握与应用是成败的关键。在这样的形势之下，观众可以得到更多的优秀剧目和更好的观赏体验。

途牛旅游网：用互联网思维改造传统旅行社

"要旅游，找途牛"，当这个广告深入千家万户的时候，广大旅行爱好者突然间发现，旅行原来如此简单。点几下鼠标，敲几下键盘，酒店、签证、门票、旅行团，全都搞定。这样，就可以轻轻松松地出去玩了。

说到这些，就不得不提到一个人——于敦德。

于敦德，23 岁出任博客中国的技术总监；25 岁创办途牛旅游网；33 岁将途牛旅游网在美国纳斯达克成功上市。围绕着他的名词有很多，比如途牛旅游网创始人、"80 后"创业者。旅行发烧友们被他"惯"得有点娇气，已经习惯于不出家门就能订制各种适合自己的旅游路线。

这个喜欢"折腾"的年轻人，早在东南大学读书期间就开始涉足互联网行业。途牛旅游网已经是他参与创立的第五个公司。在汹涌的互联网大潮中，他一次又一次地被浪潮席卷，没有现成的路可以走，只能在黑暗中摸索着前行，慢慢地磨砺出了坚强的韧性。

于敦德把注意力放到在线旅游市场，一部分是源于自己的兴趣，另一部分就是看中了旅游行业潜在的市场。2006 年，国内旅游市场总消费额达 1 万亿元，并且保持着年均 10% 以上的增长率。那时候，在线旅游方兴未艾，所占的市场份额很小，潜力却非常巨大。

2006—2007 年，全国的酒店、机票预订和比价搜索网站高速发展，进一步推动了旅游市场的透明化。尽管已经存在携程旅行网这个行业领头羊，但是于敦德相信这个高速扩张的市场能够容纳途牛旅游网。

对于一个网站来说，流量是生存的法宝。只有聚集了更多的人气，才有可能从中挖掘出巨大的经济价值。为了能够增强使用黏性，于敦德运用自己娴熟于胸的在线社区操作经验，以社区化的理念来推动网友互动交流，保持足够多的稳定流量。

习惯于在计算机前做互联网的技术男，首先就面临了一次痛苦的自我转型——从事线下工作。于敦德带领一支团队，历经不到半年的时间，耗费了巨大的精力，建立了一个国内最新、最全面的景点库，包含了全球四万多个大小景点，这为途牛旅游网以后的发展壮大打下了坚实的基础。依托于庞大的景点库，途牛旅游网接着研发了网友易于参与的两个产品：路线图和拼盘。

（1）路线图。

"路线图"是一个可以做游记的工具。网友可以按照行程很清晰地进行规划，路过的旅游景点可以根据景点库的信息进行选择。一天走了几个景点，一次行程包含几天，一个完整的游记就这样简单明了地显示出来了。

（2）拼盘。

"拼盘"是网友自主设计的一个旅游主题。通过组合关联的景点，可以进行添加，贴上相应的文字，然后利用景点库选择对应的景点。例如，输入"最适合看日出的十大景点""最适合观潮的十大景点"，等等，系统就会自动输出相关的景点介绍，也可以看到网友上传的海量图片。

随着途牛旅游网流量的迅速上升，于敦德和他的合伙人在公司成立半年后明确了运营模式：将国内旅行社的旅行线路集中整合、分类，游客通过访问途牛旅游网寻找自己感兴趣的旅游线路，也可以通过途牛旅游网的客服进行咨询，最终在途牛旅游网完成订购。当游客与旅行社签订一份合同时，途牛旅游网就可以从旅行社赚取 3%~7% 的佣金。在途牛旅游网，每一个成功的订单，都要经过 14 个步骤，完全保障了消费者的利益。

2008 年金融危机的时候，资金问题成了途牛旅游网运营以来遇到的最大困难。到了 2008 年年中，途牛旅游网拮据得只能给员工发放基本工资。于敦德不断地寻求投资，被拒绝了几十次以后，终于拿到了雪中送炭的 200 万元美金，成功闯过了金融危机这道艰难的关卡。

有了资金作为后盾，于敦德开始大步地朝着自己理想的道路进发。依靠着这笔资金，于敦德开始放手升级呼叫中心、改进业务运营系统、培训业务人员、研发度假产品。

2009 年，途牛旅游网创办了属于自己的旅行社，绕开传统的旅行社，直接和消费者签订合同，并且收取相应的费用。这一年，途牛旅游网拿到了 DCM 等公司近千万美元的投资。有了充足的资金支持，途牛旅游网的扩张速度大幅加快，从一两个城市延伸到五六个城市，从一线城市向二、三线城市进发。当年，途牛旅游网的销售额就增长了近五倍，达到了惊人的 1.4 亿元。

经过了五年的发展壮大，到了 2011 年，途牛旅游网又遇到了新的"瓶颈"——如何保持高效率和稳定的转化。当时，途牛旅游网的员工已经发展到了几百人，在发现以前的高效率沟通无法保持的时候，于敦德紧接着又把大量的精力投入到了流程建设上来。以后的事实证明，这个举措为公司以后的发展奠定了坚实的基础。同年年底，途牛旅游网的销售额达到 12 亿元。

真正的成功人士不会被蜜糖熏倒，而只会居安思危。互联网的发展瞬息万变，一旦脱离了时代的发展步伐，就会被市场淘汰。而于敦德始终就是这样一个清醒的人。

2013 年，移动互联网的浪潮又席卷而来。于敦德高瞻远瞩地认为，旅游和移动互联网的联姻十分切合，对于游客来说具有极大的价值，在旅行的过程中可以随时随地地进行访问。于是，途牛旅游网又加大了在移动互联网方面的投入。

于敦德十分看重产品研发和年轻人的潜力，他把年轻人当作了企业成功的重要砝码。在途牛的研发部门，于敦德竖立了一块牌子，上面写着：若要提高效率，看我研发少年！他曾经骄傲地说过，数百人的研发团队，可以完全确保途牛高效的人均生产效率。2013 年年底，途牛旅游网员工人均毛收入高达 300 万元。

现在，途牛旅游网以"让旅游更简单"作为自己的使命，为消费者提供北京、广州、上海、深圳等 64 个大中小城市旅游产品的预订服务。

面对更加扑朔迷离的未来，于敦德有信心在未来走得更远、走得更好。

打入用户"生活圈"：山东顺和——山东酒行业第一家上市企业

从山东临沂区区三线城市起家，却能达到 60 家门店的规模，2013 年 9 月成功上市，挂牌齐鲁股权托管中心，跃升为山东酒行业首家上市公司，着实让人吃惊不已。

在酒行业，仅有 6 年历史的顺和酒行实在是微不足道。没有大中城市庞大的消费群体做保障，却另辟蹊径，敢为人先，成为山东酒行业第一家上市公司。顺和酒行在近一两年酒行业走下坡路的情况下，却开了不少店面，这确实是比较少见的。

如今，几乎所有的大中型酒商都有自己专门的实体店，但更多的作用却是形象宣传。前些年，团购成为酒行业主要的利润来源，专卖店并没有在实现盈利方面有较大的进步。随着国家限制"三公消费"政策的公布，团购的销售量迅速下跌。

在实体店这样较为窄小的空间里，试图去实现销售量的突破，只有从细节抓起，把相对简单的买卖关系变得温暖是极为有效的。在零售类企业借着网络平台大力发展的背景下，逆流扩张的酒类连锁企业并不多见，顺和酒行却做到了。专卖店在本质上是一个和消费者零距离接触，把企业服务转化为销售的平台。在这个平台上，如何在营销策略上有所创新，是非常重要的。

作为顺和酒行的创始人，顺和酒行董事长马龙刚践行"在白酒行业，资源拯救未来"的理念。但是，马龙刚所说的资源既不是烟酒店、商场超市、餐厅等传统渠道的资源，也不是曾经带来丰厚利润的团购资源，而是看起来和酒行业关联不大的汽车 4S 店、高尔夫俱乐部、健身会馆等会员制服务性机构，这些才是酒行业目标群体集聚的场所。马龙刚所说的酒行业目标消费人群的"生活圈"就是这些场所。

马龙刚在偶然的机会中发现，以资源和信息对等交换的方式打入生活圈是极为可行和有效的。一次，朋友邀请他到健身馆打球，顺便认识了会馆的负责人，了解到这个会馆只对会员开放。敏锐的他当即就向会馆的负责人提供了一个诱人的想法："我可以给你们介绍 100 个新会员。"最终，这个健身馆将顺和酒行的标记印到了会员卡上，并且在健身馆开辟专门的场地作为顺和酒行的形象展示平台。而马龙刚以 100 箱 1200 元的商品回馈健身馆，作为健身馆赠送会员的礼品或者招待客人的用品。

这次合作最终的效果就是，马龙刚把健身馆会员卡以赠品的方式给了顺和酒行的专属会员，健身馆内的顺和酒行展示平台也带动了顺和酒水的销售。会馆也从中尝到了甜头，通过顺和酒行的关系转来的会员和朋友也正是健身会馆潜在的目标消费人群，以顺和酒行的赠品吸引这些潜在的会员收到了意想不到的效果。

马龙刚没有把视线局限在健身会馆上，顺和万通卡作为一个奇招，打破了普通酒商营销的正常渠道。马龙刚巧妙地利用顺和酒行牵连的相关资源，让顺和万通卡走出三线城市临沂，进入山东高速，成功开辟了独树一帜的 ETC（不停车电子收费系统）支持系统，将顺和万通卡摇身一变为具备酒行会员、ETC 和专卖店支付多功能为一体的多用金融卡。

　　马龙刚渐渐地领悟出了自己的一套理论，把商品营销和客户服务有机地结合在一起。为此，马龙刚一直把自己看作一位卖情绪的艺术家，而不仅仅是一个普通的酒水推销者。将想法付诸实践，马龙刚提高了对员工服务的要求：必须要时刻观察顾客的表情和行为。比如，闲逛着买酒和专门开车的是不一样的，此外还要注意开车的车型，买酒时的精神状态，是精挑细选还是急匆匆的，是否关注某一个价格段的产品。马龙刚说过，分析顾客的消费心理，注意顾客的消费行为细节，对于商品的销售成功率具有质的提升。

　　大多数的普通销售者在面对顾客的时候，都会直截了当地询问其想要购买的心理价格。而在马龙刚的专卖店里，店员都会主动去注意观察和分析顾客的消费行为，以顾客的喜好作为自己对话的基础。这使得顺和酒行的销售业绩得以成倍增长。

　　马龙刚一直都不是一个拘泥的人，他把酒水消费看作一种潮流消费。在临沂，每个月不同产品的销售量是不一样的，他根据销售量排出了名次，并且进行了集中展示，他把这个叫作"时令酒水"。顺和酒行特有的"时令酒水"很好地满足了某些消费者对于消费时尚的追求。和那些"画虎不成反类犬"的专卖店不一样，顺和酒业的商品根据时令不断地发生改变，具有强烈的特色和品牌感。周而复始地坚持下去，顺和酒行的"时令酒水"渐渐地成为临沂当地酒水市场的晴雨表。

　　马龙刚还是一个喜欢钻牛角尖的人。"时令酒水"的成功远远没有达到他的心理目标。为此，他又制作了一个酒谱，将顺和酒行的酒分门别类。酒类的可选择面实在太大了，根据用途可以分为礼品酒、保健酒、婚宴酒，甚至将具体的口感和销售方式都标了上去。顺和酒行的每家专卖店内都备有很多专门制作的酒谱，这不仅为顾客的消费提供了便捷，也为他们节省了很多的消费时间。

作为酒类行业的初生牛犊，想要占据一片广阔的领域，光有这些是远远不够的。马龙刚一直在稳步发展中寻求着自己的立身之道。

在酒行业整体呈现下行的趋势下，消费需求在潜移默化中发生了改变：消费者态度慢慢从简单的"拼酒"转变为重质量的"品酒"，消费变得更为理性，他们更趋向于性价比较高的产品。通过调查得知，山东地区的餐饮酒水终端价格增价率一般高达 100%，远超普通的商场、超市和零售店，而且绝大多数谢绝自带酒水。当理性消费渐渐地替代面子需求时，餐饮行业也在面临着自身的问题，开始允许自带酒水。这大部分是因为餐饮业整体消费水平下滑，同时餐饮店开始趋向于向顾客妥协。

变革的时候，一般都潜藏着巨大的商机。马龙刚准确地意识到，如果将顾客订购的酒直接配送到餐饮店，将会给顾客提供很好的消费体验。

马龙刚是一个喜欢践行的人。"酒到家"在线订购网站迅速建立，可以直接通过客服电话下单，依托遍布在城市中心的 60 家顺和酒行，就近配送，并且保证 29 分钟之内即可送货到家，配送范围也扩展到了普通的餐饮店。在这个方面，马龙刚并不是第一个吃螃蟹的人。为了争取后来者居上，马龙刚在终端方面保证了足够的密集度，足以支撑 29 分钟之内到货的承诺。很快，又遇到了新问题。很多餐饮店拒绝配送人员进店，因为消费者被告知"谢绝自带酒水"，这是顺和酒行做配送时遇到的最多的问题。马龙刚预知到了这种情况的出现，但他坚持认为允许自带酒水是未来不可阻挡的趋势。

餐饮店为了高额的毛利润，部分商家联合起来抵制顺和酒行，甚至请来了行业协会作为谈判的中间人。由于餐饮店自身销售额下滑的紧迫感，加上高价难以维持的压力，最终三分之一的餐饮店同意顺和酒行直接进驻专柜，三分之一允许配送进店，还有三分之一坚持不合作。这对于顺和酒行来说，已经算是一种巨大的成功了。顺和酒行可以一边继续同城配送的主业务，一边还在一些餐饮店内售卖平价酒水，顺利地将餐饮终端变成了顺和酒行的零售终端。

马龙刚把顺和酒行越做越大，利用互联网平台取得了突破性的发展，稳扎稳打，一跃成为山东省第一家上市的酒类公司，塑造了成功的创业典范。

"80后"美女和她的"我爱打折网"

出生于陕西咸阳的"80后"女孩，是集美貌与智慧于一身的美女，她就是上帝的宠儿——韩华。

无论是在现实中还是在网络里，金钱与美女都是永恒不变的焦点。"我爱打折网"（55bbs）的创建起源于韩华在一次购物过后的心血来潮。此后，"我爱打折网"就变成了"败家女"们的游乐场，男人心中的"梦魇"。从最初简单的互动社区到如今的发帖秒沉，在"我爱打折网"，女性成为生活的主角。

二十岁出头，是一个女人最美好的年纪。和大多数年轻创业者一样，韩华在最美好的年纪用自己辛勤的劳动创造了一片属于自己的天空。

韩华是一个比较乐观的人，她的笑不似古典美女们的笑不露齿，而是爽朗开怀的笑。她的笑给周围的合作伙伴带来了充足动力，带来了创业的信心。二十岁出头的年纪就在异乡奔走创业，肯定会遇到各种坎坷。但在韩华的字典里不存在"苦难"这两个字，用她的话说，天天和困难在一起，就没什么好稀奇的了，早已习惯了。

当同学们纷纷在外面寻求兼职时，北京交通大学工商管理专业二年级的韩华就开启了第一次创业之旅。敏锐的嗅觉是每个成功商人必备的基本素质。通过一段时间的观察，韩华意识到大学生群体是当时计算机媒体最大的目标人群。为此，由她牵头，联合周边的一些高校组织向这一类的报纸和刊物请求活动赞助。例如，让某家报纸冠名学校举办迎新生和送老生等各种晚会和活动，这样既节省了学校和学院的开支，又成功地利用报纸宣传了自己，可谓一举两得。

有经济头脑的韩华并不满足于此，她把《计算机报》赞助给高校的一些年报和刊物，以相对低廉的价格转订给学生。如果学生以个体去订会比群体订购贵很多，同学节省了开支，报纸也获得了利益，一段时间下来，自己也有了收入。

韩华做事喜欢总结思考，通过报纸的事情，她知道蛋糕做大了，即使分享的人增多了，所有的人也都会跟着受益，而自己也能继续把这块蛋糕做大。

韩华一直关注着生活中的各种事情，信息不对称导致的消费停滞让她感触颇深。比如，遇到陌生的人给你发传单，你可能会不屑一顾，但若是身边熟悉的朋友向你推荐，你就有可能尝试着去了解一下。她也发现，工作了以后，有了可以支出的钱，但是没有可以进行消费的平台。一来二去，创建一个合适的平台供顾客消费成了她的一个想法。她一开始想到在北京地区建立一个消费咨询平台，如果你想消费，想吃喝玩乐，就可以通过这个平台找到自己想要消费的产品。

2003 年，刚刚走出校门的韩华就隐约地感受到了一股消费市场领域大有可为的气氛。作为一名工商管理专业的学生，韩华在意识到流通的消费信息下面潜藏着巨大的经济和市场价值的情况下，还另辟蹊径，以商家为中心去剖析当前的消费信息，这样能够有效地照顾到各方面的利益追求。消费市场当时是处在一个亟待开发的环境，在纸质媒体等传统媒体宣传费用特别昂贵的前提下，几乎所有的娱乐消费场所都希望通过网络媒介去宣传自己，以招揽客户。紧接着，一个巨大的创业机会摆在了韩华的面前。

　　毕业后，韩华做过秘书和总裁助理，这对她以后的创业起到了很大的推动作用。2004 年，韩华再也抑制不住内心创业的潮涌，瞒着父母辞职了（她原本是一家具有国际认证项目公司的经理）。当时韩华的父母还以为她在做经理，很替她高兴，为了不让父母替自己担忧，她整整隐瞒了父母一年。和大多数初次创业者面临的困难一样，技术和资金是她需要面对的天敌。在特别拮据的时候，韩华谎称工作忙，过年没有回家，当新年家人团圆的时候，她一个人漫步在冰冷的北京街头，心潮澎湃，泪水不觉而下。

　　2004 年 5 月，韩华的"我爱打折网"正式创建。技术和资金都非常缺乏的时候，韩华每天只想着尽可能地去完成工作，一件接着一件地做下去。资金问题是必须要解决的，初出茅庐的韩华还没有资格去申请天使资金，融资也宣布失败，无奈之下，只好向身边的朋友借钱维持。记得有朋友询问她创业的艰难时，她总是以一个小女生的口吻来回应：已经忙到完全不知道什么是苦了，每天都需要熬到很晚很晚，黑眼圈跟大熊猫似的。

　　韩华是一个"善忘"的人，那些纠缠着她的头疼事她从来都没放在心上，只顾着一味地坚持下去。她相信只要能够走到最后，所有的问题就都有解决的办法。的确，一个二十多岁的女孩子，在人生的黄金年龄选择辞职创业，苦难和压力真是太大了。

　　她曾经说过，做网站给她带来的最大收获是聚合的力量，就是充分考虑到消费者和商家的利益追求，把所有人的努力都集合在一起，问题就会迎刃而解。对于一个网站来说，市场是一个最不可估摸的因素，瞬息万变，因此要紧跟着时代的技术和信息潮流。有一次，朋友向她介绍了加拿大的一家网站，创办者也是一个女孩，已经成功上市了，问韩华是不是把这个女孩当作了偶像。机缘巧合的是，韩华后来的确通过研究这个女孩的创业经历，学到了很多宝贵的经验。

　　网站渐渐地有了起色，韩华的居住条件也跟着变好，最终来到了创业者的殿堂——中关村。以广告推广和企业策划为盈利项目的"我爱打折网"，已经基本实现了供给自足。2005 年，"我爱打折网"的广告收入以 200% 的速度高速增长，对于消费者需求的精准掌握，使得韩华可以为商家提供具有很精准市场定位的包装策划，来达到宣传的目的，这成为"我爱打折网"可靠的利润来源。

　　会员的鼎力支持也是韩华成功的关键因素。网站在线人数的激增，对于宽带和硬件提出了更高的要求，资金的缺乏使得设备的更新一再推迟。在当时举步维艰的时候，有会员主动申请捐款来同网站一起渡过创业过程中的难关，这让韩华大受鼓舞，从而对这份事业更加充满信心和动力。几十万的网站会员就是最大的信息和经济资源，通过调查和分析，她能够对客户人群做较为精准的分析。网站的信息和资源的贡献，不仅仅来自专业的采集员，广大的会员也在网站上进行信息资源的分享，这为整个网站信息资源更新带来了源源不断的动力，使网站进入了良性循环。

　　"我爱打折网"成功营造了一个良性的社区氛围，友好互助的模式在会员之间引起广泛共识。一开始虽也遇到了非常大的阻碍，但韩华坚持正确的原则，顾全大局，有时不惜牺牲自己喜爱的东西，这收到了非常好的效果。网站对于小广告和低俗辱骂的现象实行"零容忍"的原则，一个资深的会员因违反了大家的共识，竟被直接禁号了。正是由于这样的魄力，"我爱打折网"在网络的环境中，真正成为一个健康社区。

　　现在，"我爱打折网"的业务已从最初的北京延伸到了上海、广州等地区，成为都市白领购物信息交流和共享的平台，其倡导的购物理念和社区精神包含了厚重的人文价值，而韩华也在"我爱打折网"上实现了自己的人生价值。

用户参与：小米科技用互联网思维颠覆传统手机行业

在过去的两年，最火的企业要数"小米"了。小米的每一款产品都很抢手，如红米、小米3，这些产品可以说是一面世就被抢购一空，而且都有着非常浓厚的互联网属性。它的创始人雷军正是以这种互联网属性颠覆了传统的产业，也颠覆了人们的惯性思维。

小米科技创始人雷军1969年出生于湖北仙桃的一个教师家庭。1987年考入武汉大学计算机系。武汉大学是当时国内最早实行学分制的高校，只要修完学校的学分，就可以毕业。而对自己要求很严格的雷军仅仅用了两年时间就修完了所有的学分。读了两年大学的雷军，就有了闯荡江湖的想法，看到当时的编程资料质量不高，他就决定自己写一本高质量的书。后来，雷军就和别人合作写出了《深入DOS编程》。在看了一本叫《硅谷之火》的乔布斯传记以后，热血沸腾的雷军就和几个同学创办了三色公司，产品是一种仿制的金山汉卡，这算是雷军的第一次创业。不过，公司仅仅维持了半年就做不下去了，用雷军自己的话说就是"惨淡收场"。1992年年初，雷军加入金山公司，在金山公司一干就是16年。

29岁的时候，雷军成了金山公司总经理。在这段时间里，他带领着金山不断摸索，使金山的业务涵盖了办公软件、杀毒软件、词霸，以及后来的网络游戏。2007年10月，金山在香港成功上市。这一年，雷军才38岁，成为中关村的风云人物。不过，金山当时的市值远远比不上同一年在香港上市的阿里巴巴。金山成功上市两个月之后，雷军选择了离开，辞去了总裁与首席执行官职务。因为在金山的那些年操劳的事太多，的确太累了，他需要休息一下。

当然雷军的休息并非是真的躲在家中休养，而是踏上了另一个至少在当时看来属于放松自我的征途。然而，正是这次的离开，成就了现在的雷军。

雷军离开金山后，成为天使投资人，在移动互联网、社交、电子商务等领域先后投资。很多企业都获得了成功，这让雷军看出了移动互联网会是新的高潮，而做天使投资人也使雷军更加深入地和互联网接触，有了过去没有的体会。他认为未来移动互联网将会有十倍于PC 互联网的规模。这个工作让雷军赚了很多钱，可这并不是他想要的。虽然他早就已经很有钱了，但却有着深深的挫败感。他不满足于仅仅是经济上的成功，他需要有自己的事业，他想创立一家公司，做自己想做的产品。

雷军要做的产品是手机，并且决定要颠覆一个手机硬件行业的游戏传统。这在当时也许得不到理解——手机当然要依靠卖硬件赚钱，而雷军却要改变这个铁打的定律。通过长期的调查分析，雷军心里已经有数了，要做手机，就要把握住手机行业的几大趋势：手机计算机化、手机互联网化、颠覆性设计，等等。雷军的计划很明确，用互联网思维做手机，充分听取用户的声音，快速试错。用互联网销售，不设线下渠道。先做移动互联网，然后再做手机，培养一批粉丝，打造品牌效应。在商业模式上，以品牌和口碑吸引用户。而雷军很清楚粉丝的力量有多大。

雷军第一步要做的是组建一支精英团队。黎万强、黄江吉、洪峰先后加入到了雷军的团队中。这个团队有来自微软的精英，也有来自金山的精英。雷军花了几个月的时间找精英人才，最终他对自己组建起的团队很满意。

"看到最肥的市场，找来最厉害的人，事情没有理由不成功。"雷军说。

在金山工作时，雷军的勤奋就是出了名的，他每天会工作 12 个小时以上。这样的"拼命三郎"精神被雷军带进了小米，他把时间更多地用在了产品的研发上。

2010年4月，借着智能手机普及、移动互联网兴起的东风，雷军的小米科技注册成立。

小米科技启动的第一个项目是小米司机，是一款查询违章记录的迷你软件，但反响却不太好。因此这款应用也就被叫停了。而这只是雷军小试牛刀而已。

6月1日，雷军启动了MIUI操作系统，这是个"活的系统"，发布走的是互联网路线。两个月后正式发布，结果大获成功。成功来得有点突然，本来要迟一些推出的手机必须提前问世了，借着良好的口碑以及积累的大量粉丝，到了该推出手机品牌的时候了。

小米手机的推出，引爆了整个手机市场。根据传统的手机使用思维，无论手机有什么问题，都只能等到手机出下一款时再去解决。可是小米走的是互联网化，小米手机的操作MIUI系统可以实现每周升级。MIUI团队会随时对手机用户的反馈进行改进，而论坛、微博等平台是该团队常去的地方，就连雷军本人也常常泡在小米论坛上。小米甚至还有一个"荣誉开发组"，是由一些发烧友自愿参加组成的，更新的版本会交给这些发烧友测试，这种不靠广告，只靠与用户沟通形成口碑和品牌的营销模式，以及互联网特色的创新对用户的吸引是不言而喻的。

小米关注的是能不能留住长期的用户，而不是卖出多少台这样的数字。雷军表示用户满意比卖出多少台手机重要得多。

小米每天都有讨论会，讨论的内容就是围绕用户的需求如何更新产品。也就是用户提出意见，小米研究如何满足这一要求。

传统的手机是企业提供什么样的手机给用户，小米的思路是关注用户想要什么样的手机，一步之遥，市场反响大不相同。

小米的身价估值已经逼近百亿美元。

小米的领先是革命性的，传统手机行业看似坚若磐石的格局被打破了。

小米手机运用了彻底的互联网模式、互联网思维颠覆了传统手机行业。

我们看过很多的互联网创业励志故事以后，会发现成功不是一蹴而就的，它是一个摸索与等待的过程，而等待着时机的出现，也就是等着顺势而为。仅仅有一个天才的思路与构想是不够的，还要有一颗能耐得住寂寞的心。

客户需要什么："爱记账网"的跌宕起伏

如果一个人从一无所有到"逆袭"成功，变成了一个富翁，你有什么感想？

当你听说这个人从成功又变回了一无所有，你又会产生什么样的看法？

故事至此没有结束，他又从一无所有一跃而成为富翁，你会相信这是真的吗？

而这个像电影情节一样曲折的故事恰恰是真实的，男主角就是朋克（Punk）。

朋克是韩宇宙在腾讯工作时的昵称，大家都爱这么称呼他，他活跃在深圳的互联网界。

朋克出生于 1979 年，广东人，双鱼座。双鱼座的各种特点在他的身上还真的有所体现，比如浪漫主义、神秘主义，等等。

学生时代，朋克的成绩让人不敢恭维，他还很淘气，却喜欢画画。后来，他根据自己的爱好进了湖北一个中专学习美术设计，但学了一段时间之后却发现音乐才是自己的最爱，甚至还组起了乐队，担当了吉他手。在那时的朋克心中，音乐才是自己的梦想。除了组乐队，朋克还有一个爱好，就是玩游戏，在网吧玩游戏的时候偶然地迷上了上网。由于看到当时的网站很粗糙，而自己接触过音乐，又是学美术出身，对美自然有一种发自内心的敏感，于是他就决定通过自学来弄个自己的网站。后来，他还真的弄了一个文艺类网站，并且给自己取了一个叫"朋克时代"的网名，而这也是他的朋克之名的由来。

找工作的时候，因为对网络感兴趣，朋克就去深圳找了一份网络编辑的工作，同时做设计和网页重构。从此，他算是勉强踏进了互联网的圈子。

由于工作做得相当不错，朋克的工资待遇一直在提高，而由于可以免费上网，他就一直活跃于还处于起步阶段的腾讯QQ聊天室里，还做起了管理员。聊着聊着，朋克就转战到了腾讯。那时的腾讯很多运营还不完善，没有太多的部门划分，所以朋克也就做了很多部门的工作，参与了当时腾讯所有的产品与业务。这段经历虽然很劳累，却极好地锻炼了朋克的个人技能。

在腾讯扩展业务的时候，朋克负责了腾讯网的规划。2005年，腾讯的发展极为迅速，已经不是当年初创时的那个规模。但这时的朋克却选择了离开。原因很简单，腾讯网搬家到了北京，而公司本想把朋克也派到北京工作，但朋克不适应在北京生活，他更喜欢深圳，于是就去了同样在深圳的迅雷公司，做起了产品团队的负责人。后来，他发现自己的性格不太适合迅雷的工作环境，便毅然决然地离开，而此时的朋克，连后路都没有找好。

朋克当时有腾讯的股票，手里是有一点钱的，可是精于互联网的他却不怎么懂理财，把手里的股票都卖掉了，最后在买了涡轮之后，赔得账户上只有一千多块港币了，而他还需要还房贷。一个本来已经小有成就的小富翁，再一次成了穷人。这个时候的朋克，还觉得莫名其妙，搞不懂发生了什么。尽管如此，朋克却表现得相当淡定。他觉得自己本来就一无所有，失去了也就失去了。

不过在长期的工作中，朋克积累了很多无法用金钱衡量的资源，比如各种人脉和社会关系。这场在很多人看来简直是场浩劫的变故，在他那里却很快得到了解决，他的日子过得还是很舒坦的。

当时的朋克，还没有自己创业的打算，所以工作还是要继续找的。他先是在一家电子商务公司的邀请下做了一段时间，后来又作为联合创始人和几位腾讯以前的同事做了"有伴网"，创立了可以下载到手机上玩的儿童游戏"小伴龙"。直到 2011 年，朋克才决定出来做自己喜欢做的事。

由于不会理财而出现的之前那场波折，使朋克有了新的习惯，那就是他开始喜欢记账了。后来他发现，这个在国外很普遍的习惯在国内却没有被培养出来，这让他看到了一个广阔的市场：以后在线支付和在线金融发展壮大是一个趋势，记账的习惯也一定会随之被培养出来。在这种思维的支撑下，一款以记账来培养理财习惯的互联网产品出现了。

对朋克来说，这样一个探索与用户的生活有着很密切的联系，记账可以实现培养用户理财习惯的目的，而后来的互联网趋势，也证明了朋克在做策划时有着非常超前的洞察力。

点滴的积累成就强悍的人生。

2010 年，朋克和朋友推出了"爱记账网"的原型，短时间内就集聚了极高的人气，用户达十几万，而这一切都是在没有做任何宣传的情况下发生的。

2011 年 3 月，朋克带领着一批过去的同事成立了公司。可能是因为腾讯的那段工作经历，新成立的公司遵循着腾讯最初的发展方式，通过外包服务赚来的钱来支持产品的经营。

2011 年 7 月，腾讯的"Q+"产品规划发布，它通过 QQ 客户端发展出新的平台，并形成了一个社区型操作系统体系。到目前为止，"Q+"平台上线了近百款应用，许多应用上线后，取得了工具类排名第一名的好成绩。

"好事多磨"，根据调查，用户并没有培养成从客户端到桌面的习惯，"Q+"平台没有继续下去，就像当初毅然停掉 QQ 聊天室一样，腾讯最终停掉了"Q+"平台的推广。对此，朋克表现出了和当年破产时一样的超然，决定继续通过外包订单来维持公司运作。

凭借着朋克在深圳互联网界闯出的名气，外包的活不成问题——会有人主动上门找他。而在增加团队专业技能和维持公司生存之间，朋克努力地寻找着平衡点。

朋克的思维目标是让"爱记账网"能帮助用户从理财领域进入商品资产管理。朋克看到在不远的将来，用户会有这个需求。而把用户对实物的需求与商家的服务连接起来，还可以让用户去参与商品的设计环节，聚集那些使用相同商品的用户，反馈关于此商品的信息给商家。但在目前的中国互联网领域，这还是一块未开垦的处女地。

无论发生什么样的事情，朋克都会积极面对。从一无所有到小有成就，从突遭变故失去所有财富到东山再起创业成功，在别人眼中的跌宕起伏，在朋克的眼中不过是人生的必然。

IMO（互联网即时通信办公室）——企业内部沟通的新产品

乔月猛出生于 1979 年 7 月，毕业于南京大学工商管理专业，曾经在上海电信工作。2006 年，他从上海电信辞职，放弃了优越的工作，开始了自己的创业之旅。

创业的想法源于乔月猛发现很多公司都禁止员工在公司登录 QQ，因为 QQ 影响工作，不便于管理，但是有时候又的确需要一款即时通信软件。这让乔月猛觉得既然个人与个人之间可以做到即时通信交流，那么企业与企业之间是不是也可以呢？也许可以做一款和 QQ 有类似功能，但是被允许在工作期间使用的即时通信工具。这款软件是专门为上班的网民服务的，使上班一族能够专心工作，避免因为软件的娱乐功能而分散注意力。乔月猛觉得互联网都是为个人服务的，而他要在为企业服务领域做一个拓荒者。这个想法被认为是没有前景的，因为除了使用 QQ，企业白领都习惯使用 MSN，想从中间"杀出一条血路"，难度可想而知。

但是乔月猛看到了未来，因为企业对于电子化办公环境是有着很普遍的需求的。可以说，这是一个不争的现实。

IMO 成立于 2007 年 3 月，创业团队由几个从来没有过创业经历的草根组成。这个团队一直到 12 月底的时候还只有五六个人，可谓势单力薄。就是这样的一个创业条件，团队连招人都很困难，很多面试者来了一看，根本就不想加入。

乔月猛的团队的方向是做一个 SaaS 模式的企业聊天平台，而传统厂商的产品模式是基于服务器安装，乔月猛的团队是想和传统的厂商搞差别化竞争。乔月猛的团队充满了信心，因为在他们看来这很简单。而乔月猛回忆起那段时光时，说当初团队的行为是"不知天高地厚"，"不知道前途有多么凶险"，甚至说如果当初知道是这么苦，也许自己就放弃了。

一开始，乔月猛的团队租了个两室一厅的房子，在那个房子里搞研发，也在那个房子里吃住。

乔月猛最初拿到了六十多万元的天使投资，本打算一年内就完成产品开发，随着工作的逐渐开展，他慢慢知道一切没有想象的那么顺利。计划中的一年研发也慢慢地变成了四年，因为 SaaS 模式是把软件放在服务器上租给用户，可是后来发现实现大容量并发在技术上面还有很多难关，而很多本来对此很有兴趣的投资者也都被不菲的开发成本吓住了。

历经多次艰苦的产品研发，乔月猛个人就花掉了 2000 万元的投入，熬到风投资助后又耗掉了很多钱，最后累计投入达到了 7000 万元。而和其他的互联网创业者一样，乔月猛也重视用户体验。他不会轻易让自己的产品正式面世，只要用户体验不是很满意，在他看来就不是一款完美的产品。

IMO 在 2010 年年底正式上线运营。这说明在挑剔的乔月猛看来，这款产品终于及格了。

在这里先要说一下 IMO 云办公室是什么，是做什么的。IMO 云办公室其实就是互联网即时通信办公室，通过即时通信技术，为企业提供像电子传真、企业短信、网络会议室这样的在线应用，简言之，就是企业在互联网上搭建的办公室。而 IMO 的创始人、董事长以及首席执行官就是乔月猛。

在 IMO 云办公室，每个员工都有一个由企业分配的账号，管理层可以借此来了解企业的结构和人员，员工们可以通过文字、语音、视频等协同办公，而且不仅仅是在同一个企业内部实现沟通，在这个平台上的不同企业也可以进行交流。这个平台以商务办公为特征，功能定位在发邮件、开视频会议、电话会议这样的企业日常行为上。

注册一个办公室的账号是免费的，但办公室里是有很多像打印机、邮箱、电子传真这样的虚拟东西的。这些设施属于增值服务，是需要花钱的。对此，乔月猛有一个"微成本"理论——他认为虽然门槛准入是免费的，但可以通过增值服务来收费，而且在他看来，IMO 的增值服务的收入是很可观的。

腾讯的影响在整个互联网行业都存在，它的竞争对手总是无法躲过腾讯的阴影。腾讯的企业 QQ 就是 IMO 绕不过去的一个坎儿，但乔月猛却对此充满了信心，觉得它们的基因是不一样的，腾讯的基因不可避免地含有娱乐的元素，满足的是人们休闲娱乐、放松、日常生活便利的需求，朋友之间传个照片、发个信息，都是围绕着个人活动而展开的。而 IMO 的基因是为企业而生存，二者有着巨大差异，IMO 的基础是协同办公、团队协作等，这是 IMO 所具有的巨大优势。

也可以说，IMO 是腾讯的一个比较难缠的对手，IMO 作为中国最大的企业互联网服务商，让腾讯无法轻视。

数十万用户都在通过 IMO 的平台进行沟通，它受到了很多用户的信赖。很多企业都希望有一款方便、联网即用的企业管理软件架设在云端，有一些特别重视隐私的企业用户，IMO 为其提供私有云，因为是自主负责运营，所以数据不会存储在 IMO 上。

除了基础沟通功能，IMO 还有很多功能。比如，轻量办公应用、订餐、学习培训等。据乔月猛的统计，IMO 的用户在上班期间一直在用这款软件，这说明这款软件对用户产生了使用黏性。而为了给用户带来最完美的体验，IMO 团队尽可能地对产品做着改进。尽管作为一款即时通信产品，能观察到的改进并不是很多。

最初乔月猛也仅仅是想做一款能放到电信平台上运营的、像 QQ 那样的即时聊天工具而已，但后来目标逐渐转向了企业即时通信平台。而腾讯已经发展了那么多年，这就要求乔月猛的产品必须在短时间内在用户体验、平台性能等方面都要达到腾讯的标准才能赢得用户。显然，当初乔月猛面对的是这样一个巨大的挑战。

IMO 试运营不到九个月的时候，就有投资者注意到了，并于 2011 年实现了首轮融资。正式运营以来的用户数据显示，IMO 的用户每个月都在高速增长。而如今 IMO 已经积累了大量的用户。

按照乔月猛的设想，一个企业是一个办公室，很多企业聚集在一起就形成了一栋写字楼，而大量的企业来到这个平台，同时就会有大量的厂商涌进来为这些企业服务。其中有商务中心、物业公司、餐厅，等等，这样就能形成一个繁荣的网上商业世界，最终会建立一个网上中央商务区（CBD）。

作为一个非计算机专业的互联网技术行业的首席执行官，乔月猛的野心很大，他认为腾讯成就了一个个人的互联网世界，而他的目标，就是要建立一个企业的互联网世界，建立一个全世界互联网上最大的中央商务区。

引发青春回忆的票房营销纪录

2013 年 4 月，一部引发青春回忆的电影在全国各大院线迅速走红，一时间万人空巷，大家纷纷挤进各大影院一睹其风采，街头巷尾的年轻人都在谈论着各自的感受，分享着自己懵懂的青春岁月。这就是由赵薇导演的处女座影片《致我们终将逝去的青春》所带来的营销记忆。

首先，让我们来谈谈赵薇本人。

一部火遍全国的电视剧《还珠格格》让赵薇第一次走上荧屏，那时的她才是大学一年级的学生。由于《还珠格格》异常火爆，赵薇成为北京电影学院的风云人物，甚至为学校 15 年来的招生工作带来了不同寻常的影响。对于赵薇自己而言，可谓是过早成名。初经世事的赵薇，在还不懂得怎样与人更好地接触的时候，就尝遍了世间的辛酸悲苦，对于一些不如意的事或者不愿意面对的人，她只是淡定地说一个字"忍"。

谈到赵薇的大学生活，还真是很值得爆料呢！

那时的赵薇只要出现在公共场合，就会有人喊她"大明星"，这让她着实不知道怎么应对，只能像没听见一样默默地走开。

有人问及赵薇为什么要考电影学院，赵薇直言：因为暗恋老男人。当时的赵薇只有十八九岁，不知怎么竟然花了三四年的时间暗恋一个老男人。但那时的赵薇真的是暗恋到了病态的地步，几乎天天都要给他打电话、写信，甚至每天构想两个人将来在一起的生活画面。而换来的只是对方的客客气气、温文尔雅。在成名以后，一次偶然的机会，赵薇遇见了那个男人，当赵薇问及他是否喜欢她的时候，那个男人还是坚决地回答："对不起，我只是把你当作妹妹，别的真的没有！"一场没有结果的单恋，真够让人唏嘘。

别看赵薇表面上大大咧咧，整天迷迷糊糊的，但她的内在可是一个棱角分明的人。有一次，赵薇到很远的地方拍戏，出去了好长时间，等回到学校宿舍时却惊讶地发现自己的床铺被上铺的同学占了，还把她的东西扔到了上铺，这让住惯了下铺的赵薇很是恼火，于是找到了宿管阿姨，没想到宿管阿姨根本不买她的账，只是甩了一句"大家都互相体谅，自己解决好"就走了。不过，这些小插曲并没有影响到赵薇和同学之间的感情，没过多久她就与上铺的同学成为闺蜜，二人无话不说，好得像一个人。

一朝成名后的赵薇对于一些事情根本无法应付，因为她不是一个爱抛头露面的人。在自己的圈子里，每天都要应付各种各样的人，不是这个领导，就是那个老板，赵薇简直无法忍受。

就在赵薇百感交集、一筹莫展的时候，她回顾着自己从大学到研究生这段时间的青春岁月，反省自己的所作所为，觉得自己作为一个公众人物还算争气，并且是受人追捧的偶像，有必要在毕业作品里讲一段跟青春有关的故事。所以，她决定拍一部电影，电影的名字就叫作《致我们终将逝去的青春》。

影片的导演当然就是赵薇，她同时邀请自己的好友王菲演唱主题曲。该片是赵薇的处女作，又有天后的倾情加盟，加上剧本改编自辛夷坞的同名小说，三个消息一经互联网发出，便立即引起广泛的关注。身为演员和导演的赵薇，深刻明白宣传在一部电影中的分量，在开机之前，剧组就建立了自己的官方微博。整个影片一共拍摄了一年零两个月，据不完全统计，所发微博数量高达两千余条，查看每一条微博，就好像在翻阅《致我们终将逝去的青春》的成长相册一样，里面记录了电影从策划到最后上映的全部过程。在这个过程中，粉丝量逐渐攀升，疯狂的粉丝心甘情愿地在互联网造势。

随着影片进入宣传阶段，赵又廷、韩庚、杨子姗等重磅明星的造势作用自不用说，赵薇还应鲁豫邀请做客《鲁豫有约》栏目组，期间黄晓明作为嘉宾出场，此节目一经播出，关于赵薇与黄晓明的热议便在网上疯传，感动与绯闻应接不暇。光是这一点还不够，赵薇还利用其在圈内的影响力，邀请杨澜、韩寒、何炅等明星在社交网络上倾力推荐，大力宣传。"致青春"这三个字在微博上几乎天天都是热度词，一发不可收拾。灵敏的赵薇就是这样巧妙地利用网络，利用明星的影响为自己的电影造势、宣传的。

影片终于上映了，赵薇似乎在巧妙地把握着消费者的心理：向即将到来的毕业季"致敬青春"，迎合了许许多多年轻人的心理，对时间的完美把握也促成了票房的卖座。虽然有的观众认为它的一些故事情节做作，但是我们不能否定赵薇本人对青春的留恋、对往事的执着。每个人对一件事情的看法都不会一致，一部电影也是如此，但总体来说，《致我们终将逝去的青春》成功地唤起了那些"70后"、"80后"的青春记忆，一时间许多人都回到自己的大学或者曾经打拼过的地方寻访旧时的记忆。

随着放映时间的推进，《致我们终将逝去的青春》用6000万元的投入换来了71888万元的票房成绩，这庞大的票房数字为赵薇进一步的成功可谓是做好了充足的铺垫。但此时的赵薇并没有得意，因为她对自己的要求还很高，习惯拼命奔跑的她根本不会停下脚步。

最后，我们不得不承认：赵薇的青春无遗憾。

桑拿房的技师用微信号寻找新客户

这家桑拿中心位于深圳市。它有一个很有意思的名字：海燕桑拿中心。中心里有大约五十位技师为客人提供服务，周边的桑拿中心很多，竞争很激烈，所以在还没利用微信营销以前，这家桑拿中心的生意一直不是很好。

这家桑拿中心的负责人名为赵川，是个非常新潮、时刻走在潮流尖端的人。他非常喜欢尝试新鲜事物，总是泡在网上的他也很容易就接触到网上最新发布的潮流信息。偶然的一个机会，他在贴吧里看到了一个关于微信营销的帖子。看完后他受到了很大的启发，顿觉醍醐灌顶。于是，他利用网络和社交平台与这个发帖人取得了联系，向他请教了用微信来进行营销的经验。沟通过后，赵川抱着试一试的态度，准备用微信推广自己的桑拿中心。

首先，赵川买了五十多部智能手机。每一位技师人手一部，而且在每一部手机中都下载了微信。赵川要求每一位技师都开通微信，并能够熟练地使用它。所有技师在开通微信以后，都要建立自己的微信账号，在个人资料方面做出修改。先是个人头像，赵川要每一位技师都把自己的个人头像换成比较时尚、流行的图片，然后要求每一位技师都要起一个"艺名"，名字也要具有个人特色，而所有通过微信招揽过来的客人，技师们都要用"艺名"和他们进行沟通并服务。在"个性签名"的那一栏里，赵川还要求每一位技师都填上一句比较"高山流水""风花雪月"的诗句或者流行语。在签名后面还要特别标注上

"se qing 勿扰"，在个人相册中也要放上一些流行、新潮的图片和段子，并且把朋友圈的权限一律都设置成允许陌生人查看十张照片的模式。

微信上的个人资料与朋友圈的准备工作做好以后，赵川就安排空闲的技师去周边的写字楼与人口较多的居民区和公园来回走动，并要求技师不断地查看、刷新附近的人。这样，每个技师在不同的地点都会收到不少的搭讪消息，有很多人都请求添加他们为好友，平均下来，每位技师每天所收到的消息没有低于30条的。如此算来，每个人每天收到30条请求与搭讪，一个月就有近一千人在进行搭讪，而桑拿中心有50名技师，这就意味着这所桑拿中心每个月会收到5万条请求添加好友的消息！

不仅如此，赵川还要求技师在与人聊天的过程中，诚实地告诉对方自己的职业与工作地点，而对于部分怀有其他不良企图的朋友则直接进行拉黑处理。在如何把微信中的朋友发展成客户方面，赵川只有四个字：顺其自然。所有的技师都不能主动地邀请微信中的好友来店里进行消费，而是要让朋友们心甘情愿地前来消费，对于那些对外的邀请，则都以工作繁忙为由进行拒绝。

每隔一段时间，赵川还提醒众位技师及时地更新朋友圈，来维护自己的活跃度，增强自己在朋友心中的存在感。所有的技师都承担着双重角色：朋友与客服人员。技师可以以朋友的身份和微信中的朋友们进行正常交流，但如果有朋友对桑拿中心的服务及价格进行询问，此时的朋友就变成了中心潜在的客户，技师就要灵活地转变自己的角色，耐心细致地回答对方所提出的问题，并对不了解的客户进行专业的讲解。

因为是桑拿会所，所以白天来光顾的人很少，技师还可以与朋友们正常交流，但到了晚上，技师都要上班，众多的消息根本无人处理。后来，赵川采用了一个集中回复的方法，就是在技师都去服务的时候，把他们的手机都收集到一起，然后由正处于空闲状态的人进行集中回复，并继续和对方进行沟通。

借助微信进行营销后，赵川通过总结发现，在所有的微信好友中，有近 6% 的人会根据技师的讲解主动来桑拿中心消费，而每个月五万条的搭讪信息，能够招揽 3000 位客人。桑拿中心的平均消费是每人168 元，每天通过微信营销，能够吸引 100 名左右的客户。这样算来，仅仅通过微信，桑拿中心每月的营业额就已经非常可观了。

逐渐地，桑拿中心的名气越来越大，而名气越大，招揽的客人自然就越多。

微信营销看似简单，但如果我们认真分析就会发现，想要营销成功，就必须要坚持以下几点：

第一，明确客户，投其所好。桑拿中心的所有技师，他们微信朋友圈中的所有照片都非常时尚，并且具有青春气息，这就引起了很多符合消费条件、具有消费能力的人群的注意。而技师直接告诉对方，他们提供的是合法的桑拿服务，不仅明确了服务项目，还告诉了对方"se qing 勿扰"。

第二，真诚待人。当技师同意对方的好友请求之后，能够非常诚实而又明确地告诉对方自己的职业以及能够提供的服务，毫无隐瞒的迹象。此举大大地增强了对方对技师的信任，也提高了桑拿中心的形象。而且，赵川有明确的规定：技师不可以主动邀请朋友们前来消费。实际上，这种做法是非常明智的，因为当你在朋友圈中发布广告信息的时候，你在对方心中的地位就已经从朋友沦落到了可有可无的销售人员，这种行为会大大影响自己的形象。任何一个人都不喜欢自己的朋友拉着自己硬性消费，在朋友圈以及在平常的沟通中，不植入广告的行为不仅体现了对对方的尊重，更提升了桑拿中心的信誉以及档次。

第三，桑拿中心自身的合法经营。只有合法经营的桑拿中心才敢这样"打广告",而也正是这种诚信经营与服务,才赢得了人们越来越多的信任。这种信任就是一种绝佳的口碑,一传十、十传百,客户再买的就已经不仅仅只是服务,更是一种品牌了,而每一个商人、每一个有经商头脑的人都知道,品牌的力量与影响是非常大的,它是一个企业、一个公司最好的名片。

当然,从这则例子当中我们能够借鉴到的东西并不仅仅只有这几点,有悟性、有灵性的朋友们可以自行参悟,因为每个行业每种产品都有自己的特点,并不是所有的微信营销都要遵循这一模式,而要根据自己的需要,制订适合自己的微信营销方案。

顾客来试穿:蒂哲在中国打开市场

蒂哲(DOPURE),是一个来自北欧瑞典的传奇牛仔品牌,总部设在瑞典首都斯德哥尔摩。2013 年,蒂哲入驻中国,在天猫平台上开设了自己的旗舰店。

34 年前,在斯德哥尔摩的老城区,已经 47 岁但依然郁郁不得志的服装设计师林尼亚·佩特森正在一家专门提供素食的餐厅里进餐,此时有几个充满了朝气与活力的年轻人推门而入,他们在扫视了整个餐厅之后,选择在林尼亚·佩特森的对面位置落座。点餐过后,几人就开始叽叽喳喳地说着自己的趣事,每当说到好笑的地方,大家就会哄堂大笑。林尼亚·佩特森坐在他们的对面,也听到了他们的谈话内容,而他被这帮简单而直率、纯真而自我的年轻人所感染,也露出了笑容。

用餐完毕,林尼亚·佩特森回到家中,联想到几位年轻人活力四射的样子,一股股灵感就像雨后春笋一样不受控制地迸发出来,他开始忘乎所以地在纸上涂涂画画。画好了服装造型之后,他开始寻找合适的布料进行服装的制作。在他的心中,只有牛仔布这样自由而坚韧的布料才能表达出年轻人的活力和灿烂，于是他又开始马不停蹄地进行剪裁和加工。

几个月后，林尼亚·佩特森成立了自己的服装公司，"蒂哲"品牌由此诞生。

在蒂哲创立之初，设计师及创始人林尼亚·佩特森曾在他的设计手记中这样写道："蒂哲的创新并不能仅仅体现在款式和形式上，而更应该把这种创新运用到设计思维中去，设计师们应该在服装设计的过程中融入自己独有的设计理念和语言。既然蒂哲的设计灵感来源于追求自我的年轻人，那么蒂哲的服装也应该向大众传达出同样的价值观——在混乱而扭曲的现实世界中，人们不应该被条条框框的规则限制和同化，而是应该时刻保留自己独特的思想和自我意识。"

正如那些推门而入的年轻人一样，他们并没有接受过宗教的洗礼，也并不是什么动物保护协会的忠实会员，他们来自不同的家庭，做着不同的工作，有着不同的身份，但他们却不约而同地都选择了素食，推开了素食餐馆的大门。或许有许多人会觉得他们很奇怪，不理解他们为什么要这样做，但他们没有被这样的质疑和不解打败，没有屈服于大众日常的行为习惯，而是勇敢而坚定地选择了自己所钟爱的生活方式。这种完全由内心发出的纯粹生活的理念就是蒂哲所有设计师们都要遵从的设计信仰。在林尼亚·佩特森心中，纯粹不是一成不变，不是固执己见，纯粹的魅力在于它在所有形式的背后所展现出的独一无二、毫无追随感的气质。这种气质简约而时尚，独立而个性。

在蒂哲所有的牛仔产品设计中，林尼亚·佩特森的倡导被最终定义为"纯粹生活"。从 1980 年开始，林尼亚·佩特森就带领他的设计师们遵照"纯粹生活"的设计理念，不断地进行着创作和改进，致力于激发不同阶段、不同地区的年轻人演绎出他们所特有的纯粹梦想。经过三十多年的潜心研究和设计，蒂哲不断地改进着自己的剪裁和制作，专注在自己的牛仔世界中，传播着自己的时尚哲学。这些独具品位的服装获得了北欧以及世界各地消费者的认同和青睐。

蒂哲对纯粹生活那近乎颠覆与革命式的演绎吸引了整个北欧的现代艺术家们的关注与重视。尽管在1980年的瑞典，朋克和光头党等浪潮风靡了整个时尚圈，但拥有自己独特气质和精神内核的蒂哲，已经逐渐被众人所欣赏，而蒂哲的标志也在越来越多的街区中出现，甚至那些身穿机车夹克的女孩也会在肩头搭上一款蒂哲的外套。蒂哲成为北欧年轻人自我标榜与彰显个性的代表物件之一。

2013年，这个享誉世界的传奇牛仔品牌终于入驻中国，使天猫平台中又加入了一颗耀眼的新星。但由于蒂哲的产品定价过高，它的销量很不理想。此时，中国区的负责人开始思考起了应对策略。

首先，蒂哲定位的消费群体是25岁至35岁、装扮前卫、思想独立的都市年轻人。这类人群大多都是行业中的精英和代表，同时也是追逐时尚、走在潮流尖端的时尚组群。他们有着共同的特征：普遍接受过高等教育，生活态度阳光而乐观，相信自己的能力和价值，在复杂而多变的世界中能够坚持自己的理念，尊重自己的意愿。而正是他们所具备的这些可贵品质，才让他们在面对工作和生活中出现的种种困难之时，能够用内心的强大力量去主动面对和化解这些不如意之事，成功开辟出一条专属于他们的康庄大道，从而在这条康庄大道上散发自己的优雅、独立及特色。

根据对蒂哲消费群体的准确定位，蒂哲开始在全国范围内举行试穿活动，而一些淘宝达人、时尚买手和博主、在北京798努力奋斗寻找自己出路的独立歌手、职场上的女强人、校园里面独具特色与影响力的学生们都成为蒂哲免费赠送自家牛仔产品的对象。收到蒂哲产品的用户很快就被蒂哲精湛的制作工艺和精妙绝伦的剪裁技术所惊艳，几乎所有的体验对象在后期都成为蒂哲的忠实用户。通过第一批用户的传播与在网络之上形成的超级棒的口碑，蒂哲终于打开了中国的市场，顺利地成为天猫中快速成长与盈利的经典牛仔品牌之一。

如果蒂哲没有将自家牛仔产品免费地送给顾客进行试穿和检验，就不能让自己精心雕琢、具备独特魅力与元素的产品以最快的速度获得顾客的信赖和喜爱。即便蒂哲在北欧和世界的其他地方是一个超一流的一线大牌，但对于中国顾客来说，它仍然还是一个陌生的、定价高昂的未知品牌。而极少有人会为未知的产品支付高昂的费用，没有第一个吃螃蟹的人，就永远都不会有人知道螃蟹到底是什么味道。没有第一个消费与穿搭的顾客，蒂哲就永远都无法找到进入中国市场的入口，只能在入口边缘来回地盘旋，直到筋疲力尽的那一天。

通过免费赠送的方式，蒂哲不仅拥有了自己的第一批客户群，而且在网络上获得了极好的口碑，使众多消费者对它心向往之。蒂哲用免费试穿的方式，成功地向中国消费者们传递出了它的好品质与深刻的设计内涵，让众多坚持自我的都市男女找到了适合自己的牛仔服饰，成功地维护并巩固了自己在牛仔服饰中的传奇地位。

打造线下实体店，草根成功逆袭

其貌不扬、总是自称"土鳖"的天鸽集团首席执行官傅政军，一向被人认为是那种闷声发大财的类型，因为一开始大家并没有把他的事业放在眼里，在互联网精英们以一、二线城市为战场杀得硝烟四起的时候，傅政军却在杭州创业，默默地赚起了草根们的钱。

年仅 36 岁的傅政军，从创业到现在，已经走过了 13 个年头，可以称得上是一位"老创业者"。作为一个 20 世纪 70 年代末出生的人，在他身上既可以发现"70 后"的某种含蓄，又能找到"80 后"的张扬，他可以说是一个纠结的创业者。

作为学校里的风云人物，走出校门的傅政军，开始了他的互联网创业之路。当时门户网站还处于起步的阶段，傅政军创办了太极链公司（其实就是一个文本形式的广告联盟）。2000 年前后出现了很多大大小小的网站，在那个没有搜索引擎的年代，这些网站想要推广，就得加入太极链，互相交换流量，而傅政军则从中可以收取广告费。

傅政军凭借着扎实的技术功底，在 2000 年把太极链做成了国内最大的广告交换网络。不过，随着 2001 年互联网泡沫的到来，傅政军的公司没有熬下去，最后以失败告终。后来已经创业成功的傅政军在回忆这段经历时说，那个时候如果继续撑下去的话，太极链到现在也会成为一个很大的公司。

傅政军在 2005 年发现韩国有一个聊天模式，就想借鉴一下。那个时候，中国还没有这样的聊天模式。受到启发之后，傅政军就带领着自己的团队开始夜以继日地忙碌着相关产品的开发，"9158"因此诞生了。

"9158"是一个草根演艺平台，就是把一个人的表演放到网上，使其在网上展示自己的才艺，观众看到他的才艺，如果觉得喜欢，就会成为他的粉丝，可以花钱买一些虚拟的礼品，比如鲜花、蛋糕送给他。礼物虽是虚拟的，付的钱却是真金白银，而这些钱最后就由网站和主播（在网上表演的人）分成。

傅政军把二、三线城市生活比较富裕的网民作为主要消费群体——他认为大城市的白领压力很大，需要买房买车，不会在网上花那么多钱买虚拟礼物。相比一线城市的紧张与忙碌，二、三线城市的人娱乐方式比较单调，社交圈子也远不如大城市的人广，这就为这种新兴的线上娱乐方式的发展创造了机会。

傅政军就出生在二、三线城市的浙江金华，所以他对二、三线城市网民的生活特别熟悉，对用户的心理有着直觉上的敏感。

"9158"的成功，为傅政军带来了滚滚财源，有些主播甚至月收入过万。2011 年，天鸽的收入为 3.84 亿元；2012 年和 2013 年更是分别达到了 4.6 亿元和 5.48 亿元；到 2013 年 12 月 31 日为止，天鸽出售的虚拟物品达 910 类，用户之间交换的虚拟礼物，总额达到了 57 亿元。

尽管如此，天鸽遇到的问题也是不可忽视的。网站的运作模式，使得网站在不良信息的防范上出现难度。在自己的社交平台内开展扫黄打非的活动，也成了傅政军关注的重点。他绞尽脑汁，开发出一套监控软件，是机器人加人工的模式，只要发现违规行为就会马上关掉违规内容。正是这些严格的措施，使得"9158"从创业一直坚持到现在，并且成为本行业的巨头。

不过傅政军并没有止步于此，他继续酝酿着转型。而做出一次成功的转变，其难度不亚于创业的开始。傅政军就是利用做社交平台积攒下的资源向线下 KTV 方向转变。也就是说，傅政军要玩跨界了。

傅政军在当时已经形成了风潮的卡拉 OK 中发现了机遇，打造了在线 KTV 模式。这就把过去的模式里最关键的经济链条给切断了，使网站的用户们不再把注意力集中在表演上，使秀场变成了参与性非常强的互动 K 歌地，而参与门槛也变得更低了。可以说，傅政军把"9158"成功地打造成了大众娱乐平台。

"9158"从秀场模式整体转型到 K 歌平台之后，业务范围开始向线下延伸，除了拥有线上的 KTV，还同时拥有 KTV 实体店。尽管之前的秀场模式被很多人关注，但是傅政军明显已经打算另起炉灶，强调 K 歌平台这一社区属性，而秀场模式则被关闭了。值得一提的是，砍掉这一业务一度让"9158"的收入减少了 40%。

"9158"的计划是将线上和线下的人群和资源打通，比如经常在线上 K 歌的用户，也许还会在线下聚会，而线下聚会的地点，也许就是"9158"的线下实体店。而傅政军的目光还是聚焦在二、三线城市的用户，因为他们才是"9158"的主力军。

傅政军发现传统的 KTV 店在互联网的浪潮里依然没有什么变化，缺少互动功能，于是他就想做这样的改变——用户通过线上就可以预订线下的实体店，而且线上和线下的 K 歌并不是分割的，当用户在线下唱歌时，线上会同时显示分数，线下的 K 歌视频也可以分享给线上的其他用户看，线上的用户还可以为线下唱歌的用户送花。当然，这时候的花就不再是虚拟的了。

而傅政军的跨界不仅仅是在 KTV 领域，他也正在努力拓展在移动互联网领域的业务，尤其是火热的手机游戏。

傅政军刚刚创业的时候，"90 后"还是小孩子，不知不觉中，现在他们已经成为网络的主力军。所以，傅政军十分注意跟随他们的需求，而新的 K 歌社区就很重视玩和互动，以满足"90 后"的需求。

2014 年 7 月 8 日，傅政军成功地让天鸽登陆香港联交所。而在丰富线上娱乐方式的道路上，傅政军还打算走得更远。

"免费为你理发"：不会理发的理发师建立的"美发王国"

美国街头曾经流行过这样一句类似于中国顺口溜的话：你会选择一家理发师根本没有学过理发的理发店去理发吗？

正常人的答案肯定会是："NO!"但在当时的美国街头，所有被提问的人都会大笑着异口同声地回答："YES!"

这样奇怪的问题和这样奇怪的答案是如何出现在美国街头并迅速流行的呢？一切都源于 Beautiful Gir。

Beautiful Gir 是美国的一家高级美发会馆，其创始人名叫贝基

（Becky），是一个喜欢时尚、追求时尚的非时尚界人士。1998 年，22 岁的他看到了一部颠覆了他整个人生的电视剧——《欲望都市》。此后，他的命运被彻底改写。

《欲望都市》是美国 HBO 有线电视网制作并播放的喜剧类电视剧，主要讲述的是四名虽年近四十但还在等待、寻找爱情，在光怪陆离的大都市中尽情绽放自我的女士们的喜怒哀乐。这部剧的叙事风格非常独特，在讲述都市女性生活的同时，还在剧中加入了大量时尚、艺术的元素，充分展示出了曼哈顿街头丰富而热闹的人文景观。而在众多元素之中，最为引人注目的非女主角们的时尚造型莫属。能够像剧中性格、职业各异的四位主角们那样穿着流行服饰昂首阔步地走在曼哈顿的街头，成了许多女人心中的梦想。而有些旅行团甚至还推出了《欲望都市》路线，专门带游客们参观这部剧中所出现的各种时尚餐厅和酒吧、画廊等地点。

贝基在看到这部剧的瞬间，就立即喜欢上了荧屏中神采飞扬、光鲜亮丽的四位女士。他希望自己也能够像她们一样，有着最时尚的造型，过着最想过的生活。于是，一个疯狂的念头在他的心中迅速萌芽——开一家属于自己的美发店，让自己成为时尚界的中流砥柱。

贝基是一个极富行动力的人，有了想法就会在第一时间付诸实践。所以，在《欲望都市》开播后没多久，一家名为 Beautiful Gir 的美发店就在美国纽约悄无声息地开业了。

贝基虽然喜欢时尚，但他毕竟从没接触和从事过和时尚相关的工作，而且光租店铺和购买相关设备就已经花光了他的所有积蓄，他再没有多余的钱去雇佣高级美发技师来装点自己的门面了。新店开张一周，没有一个顾客光顾，百无聊赖的贝基每天只有一个消遣——透过小店的玻璃窗看着纽约街头来去匆匆的各色人士。看得久了，贝基逐渐发现了这样一个问题：人们的发型不过几种——长发、短发、烫发、直发，齐刘海、斜刘海，可是相同的发型，在不同的人身上所展现出的效果却截然不同，这给了他一个营销的灵感。

第二天，贝基出门了，他在附近的商场来回寻觅，每当看到一些高挑漂亮的女孩子，就会主动上前询问："你要不要理发？我可以免费为你理发。"很多女孩子都对此感到非常奇怪，毫不留情地拒绝了他。但贝基越挫越勇，屡败屡战，功夫不负有心人，在第四天他终于成功地邀请到了一个同意让他理发的女孩儿。虽然他不会理发，但对于漂亮的女孩子来说，她们的姣好面容能够驾驭任何一款发型。所以在他理发完毕后，女孩很满意，丝毫不知道贝基根本不会理发。而对于贝基的免费服务，女孩感到非常贴心，于是连连向贝基道谢。此时，贝基向女孩提出了一个请求："我们能够合影留念一下吗？毕竟您是我的第一位顾客，而且您是如此漂亮。"女孩欣然同意。

第一次的成功经历给了贝基莫大的激励，他再次走进商场，不断地邀请着漂亮的女孩们前来免费理发。虽然他被不断地拒绝，成功率不是很高，但在这个艰难而心酸的过程中，他还是迎来了第一批体验用户，而店内的墙壁也终于贴满了贝基和各色美女的合照。

这些美女是贝基最好的宣传手段和名片，人们对于自信而时尚的美女总会给以更多的关注，身边的很多朋友对美女的任何变化都是非常敏感的。于是，Beautiful Gir 的名头很快就被打响了，很多女孩慕名前来理发。不到半年的时间，贝基已经开设了自己的第三家分店。而此时，贝基根本无须再为无钱聘请优秀发型师而发愁了，有很多优秀的理发师甚至会前来拜访，提出和贝基进行交流的请求。面对这样的"挑衅"，贝基会直接和对方说自己根本不会理发。每当看到他们脸上流露出一副不可思议的惊讶表情时，贝基都会哈哈大笑。

Beautiful Gir 从一开始的生意冷清到后期发展成为美国高端美发机构的代表，不得不说，贝基推出的免费理发策略是这一切的根本。

正是依靠着"免费"的名头，贝基才能争取到自己的第一批客户，Beautiful Gir 的名字才能得以广泛传播，才有了后续迅猛的发展势头，直到成为理发行业的传奇。

到如今，贝基对他的免费政策还是"念念不忘"，每到闲暇之余，贝基就带着他的工具箱走上街头，免费为流浪者进行剃须和理发。看着原来脏兮兮的流浪者变为干净整洁的模样，贝基就会感到自己得到了莫大的安慰。他说，他要让每个人都知道，无论自己身处何处，境遇怎样，都有追求时尚、享受时尚的资格。

第4章
创业，可以先"射击"后"瞄准"

以前，如果你有技术、有能力、有梦想，甚至有项目，但如果你没有足够的启动资金，创业就将是一句空话。

然而，在这个互联网时代，你的梦想有了实现的机会。普通人可以将个人的感召力通过社交媒体传递到除朋友外的陌生人，使获得更多资源、资金的支持成为可能。

"众筹"的概念被人所熟知最早是由于美国 Kickstarter 这一众募平台的兴起，玩法很简单——由创业者或者创意人把自己的产品原型或创意提交到平台，发起募集资金的活动，感兴趣的人可以捐献指定数目的资金，然后在项目完成后，得到一定的回馈。有了这种平台的帮助，任何想法的人都可以启动一个新产品的设计生产。

糖护科技首席执行官李承志认为：众筹的初衷就是鼓励有想法的人，把自己的作品、影视剧，自己的书或产品做出来。

众筹是天使的天使。对创业者来说是第一桶金，PE（私募股权投资）不给你投，天使不给你投，金融家不给你投，大众给你投。所以众筹是创业者真正的天使资金。年轻的、充满想法的创业团队们纷纷选择在众筹平台上进行融资。

2013 年，Kickstarter 的成功项目达到 1.99 万个，筹资 4.8 亿美元。

"众筹"这一概念其实早已进入中国，2014 年 3 月 36 日，阿里巴巴推出"娱乐宝"，才让大众真正接触到众筹。

2014 年 7 月 1 日，京东旗下众筹业务"凑份子"正式上线。其负责人金麟表示，该业务旨在让大家一起凑钱来帮助有创意的个人或企业圆梦。

除阿里、京东、百度外，众筹网络、产品一时间如雨后春笋，纷纷破土而出。这对于那些心怀梦想却经济拮据的创业者来说，简直就是福音。

众筹有非常明显的互联网精神，有各种模式，不光是资金、资本的，更是精神的、哲学的、文化的。

有了众筹，什么都成了可能。正如乔恩·斯图尔特所说："给我一个众筹，我能收购整个地球！"

卖未来，筹学费

和那些动辄数十万、上百万的众筹项目不同，一些创意简单又有情趣的项目更容易获得围观者的众筹支持。这样的例子有很多，有的人想出版自己的书籍，投资者在图书成功出版的时候可以获得一本；有的人希望可以到处旅游，投资者可以获得他的旅游心得和游记。

在 91 助手熊俊等创业者成功众筹以后，微窝网创始人钱科铭不愿落后，也宣称为了学费出售自己的未来，募集上中欧创业营的学费。

2014 年的新年，微信率先开发了红包和 AA 收款的功能，为众筹学费搭建了很好的平台。创业营的导师李善友教授是个"不安分"的人，他经常利用互联网启发引导学员。对于众筹十分熟悉的赫畅提了一个方案，希望学员可以在网上众筹学费上中欧创业营。赫畅提出众筹学费的玩法后，得到了李善友的支持。很快，第三期学员全都开始了向外界"乞讨"学费的试验。试验异常成功，学员们利用自己的社交圈进行广泛宣传，很轻易地就完成了教授布置的任务。一时间，众筹学费成了热议的话题。

钱科铭，7 岁开始学习计算机，13 岁成功戒掉了网瘾，开始迷恋黑客。如今，创业 5 年的他，在创业先驱们的推荐下，得以顺利入选第三期中欧创业营。最大借款金额不超过 1 万元的钱科铭使出了浑身解数。为此，他把自己众筹学费的方案策划为 10 元到 5000 元不等的区位，并且给予对方一定的回报。对于 5000 元的支持者，钱科铭承诺可以提供课程笔记分享、饭局交流等选择，还可以成为钱科铭未来项目的投资者。

钱科铭成功地以"卖未来，筹学费"引起了大批群众围观，使他得以在一天之内成功完成李善友教授的创业学费筹集任务。对于 5000 元区位的支持者，钱科铭甚至承诺可以在其项目的各个阶段进行跟踪学习，亲身感受一下创业者的创业环境和问题。这种投资回报的创新，有别于大部分众筹项目的物质回报，更为实用和新颖。

对于大部分受行业前辈推荐的学员来说，学费并不是他们主要关心的问题。这次活动的众筹过程以及众筹这个想法的产生才是他们需要关注的中心。通过此次任务，如何科学灵活地运用互联网思维才是最关键的问题。根据内部的了解，李善友并没有对众筹具体的方式提出细节和硬性要求，只是在努力引导这些创业者将互联网思维运用到实践中去。钱科铭说，李善友更关注的是学员们各自差异化的众筹形式。如何更好地发挥和挖掘自身潜能和创新意识，把各自相应领域的特点和优势发挥出来才是这个中欧创业营众筹学费的创意。有鉴于此，才会在网络上出现大批新颖、潮流的众筹方案，比如"黄太吉"创始人赫畅、"有米传媒"陈第等策划的方案。大部分学员都处在互联网创业的浪潮中，利用专业化的网络语言，以专业的方式把相应的策划呈现在网络上，迎来了大批网友的围观。网友围观造成的网络娱乐效应进一步强化了网络传播。传播媒介的推动，让学员和网友们都见识到了互联网时代具有的特殊魅力。

因此，在这样的环境下，成本的投入没有成为大部分学员的阻碍，锻炼和提高自己对于互联网的应用以及众筹策划的分析才是他们考虑的问题。同样，大部分的网络支持者也并没有希望得到足够的物质和经济回报，这样新颖的模式也给他们带来了为数不多的学习和交流的机会。钱科铭认为，那些5000元的支持者并不是希望获得更高的经济回报，大家更多地是在寻求一次交流的机会，拓宽自己的社交圈子。一次5000元的付出不仅能够成功赢得网友的关注和吹捧，还可以搭着"钱科铭"这个平台，拜访到更多的行业内从业者，可以借此机会组织线下的创业学习和交流互动活动。钱科铭还坦言，要在平时，中欧创业营的教学资料是非常昂贵的，1万元是绝对买不到的。中欧创业营的教学笔记，总结了多年的教学和实践成果，具备大量的创业实例分析，对于初次创业者来说，价值是巨大的。

中欧创业营再一次将"众筹"这个稍显陌生的词语带入大众视野，引起了很大的网络热潮。"众筹"，即纠集更多的人筹集目标物。最初，众筹并不是用作为创业者筹集资金的渠道，而是早期艺术家们寻找创作资金的一种工具。众筹在国外发展也不过四年，从单一的个体众筹发展为现在的多领域多个体的协作众筹，出现了很多创造性的方案，"零费用"的门槛也使众筹进入了更多人的视野。

2012年，淘宝出现了"美微原始股"事件。短时间内募集资金一百二十多万元，引起了广泛的争议。这个在当时还不成熟的行为被认为是间接从事非法集资。最后，在证监会的督促下，该融资行为因违反了相关法律受到警告，美微也退还了全部所筹资金。

在国内，由于政策法规等方面的约束，众筹的发展较为缓慢。李琳玲律师说，现阶段的国内众筹项目经常涉及股东问题，具有非法集资和发行股票的嫌疑，在法律上具有一定的风险。她还建议，在具体的政策还没出台之前，遵守当前的法律规定，在较小的平台以小型化的方式尝试运作众筹还是具有一定的操作性的。

借用互联网筹款，退学学生圆动画电影梦想

靠着一部仅 10 分钟的动画片，借着名为"点名时间"的众筹平台，在短短一个半月里，成功募集资金逾 158 万元，创造了当时国内众筹融资的新纪录。在这个奇迹的背后，有一个怀揣着动画梦想的年轻人——梁旋。

就在外界期待着大电影的上映时，曾经迷惘的梁旋一脸平静。作为《大鱼·海棠》动画的编剧兼导演，这一次他心里非常清楚，这个只显露出雏形的动画一定要和观众在电影院见面。《大鱼·海棠》是梁旋和张春合伙制作的，用了十多年的创作时间，但仅有一个 10 分钟的片段面世。在这个短片内，取材于客家土楼的场景给了观众强烈的画面感，人物和动作设计展现出超高的创作水平，明显高出国内动画的制作水准，也可以同国外高水平的动画一争高下。

事情起源于 2013 年 6 月，在一条长微博中，梁旋说出了《大鱼·海棠》遇到的困难——资金严重短缺。建筑师老余在得知这个有着动画电影梦想的年轻人的困难后，希望可以出点力帮助他，而梁旋则希望能够以更好的方式来筹集所需资金。当项目成功地在"点名时间"上线后，梁旋联系老余说他可以以众筹的方式提供力所能及的支持。这次老余慷慨地拿出 10 万元用于支持一个年轻人的梦想。对于梁旋来说，老余只是一个陌生人、一个单纯的支持者，遂提出给予老余投资回报。老余坦言，自己只是被一个梦想打动，只想做一个默默的支持者。

原本梁旋可以走另外一条更加光明的路。2000 年，梁旋以优异的成绩从江西考入清华大学，一时风光无限，未来一片光明。让人大跌眼镜的是，大三，梁旋决定从清华大学退学，放弃文凭。这样的举动，给其家庭带来了巨大的苦痛。梁旋说服眼含热泪的母亲，下决心从事自己热爱的事业。单纯的冲动过后，经济问题成为梁旋梦想道路上最

大的障碍。为了解决租房等生活必需开支，梁旋叫上了清华美院的张春，开始尝试搞动画。在一次搜狐举办的动画大赛中，5900元的奖金让他们看到了未来的曙光。既能获得丰厚的奖金，又能做自己喜欢的动画，各个大赛的奖金让他们曾一度迷失了自己。不过，就在这样一次次的参赛过程中，《大鱼·海棠》的身影慢慢地在梁旋脑海中不断浮现。

2005年，彼岸动画公司正式成立，梁旋和张春这两位初创者不仅希望把动画完整地呈现在观众的面前，还想将《大鱼·海棠》搬上大荧幕，朝着中国顶级动画电影制作公司迈进。在试水后的两年内，经济问题一直是他们绕不开的关口，养活一批年轻的梦想者成了摆在他们面前的现实问题。

2007年，以对初创公司准确判断而著称的联创策源，给梁旋等人投资数百万元，希望可以帮助年轻人成就梦想。短时间内的资金问题顺利解决，《大鱼·海棠》开始扬帆起航，一举夺得了包括首尔国际动漫节最佳技术奖在内的七个大奖，一时声名鹊起，获得了大量粉丝的支持。

在短暂的荣耀过后，梁旋在操作上遇到了巨大的挫折。同钟小秋和上海文广集团签订的排他协议，使得梁旋在寻找更多合作伙伴的道路上阻碍重重。之后，上海文广的组织变动让承诺的《大鱼·海棠》投资资金变得遥遥无期，最后妥协，拿出300万元用于梁旋团队继续参加各类大赛，最多拍个短片，他们否定了当初拍成电影的提议。梁旋的《大鱼·海棠》电影计划一度搁浅。

当时，在国内游戏业产值高达六七百亿元的繁荣之下，动漫产值刚逾百亿元。在国外，动漫产值远高于游戏。这不仅意味着中国产业格局面临着重新调整和布局，也昭示着动漫产业巨大的成长空间。尽管遇到这样一个有利的机遇期，但是国内电视台对于大制作的动画十分排斥，动漫周边产品的利润也一直被盗版市场抢夺。《大鱼·海棠》上千万元昂贵的制作费用与市场格格不入，当时火爆的"喜羊羊与灰太狼"系列也不过卖出了九千万元上下的票房，国内动画产业一直举步维艰。专心于动画创作的梁旋交际圈子较窄，掌握的人脉和信息资源有限，这使他的梦想处在垂死挣扎的边缘。

2012 年，众筹网站"点名时间"首席执行官张佑意外地看到了《大鱼·海棠》的画面，设计师出身的他，一眼就看中了这个作品。他坚持认为，这是国内少有的可以匹敌日韩的高水准制作。刚刚创建不久的"点名时间"正好需要一个大型的项目去展示自己。谁知，梁旋以市场为由拒绝了这个可以提供帮助的热心人。2013 年，动画电影《疯狂原始人》获得的 4 亿元票房让梁旋激动不已，张佑的再次拜访让梁旋下定了决心。

小心翼翼的梁旋这一次选择了更加稳妥的方式。2013 年，梁旋在微博上公开宣称遇到资金困难，需要更多的投资合伙人，不但附上了动画短片以及动画的简要介绍，还公布了自己的联系信息。很快，这条满怀着希望和梦想的微博被广泛传播，导演李少红、罗永浩等名人也转发表示支持，转载量超过 5 万次，累计阅读 2700 万人次。而随之而来的快要被打爆的电话让梁旋看到了转机。

《大鱼·海棠》被"点名时间"的专业团队评估为超级项目，预计最后的筹款金额将达到百万元。2013 年 6 月 17 日，《大鱼·海棠》超级项目正式在"点名时间"上线。梁旋没有局限于众筹网站，而是利用活动造成的广泛影响，通过各类渠道进行融资，电影的制作成本基本筹集到位。在众筹过程中，不少粉丝的热心支持也给梁旋带来了巨大的动力。一位网名叫"凡花"的公务员，联合几个粉丝，组织成立了"《大鱼·海棠》后援会"。她不仅贡献了 1 万元的梦想资金，还在微博上为项目呐喊助威，为项目最后的成功付出了自己的汗水。而一大批忠实的粉丝也成为参与《大鱼·海棠》制作过程的一分子。

梁旋对记者讲出了他上"点名时间"的感受。他始终认为不能让人觉得众筹就是等价交换，而要将其看作一种真心的检验。众筹不在于等价的产品回报，而是利用这个平台去检测支持的人数，继而去达到宣传自己的目的。让更多的热心人了解和加入其中，对于《大鱼·海棠》的宣传效果是显而易见的。利用这个平台，让那些单纯地从内心希望支持梦想的人有渠道去贡献自己的一份力量，让梦想成为现实。

就这样，一个从清华大学退学的学生，准确地抓住时代发展的脉搏，运用互联网潜藏的商业机会，将自己的梦想付诸现实。现在，他们不仅创作出了很多令人喜爱的动漫人物，还在衍生品方面有所开拓，创造了可观的经济收入。据悉，2015 年 11 月 11 日，观众可以在电影院欣赏到《大鱼·海棠》。

众筹咖啡：北大 1898 咖啡馆的商业模式

众筹模式，作为互联网金融下的衍生品，对于深入挖掘互联网经济潜力起到了很好的促进作用。随着移动互联网时代的到来，众筹模式得以在更广泛的范围内传播，让众多创业者在众筹平台上看到了未来的希望。

众筹模式起源于美国 2009 年创办的众筹网站 Kickstarter。Kickstarter 网站巨大的投资金额，让国内互联网从业者看到了一种巨大的商业潜力。2011 年国内第一家众筹网站"点名时间"的上线，正式标志着众筹模式进入中国。

众筹，和中国俗语"众人拾柴火焰高"有着异曲同工之妙，就是充分发挥人的集群优势，利用社会闲置资源，为众筹项目发起人提供必要的资金支持。现在，众筹的目标不仅集中于资金，还往技术、能力、渠道等方面扩展。

早期，众筹主要是为沉醉于艺术创作的工作者提供资金支持。现在，众筹的对象包括任何有想法和创意的人。而凭借着多样化和创意性的项目特点，众筹能够获得许许多多普通民众的支持，拓宽了融资渠道。众筹成为个人和企业为项目寻求资金支持的一个手段。移动互联网的出现，对众筹项目有很大的传播和促进作用，使得所获资金不再是衡量项目商业价值的唯一标准。

2013 年 10 月 18 日，一家咖啡馆正式开业。由于临近著名的北京大学，依傍着北大特有的文化气息，享受着丰富的资源，被命名为"北大 1898 咖啡馆"。稍微了解一点众筹的人都会问：这是传说中的众筹咖啡吗？严格来说，这里不仅是一个"交易所"，还成为很多众筹项目的"司令部"。

北大 1898 咖啡馆生长在中国，较国外的众筹模式，具有很强的本土性和创新性。这种产生于国外、生长在国内的商业模式，以其很强的可实践性、高度的自治原则，深刻体现了自由、平等、开放等互联网精神，具有强烈的感染性。自从咖啡馆开业以来，这种模式迅速被行业内外人士传播并熟知，产生了巨大的轰动效应，引得很多对其感兴趣的创业者和企业家进行分析研究，试图从中探索到未来互联网前沿的发展模式。目前，这种模式得到了较大规模的推广，并被很多有互联网商业头脑的精英人士用于实践。

北大 1898 咖啡馆代表的众筹模式萌发于首任董事长杨勇，这也是其创业实践多年经验的积累。杨勇是一个喜欢"破坏"的人，在多年的创业经历中，他对创业过程中遇到的行业和协会的顽疾深恶痛绝，对如何改造传统行业有着深刻的思考和理解。2012 年，作为北大创联会的推动人，杨勇组织了很多协会内部的实践活动。为了能够提供可以交流和学习的平台，杨勇想到了创立北大 1898 咖啡馆。

杨勇大学期间所学专业为金融数学，和现在所从事的工作有着较大的出入。如今，当有人再次问起他是学什么出身时，他会自豪地回答：众筹学。杨勇坦言，这是他的一次无意识的创新，具有很强的中国特色。他讲到，中国很注重人际交往圈子，这是一个巨大的资源。就像玩具有一个众所周知的玩法，但是杨勇创造了一种新的玩法和游戏规则，他很兴奋。

杨勇在担任校创联会秘书长之前，主要工作是服务于老校友。与更多的年轻校友接触之后，北大宣布成立校友联合会，杨勇担任秘书长。鉴于工作的原因，每年联合会都有大量的学习和交流活动，但苦于没有固定的场所。杨勇为此感觉到很强的失落感。这就是当初杨勇决定创办北大 1898 咖啡馆的关键因素。杨勇当初只是把它当作简单的联合会的平台，并没有往更多的方面去想，大有"走一步算一步"的架势。

既然要创办咖啡馆，又是用作校友联合会的活动场所，杨勇也更多地希望资金的问题能在校友的帮助中得到解决。当时还没有"众筹"的说法，杨勇在和校友们的沟通中解释道，可以开一个咖啡馆，用作大家接待和交流的地方，大家每人出一份力。校友们每年都要接待宾客，把钱集中起来，就把咖啡馆当作接待中心。由于都是大家必须要花的钱，因此都没有希望得到回报，这为咖啡馆的建立打下了良好的基础。

经过一段时间的研究，杨勇把咖啡馆的早期股东招募对象锁定在"70后"。这批"70后"，涵盖了北大所有的学院和专业，是不同的领域的从业人员。之所以把对象定位到"70后"，杨勇是有一番考虑的。"70后"当时还处在事业的奋斗期，需要寻求更广阔的交际圈子，具有充沛的活力，有利于圈子的发展。基于这样的考量，创联会在资源的分享和交际圈子的拓展上，为众多当时的创业者提供了便利。

咖啡馆的发起人大多是北大毕业生，相互之间通过圈子与圈子连接，具有很强的信用纽带作用。在市场经济的商业化浪潮中，信用体系成为比契约精神更为人们所看中的信用价值。同为北大创业校友，这种熟人圈子的失信代价是昂贵的。纽带之间的相互传播，对于参与者有强大的隐形约束力，使得相互之间的交流合作更为可靠。

杨勇又把圈子的人数定在一百五十人左右，这样可以保证充足的亲近感。杨勇把第一批的人和第二批的人规划为具有同等的股权，尽管他们所交的钱相差 2 万元。所交的钱能换来同等价值的咖啡馆消费卡，也可以进行转赠。在其他方面，杨勇也充分保证入股人的自由。从一开始就顺利解决了咖啡馆的经营问题。杨勇认为，这是咖啡馆迄今为止运营状况良好的原因之一。

让杨勇没想到的是，开业后盛况空前。前后三天，有一千五百多人前来捧场祝贺，不但有校方和联合会的领导，股东也会带着朋友过来。微信间接地促成了杨勇咖啡馆的成功。2013 年，微信已经成为大多数人的社交手段，大家都积极地拍照发朋友圈，促使了北大 1898 咖啡馆的广泛传播。通过一千五百多人的传播，全国各地的北大校友都知道了这件事。北大 1898 咖啡馆成了许多校友见面的谈资，甚至有邀请开连锁店的。一时间，杨勇感觉到了巨大的成功。后来，大家都说杨勇做了一个很牛的众筹案例，杨勇才真正地意识到这是众筹。后来，杨勇开始总结自己的经验，研究具体的众筹理论。慢慢地，开始有人主动请求杨勇策划一次众筹项目，这更加激励了杨勇在众筹之路上的前进。

在管理的过程中，杨勇决定成立咖啡馆执委会，行使咖啡馆最高的权力。咖啡馆共选出 11 位执委，都是能做具体工作的人，义务服务没有回报，咖啡馆的重要事情都由执委会投票决定。考虑到执委会都有现实的工作，杨勇又招来了两个团队，一批是负责具体经营的专业管理团队，另一批是服务于股东的秘书处。有了这样的管理分配，发起人和管理人之间就可以保持足够的距离，既不影响自身的工作，也不影响咖啡馆的正常运营。

借由互联网的传播，杨勇的众筹模式开始被更多的人熟知，甚至有人希望得到杨勇的提点。现在，杨勇每天都会在微信群里进行众筹的教授，一直在思考众筹模式具备的可行性和传播特点。

众筹让音乐人打破行业发展束缚

对于创作家和艺术从业者来说，如果拥有了相当数量的粉丝，就可以辞职，依靠粉丝的力量生活。这是《连线》杂志主编凯文·凯利的理论。对于想要在互联网时代从事独立音乐的艺人来说，或许这是一个摆脱行业束缚的信号。

在唱片业最为辉煌的时期，只要有质量上乘的唱片，音乐人就可以获得想要的名利。而在互联网时代，音乐产业遭到强烈的冲击，以唱片为主业的音乐人开始寻求更多的出路。

众筹形式的出现，给了音乐人更多的选择。如果你想要制作一张属于自己的专辑，但又缺乏必要的后期制作资金，众筹可以帮你很轻松地搞定。音乐人只要在众筹平台上申请并介绍自己的项目，并承诺项目成功后的回报，那么他的粉丝就可以帮他完成音乐梦想。这就是互联网时代最为潮流的"众人拾柴火焰高"——众筹。众筹平台除了在资金上给音乐人提供支撑，还间接起到了市场测试的作用。项目的上线，对于音乐人的发展市场有较好的测试作用，可以对支持者的相关信息进行准确分析，从而为音乐人的市场营销提供全面的数据保障。

一个不太出名的音乐人，即使是有点名气，也很难依靠个人的力量去做唱片和办一场音乐会。2013 年 11 月，"原创音乐支持基金"正式在北京成立，由乐童音乐和众筹网共同策划。乐童是一个专门从事音乐众筹的网站，旨在为更多的音乐人在互联网时代探索更多的出路。该基金承诺，只要上线项目背后音乐人的粉丝每拿出 1 元钱，基金就会相应地跟进 10 元。乐童音乐创始人马客说，这样做的目的就是为了帮助更多的音乐人在粉丝的帮助下实现自己的音乐梦想，把更多微小的力量聚集起来，为了原创音乐的梦想而努力。

Kickstarter 的创始人陈佩里就是源于对音乐的热爱而创建了该网站。这位从事金融行业的音乐爱好者经常策划音乐会，但由于资金的缺乏，一场原本正常规划中的爵士音乐会被迫中止，这让他很懊恼。慢慢地，做一个募集资金网站的想法在他的脑海中出现。马客也是一位相当专业的乐迷，他的网名就取自海外的一支摇滚乐队。马客对记者解释道，为音乐人做点实事是他一直想要从事的工作。而他在三星等互联网公司有近二十年的营销经验，这对于乐童的创办起到了很好的作用。

有一次，爵士音乐人李铁桥寻求马客的帮助，希望马客能够通过有效的营销手段解决爵士大师的出场费用。马客也是一位忠实的乐迷，便尽心去做这件事，但用了半个多月的时间，没有找到可以提供赞助的企业，一时心灰意懒。那个时候，马客刚刚卖掉自己的创业公司，索性自掏腰包，拿出了两万元，后来还制作了一张唱片进行宣传和营销。

这次的经历给了马客很大的触动，他开始认真地思考如何将这项事业做下去。想要成功地办一场音乐会，制作一张唱片，仅仅依靠音乐人或者自己的慷慨解囊是无法完成的。也就是在那个时候，他发现了 Kickstarter 这个平台，而"乐童网"也就应运而生。

音乐的众筹项目与预售存在着较大的区别。音乐众筹在很大程度上代表着一种理想和情怀，感性的音乐能唤起很多文艺青年的共鸣。

"荒岛唱机"在一个多月时间内筹集资金一百多万元，是目前乐童音乐众筹项目的纪录保持者。黑胶唱片具有很好的收藏价值，具有鲜明的艺术特色，能够较好地保持原声，备受音乐发烧友的推崇。"荒岛唱机"正是利用这样的心理，打出了"黑胶复兴"的口号，试图去引起人们对工业时代唱片设计的怀念。

荒岛电台创始人黎文具有很强的市场营销意识，他用一个极佳的广告片代替了烦琐的文字。在制作的宣传片中，弥漫着浓烈的复古和怀旧情怀，低缓的爵士音乐、摸得到的质感搭配着简洁的文字渲染了一种向经典与大师致敬的氛围。对于更多的"荒岛唱机"支持者而言，与其说是购买具体的"荒岛唱机"，还不如说是购买一种沉淀于内心的生活方式。支持者除了得到"荒岛唱机"限量版的物质回报，还有幸成为黎文创建的黑胶威士忌俱乐部珍贵的原始会员，如果有机会，甚至可以参与网络电台的制作，这让支持者得到了充分的回报。

黑胶威士忌俱乐部珍藏有海量的唱片，作为这样小众的艺术品，能够让购买者收获不一样的体验。黎文为了保证每一部唱机的限量，产品发完货就销毁制作产品的模具，让购买者知道自己购买的产品是不可复制的，给购买者在心理上造成极大的满足感。

这个已经成为时代记忆的产品，同样也存在着支持者小众的问题，但是黎文愿意去尝试。黎文为了挑战自己，把项目的众筹资金目标提高了三倍，难度非常大。黎文说，很大的难度可以让支持者通过社交渠道去宣传，组成一个社群。众筹的关注点往往不在产品的销售，而在于如何获得更多的支持者，让那些忠实的粉丝成为"荒岛唱机"的推销员。

事实证明，这个项目确实存在较大的难度。在黑胶唱片项目仅完成30%的时候，项目时间只剩下短短的一个星期，支持者也只有寥寥数百人，理想与现实存在着较大的差距。为了将项目进行下去，黎文决定延长半个月的时间，并承诺即使项目失败，最终也会生产出机器。正是这个音乐人不向现实妥协的精神感染了众人，项目在最后阶段出现了高潮，最终成功完成了 100 万元的目标金额。有的支持者表示，情感的共鸣和对工业设计的怀念是这个项目成功的关键，这让很多人对"荒岛唱机"的做法产生了深刻的认同感。

"荒岛唱机"项目的成功，也打消了那些宣称"音乐已死"和"唱片已死"的哀伤派的流言。不过，在市场化和移动互联时代的浪潮下，音乐面临着众多的危机，同时也存在着突破的机遇。"荒岛唱机"和"乐童"的探索，通过众筹的尝试，让传统的行业重新爆发出生机，使得苦苦支撑的音乐人重获生机，也让那些还在徘徊中的音乐人重新思考自己的生存模式。

粉丝的力量："快乐男声"电影众筹

天娱传媒和众筹网产生了一个赌约：观众如果想要在电影院里亲眼观赏到快乐男声的专属电影，就得在 20 天内筹满 500 万元，否则这个计划就会成为一纸空想。在 2013 年"快乐男声"的决赛现场，这个赌约被宣布并被广泛传播，引来了众多业内外人士的热议。

有外界人士分析，这是一次利用粉丝进行"圈钱"的众筹。某影视公司负责人坦言，的确有个人或者小的工作室借着众筹这个平台来达到"圈钱"的目的，但是对于多数的个人或者公司来说，都是希望通过众筹获得所需资金来实现自己的梦想。同时，天娱传媒这次的项目，不仅能有效地减轻票房带来的压力，也能为电影的宣传起到很好的作用。

担任天娱传媒品牌中心经理的赵晖坦言，光是一部电影的早期素材收集、人员调配等费用支出就远远不止 500 万元，这个数目对于电影的制作费用也是微不足道的,完全不能决定一个电影项目的计划（对外界的疑虑进行了有效的回应）。他也说,在刚开始的时候,天娱传媒并没有想到把纪录片放到大荧幕上,当初只是想单纯用作内部使用。然而,随着粉丝热情的持续升温,《小时代》的超高票房也给他们带来了较大的触动,天娱方面意识到,可以充分利用粉丝的力量将纪录片放到电影院中去。

500 万元的赌注,成为电影类自众筹诞生以来筹集到的最多的资金。像"快乐男声"这类具有小众性质的电影,粉丝的年龄层次相对偏低,具备的整体消费能力有限。在短时间内能够筹得如此高的资金不仅是头一次,也是相当不容易的。2013 年,以快乐男声为主题的纪录片,在 20 天之内火速募集 501 万元,不仅开创了电影众筹的新纪录,也为电影市场的营销带来了一定的启示。

赵晖曾经透露,早在 2013 年 3 月,天娱就策划拍摄一部"快乐男声"的纪录片,但那个时候,还不知道什么叫众筹。天娱在众筹加入之前,就已经聘请了专业的团队对"快乐男声"比赛的台前幕后做了全方位的记录,顺其自然地,李宇春等明星评委也将会在这个电影中出现,明星的宣传作用,间接带动了电影众筹的成功。

这次的"快乐男声"拍电影并不是天娱第一次试图将"快乐男声"搬到大荧幕上,之前曾经有过几次相对来说不是太成功的例子。2009 年,由当时的"快乐男声"选手为主的 3D（立体）歌舞电影《乐火男孩》以惨淡的 250 万元票房收场,让原本满怀期待的天娱大失所望。国内的纪录片也并没有几个成功的例子,尽管"五月天"曾经收获过两千万元左右的票房成绩,但天娱方面一直对票房成绩没有多少信心。

事情的转机发生在 2013 年夏天,众筹网主动请缨希望可以由他们上线这个项目,天娱方面似乎看到了一线希望。但是依然没有太大的信心,而赵晖说,这次的众筹只是测试一下市场的反应。

2013 年 9 月，众筹网正式发布"快乐男声"主题电影的项目。按照既定计划，只有在 20 天内募得 500 万元资金，电影才会在 2014 年的院线和大家见面，一旦失败，电影将继续留作内部交流资料，所得筹款也将会如数退还。考虑到与普通影片票价的对等原则和粉丝的购买力，天娱将筹款以 60 为阶梯，逐步递升，参与者可获得电影票和首映券各一张，实际的概念相当于提前销售。

天娱作为一家相当有影响力的公司，可以以自身形象充分保证资金安全和投资回报。众筹网的工作人员倒是对这次的众筹项目满怀信心。让天娱方面大为吃惊的是，2013 年 10 月 18 日，此项目共募得 501 万元的资金，间接地相当于预期销售票房达到 500 万元，累计有 2.8 万人参与了这次项目。根据这次的项目规则，参与者凭借获得的兑换码，在电影上映的时候可以兑换相应的电影票，成功地将两者衔接了起来。通过了解，此次的项目分为四个等级，购票最高者享有和偶像亲密接触的机会，最高的 1200 档包含电影票和首映券各两张。

据业内人士讲，天娱与众筹网的成功合作是商业娱乐与互联网金融的一次模范尝试，为以后进一步利用传统的宣传手段，创新多样化的营销模式打下了坚实的基础。然而，相比于纯粹的商业电影，"快乐男声"的电影更大的意义在于考察现有的市场情况，因为 500 万元对于一部电影的拍摄是起不到多大作用的。这次的项目在经济效益方面获得了巨大的效果，凭借着网络强大的宣传手段，成功地将电影推向市场。

针对最后票价的低廉，有人说，这不就是一场消费量集中的团购吗？赵晖对这种说法表示异议，他强调，这次项目与团购最大的不同在于，如果达不到早期 500 万元的项目预期，根本就没有电影的上映，这是本质上的区别，最终是由消费者决定电影能否上映。

最终由著名导演范立欣执导的电影《我就是我》遭遇票房"滑铁

卢"，仅收获 670 万元，与预期目标有较大的差距，但在口碑上面却取得了很好的效果。2014 年 9 月，《我就是我》获得多伦多国际电影节多项提名。

会员制：《罗辑思维》的成长模式

《罗辑思维》的罗振宇创造了两次最"流氓"的会员制。普通会员需要交纳 200 元的会费，铁杆会员则为 1200 元，并且不承诺任何的物质和经济回报。但就是这样一个闻所未闻的"流氓"付费会员制，却一反常态，共筹集数千万元的会费。随着众筹的成功，优酷热播节目《罗辑思维》完全成了由会员养活的一个自媒体节目。

互联网的发展和其中潜藏的价值，对于传统行业来说，是一个可怕的"魔鬼"。2013 年，罗振宇用众筹模式对传统的媒体形态进行了一次强有力的冲击，再次证明了众筹模式在自媒体方面也同样拥有巨大的开发价值。

2008 年，曾经担任央视《对话》等多档著名节目制片人的罗振宇宣布辞职。按照常人的理解，在央视做着制片人的工作，不仅有令人仰慕的地位，而且所得的回报也是相当丰厚的。但是罗振宇很不甘，他说，一个团队累死累活最后功劳都集中到了主持人的头上，个人完全摘取了整个创作团队的成果。在意识到传统的传媒组织走下坡路之后，罗振宇下定决心另辟山头。

优酷合并土豆之后，一跃成为国内最大的视频网站。2012 年，罗振宇遇到了知音申音。在《罗辑思维》得以成功创办的条件中，罗振宇认为申音是第一位的。罗振宇曾经试图和很多机构、个人去聊自己的规划和梦想，但后来，只有申音一个人听懂了他。申音，《创业者》杂志的主编，辞职和罗振宇一起探索互联网时代的媒体营销模式。

互联网时代，有些事情是完全想象不到的。2012 年 12 月 21 日，视频脱口秀节目《罗辑思维》开播，一年之后，在优酷网站上点击量累计超过一亿，凭借着其他社交媒介的传播，吸引了大量粉丝。很多年前，罗振宇曾经想到做一个自由的"U 盘式的手艺人"，没想到《罗辑思维》一下子就达到了他理想中的效果。作为一个全新的商业模式，盈利是非常关键的。而想要突破传统媒体的包夹，只有赚到钱才有充分的说服力。

和《晓说》一样，《罗辑思维》的成本也是相当低廉的，只需要主持人和一两个辅助的工作人员，一档全新的节目就可以完全呈现出来了。与电视台对视觉品质的高把控不同，罗振宇主动放弃视觉上的繁荣，追求极简主义。他这么做也是有其他考虑的——这样的视频更加有利于内容在其他媒介的二次传播。

罗振宇的脱口秀内容贴合用户的需求，像《为泡妞成功而读书》《你的女神你不懂》等都成了节目的标题，引得众多粉丝围观。在互联网大潮下，信息更新和流通的速度，使得文字再也无法承载它原来的作用。生活节奏被加快的上班族，再也没有多余时间去阅读纸质书籍，脱口秀这样的视频节目倒成了大多数人的选择。互联网上节目形态众多，各不相同，而清晰的人格魅力是《罗辑思维》大范围传播的一个重要原因。罗振宇不再拘泥于海量的内容，而是希望呈现出一个清晰的人格。每天早晨，微信公众账号里都会传来他熟悉的声音，或感悟，或幽默段子。文字都是苍白的，语音中涵盖了现代人追求的很多人格要素。

基于这样别出心裁的设计与追求，《罗辑思维》公众平台粉丝成功破百万。粉丝的叫法更多包含了偶像性质，罗振宇更喜欢称这个集体为社群，只为吸引更多的人前来围观。在互联网思维中，人群集中的地方就有可待开发的商业资源。《罗辑思维》组织了一次会员号的销售，6000 多个号在 5 小时内销售一空。下一步，罗振宇把时间约定为 24 小时，只开放微信单一支付渠道，大约有 10 万人的规模。罗振宇没有特别看重司空见惯的人海战术，而是注重社群的影响力度。社群只有到了移动互联网时代，结合微信这样的媒介，才成为可能。

这样的种种设置，罗振宇是希望用社群的方法去挑选那些《罗辑思维》真正的粉丝。既然是付费会员，肯定是有相应的服务可以提供的。不过，罗振宇是不提供的，他只提供一个基于同一个社群的平台，比如有人制作了《罗辑思维》的葡萄干在淘宝网销售，有的开了《罗辑思维》的旅馆。罗振宇在保证官方、谴责骗人行为的同时，密切注视着社群的开花结果。

《罗辑思维》有一项福利，叫"罗利"。在社群里，罗振宇会发放那些商家免费赠送、意在宣传的商品，比如购物卡、书籍、打印机等。而 10 万人的规模，像团购这些都是可以轻松获取的福利。在罗振宇看来，10 万人就是商业模式。

罗振宇又搞起了一个帮女孩找对象的活动，报名者非常踊跃。一连串的顺利，罗振宇又开始试图做"罗辑思维月饼"，划分不同的人群从事不同的协助，最后形成品牌订制。

从会员的众筹中，罗振宇找到了很多新的商业模式。对于现行的众筹网站来说，流量成为其发展的重要考量因素，一旦丧失流量，众筹就成为一个仅存的概念。而罗振宇基于社群的特点，利用人格魅力，可以更有效地进行众筹，筹集一切需要的东西。

3W 咖啡馆身上的众筹模式

在中关村，一进入 3W 咖啡馆，浓烈的互联网气息就会向你扑来——这里摆放有各类商业书籍以及新浪、腾讯等标志物，而3W的投资人都是各类大型网络公司创始人和各界社会名流，有着互联网的高贵基因。

3W咖啡馆创始人许单单接受采访时说，如今的3W咖啡馆与初衷有较大的出入。由于工作和社交关系，他需要经常以AA制的形式组织聚会，一次咖啡馆负责人以人数多为由要收取额外费用。自那个时候起，他就萌发了开咖啡馆的念头，而在一顿吐槽和宣泄后，一个咖啡馆就成为现实了。但许单单创立咖啡馆并不是要做一个创业项目，按照他自己的话来说是打造互联网高级名流社交圈。和许单单一起创立3W咖啡馆的其他两位成员，都是资深的互联网从业者，这为咖啡馆以后的发展奠定了基础。

起初，许单单以兼职的形式来经营，碍于咖啡馆本身的特点，一年多以后，亏损了很多。他本以为靠着几个互联网资深人员可以轻松地搞定3W咖啡馆的经营，但后来发生的事情却并不像他想的那样。经过慎重考虑，许单单决定辞职专心搞咖啡馆。基于对互联网商业模式的熟悉，许单单开始寻求独特的发展模式——众筹。

3W咖啡馆通过众筹平台，正式向社会公开招募资金，实行个体六万元的标准。3W的众筹，赶上了微博发展的膨胀期，成功地吸引了很多知名人士的关注。而许单单最初的设想就是创立一个高级社交圈，这样借着咖啡馆结识这些社会名流就成了一件水到渠成的事情。很快，3W咖啡馆名流云集，包括各类投资人、高级管理人员等数百名人士。借着这种强大的宣传和号召力，3W依托咖啡馆，逐步扩大自己的影响力，在运营模式上有了较大的突破。2012年央视的报道，彻底将3W咖啡馆推上了发展的高速公路。

在发展的过程中，许单单意识到专业的管理人员对3W咖啡馆的重要性。于是，他决定聘请具有丰厚经验的职业经理人。

有的人会说，自己有一点闲置的资金，如果用到这方面，也可以产生很大的增值空间。但现实的情况却是，完善的管理和运营机制还不成熟，众筹模式依然存在较大的风险。

3W 咖啡馆成功规避了各类风险，在于其在具体形势下的正确选择。在社会环境并没有保障的情况下，游戏规则的制订，使得 3W 咖啡馆以人脉圈为主导传播开来。3W 咖啡馆强调更多的是精英圈子。要想成为 3W 的股东，钱并不是唯一考量的因素，还必须是具有一定社会地位的人。对于这些人而言，3W 是一个可有可无的选择，不会涉及股份纠纷之类的烦琐，默认着游戏规则。另外一个就是熟人和名流圈。3W 的原始股东具有强大的召唤力，商业和社会精英可以吸引其他的社会名流和创业精英。不同领域之间也能产生一定的吸引力，相互之间都有可以利用的信息和资源。这种基于交际的圈子具有很强的黏性，可以充分保证建立在 3W 之上的信任。3W 回报给股东的价值并不体现在具体的金钱上，而是信息和资源，或者说一个圈子的潜在价值，这个东西对于很多人来说都是极为宝贵的，他们反倒并不在乎投资的直接经济回报。

许单单看到一个圈子已经初步形成，于是试图构建便于相互认识的社交媒体。事与愿违之后，他又把方向瞄准了"拉钩招聘网"。出乎他的意料，一开始就取得了较大的成果，成功吸引了数百万元的投资。尽管做到了这些，但许单单又有了新的想法——孵化器项目，为创业者提供支持。许单单从创业资金、导师到具体的行政支持均提供了充足的保障。

至此，一个完整的 3W 生态链初步形成。不过，许单单并没有停留，而是继续在中关村寻找更大发展空间的机会。

3W 咖啡馆的成功众筹给了众筹这个平台和其他参与者更多的思考。一个是具有一定的参与标准。门槛是众筹中非常重要的一个环节，众筹的目的并不在于吸引大量的参与者，而是自己的目标人群。二是增强参与者的黏性。基于同一个社区或者说交际圈子，通过相互的信任可以消除彼此之间的隔阂。在参与者中具有一定数量有影响力的人，随之就可以在其周围建立一个大的圈子，延伸开来，对于参与者的黏性起到了很好的作用。三是价值回报。要吸引一定的参与者，价值回报就必须要有保障。这种价值回报并不一定建立在金钱的基础上，信息和资源的共享、交际圈子的交流等都可以成为吸引参与者的重要部分。

借助于众筹这个广阔的平台，许单单运用自己独特的运营和管理方法，以社交圈子为依托不断延伸和开拓，在互联网迅速崛起的时代，探索了很多未知的领域和模式，为众多的创业者提供了创新的方法和思路，激励着他们不断前行。

第 5 章
移动互联网时代，会做的不如会卖的

每一次信息技术的变革，都会深刻地改变用户的消费习惯。未来一切商业都将互联网化。

姚晨成为"微博女王"后，不仅片约不断，广告主也纷纷找上门来；方舟子和韩寒在进行"方寒大战"时，顺便推广自己的科普读物和文艺作品；罗永浩在用铁锤砸烂冰箱的同时，也没忘做一把英语培训班的招生广告。

在微博里，意见领袖、名人和明星们需要粉丝，这是他们名气的指标；在商界，一个企业和它们的产品同样需要粉丝。

粉丝是一群特殊的用户，他们的"关注"行为，使他们很可能是潜在的购买者，甚至成为最忠实的购买者。

苹果公司是粉丝最多的IT（互联网技术）企业，无论是企业品牌，还是旗下的iPhone、iPad品牌，都早已深入人心。苹果公司也是经营粉丝最为成功的企业。

再看国内成功的手机企业。魅族的成就归功于"魅友"（"煤油"）。它吸引的就是那些买不起苹果产品的粉丝们。他们喜欢苹果产品，却买了魅族。依靠互联网的传播效应，把论坛当成根据地，是魅族经营粉丝的绝招。而小米手机的思路比魅族更活泛。除了小米的论坛，还利用微博、垂直网站和门户以及线下的活动和发布会，制造出了比魅族更大的声势。在很多人眼里，小米的手机性能超过了 iPhone，而性价比超过了魅族。曾经忠实于魅族的"煤油"，很多倒向了小米，变身"米粉"。

在这个"人人互联"的时代，粉丝已然成了财富。不管你做的是哪种产品，如果赢得了粉丝，你就会赢得人气，赢得市场，赢得利润和成功。

"农民小戴"将国产御泥坊化妆品销到海外

仅仅用了两年的时间，戴跃锋在淘宝网的面膜销售额就从初期的3万元变成了1500万元，并且获得"全球三十强网商"的称号。由网络推销御泥坊产品，到完成兼并收购御泥坊，这是一个互联网时代的暴富传奇。

"他确实有商业上的天赋，总能想出不一样的市场手段，时不时提出一个新的思路和观点。刚开始我一时还理解接受不了。他也很能描绘前景，不过现在看来，他也确实做到了。"这是御泥坊创始人刘海浪对戴跃锋的评价。

没有显赫的家庭出身，读的大学也很平常，戴跃锋自嘲依然是一个农民。"农民小戴"是他给自己起的网名。

2006年，戴跃锋尝试报名参加了第一届《赢在中国》，由于缺乏较为成熟的商业模式，初赛就被淘汰了下来。作为湖南选送的最年轻的选手，他破例获得了一次单独录像的机会。"我们要去的地方，不是我们要找的地方，而是我们要创造的地方。"这句朴实的话语借着《赢在中国》的传播，一直回荡在无数创业者的耳边。

那么，戴跃锋是怎样创造网络"暴富"传奇的呢？

2004 年 10 月，毕业于湖南师范大学一年多的戴跃锋，在长沙的某所学校领着微薄的工资，过着清闲的日子。这个"鬼点子"比较多的小伙子不安于守在空荡荡的办公室里，开始谋划着一些赚钱的门道。有一次，他很随意地把自己即将淘汰的索尼 T68 手机挂到淘宝网上转手，颤颤巍巍地标明了 680 元的高价。令他意想不到的是，手机很轻松地就卖出去了，而且买家还和他讨价还价。这次意外的经历刺激到了戴跃锋，他第一次意识到了互联网原来也是一个赚钱的工具。

一发不可收拾，2005 年年初，戴跃锋开始在淘宝网上转卖二手笔记本。他的小店很简单：只要手里有一两台货，再把拍摄的图片上传到淘宝店铺中就可以了。有的时候，在顾客需要看货的时候，临时到电脑城进货也是可以的。就这么一来二去，生意越来越好，慢慢地一个月他可以卖出 10 ~ 15 台二手电脑，一个月赚个小几千块钱是很轻松的事。"一不做二不休"，2005 年 7 月，戴跃锋竟然从学校辞职专门做这个了。这在当时看来还是很不可思议的事情。

"人往高处走，水往低处流。"戴跃锋并不满足于这样的小打小闹，他想干点大事情。戴跃锋回忆说，总是转卖二手货，没有太大的发展前途，虽然可以带来短时间内的成就感，但心里还是觉得空荡荡的。

2006 年 10 月，在湖南淘宝商盟的一次交流会上，戴跃锋邂逅了御泥坊，他满怀惊喜，之后就被打动。戴跃锋说过，他从来都不知道湖南地区还有自己的化妆品品牌，这就是他千辛万苦要寻找的商机。第一次接触的时候，戴跃锋就发现这个产品很不一样，回去查阅了相关资料才得知，御泥坊有过辉煌的历史，曾经作为贡品献给慈禧太后，据文献记载，在民国初期更是远销日本和欧美。至今，半成品仍然会销售到韩国和日本等邻国。

戴跃锋相中了御泥坊这棵"摇钱树"，当即决定要做这个品牌的网络销售代理商。自身光有热情还是不够的，经过一番周折，戴跃锋说服了御泥坊创始人。2006年11月，戴跃锋正式开始了自己代理的御泥坊的销售，起初只有单调的3款产品——一款面霜和两款洗面奶。酝酿了四个多月，戴跃锋的御泥坊淘宝店铺于2007年3月8日正式对外营业。

戴跃锋并不是第一个相中御泥坊的人，在他之前，御泥坊在淘宝网就有销售了，但是销售量并不是太理想。由于产品单一化，并没有成为被市场广泛接受的产品，认可这个品牌和产品的人很少。如果还是用这3款产品去打开市场，那么当初代理这个品牌的初衷就会成为空想。戴跃锋明确地意识到，进行产品宣传和品牌包装刻不容缓。

化妆品并不是只有御泥坊，还有更多知名的品牌。戴跃锋没有故步自封，而是主动去学习对手的品牌包装创意，试图从对手的身上找到创意点。2006年，在淘宝网组织的一次化妆品年度评选活动中，世界知名品牌贝佳斯获得了"最佳面膜"称号。戴跃锋发现，御泥坊和贝佳斯的面膜都是使用矿物泥浆类原材料加工而成，但御泥坊泥浆中所蕴含的矿物微量元素反而更多。主攻方向找到了，下面就是进行产品的研发和宣传了。

挖掘品牌的文化内涵，是戴跃锋能够成功进行品牌包装的关键。御泥坊中的"御泥"正是得名于作为贡品上贡给慈禧太后的历史。御泥坊中包含的滩头矿物泥浆是独特的矿体，具有不可复制性。戴跃锋和他的合伙人还给御泥坊找到了三个精彩的历史传说，并找准了产品的三个鲜明特色——天然原材料、悠久的历史和神奇的功效，准确地抓住了顾客的消费期待。

一次，淘宝商城策划了一场化妆品团购活动，同时竞争的有国际、国内知名品牌几十款，御泥坊仅用一款矿物面膜低调出击。与御泥坊同组竞争的有国际知名品牌——兰蔻面膜，在价格相仿的情况下，初出茅庐的御泥坊销售量是兰蔻的十倍，让人震惊。

水到渠成，2008 年年底，御泥坊淘宝旗舰店晋升为璀璨的双皇冠店。这意味着在两年不到的时间内，御泥坊的网上销售量突破了四万件。2009 年，御泥坊获得 "2009 年中国零售消费品牌 TOP50 强"。在网络传播中，御泥坊的品牌口碑已经彻底超过国际名牌，跃升为化妆品类产品标志性品牌。

2008 年，陆续有数家风投机构向御泥坊抛出橄榄枝，有意进行共1500 万元的投资，以获得 51% 的股份。但戴跃锋心中还有更大的蓝图，他直接拒绝了这些投资。在与风投机构的沟通过程中，戴跃锋也从侧面认识到了御泥坊潜在的价值，这为他以后的发展提供了重要的思路。

2009 年 2 月，戴跃锋主动接受了来自国内上市公司高达千万的战略投资，为在互联网渠道上建立立体化销售渠道和品牌传播渠道提供了坚实的后盾。

打造出一个专业的矿物养肤品牌是戴跃锋下一步首要瞄准的目标。他认为，具有自主品牌的美容养肤产品，尤其是天然矿物产品拥有更加光明的未来。

2010 年 3 月 14 日，在央视财经频道《创业英雄汇》节目中，评委唐骏对于戴跃锋的御泥坊创业项目给予了高度评价，并夺得冠军，获得了唐骏公司——新华都集团奖励的 50 万元创业基金。

御泥坊网店自创办以来，销售额以年均高达 300%~400% 的速度急速增长，成为淘宝网化妆品品牌中最大的黑马。2011 年，御泥坊的年销售额突破亿元大关，1982 年出生的戴跃锋也一跃跻身于亿万富翁行列。

成功的光环并没有让戴跃锋飘飘然，他又一次规划了自己的目标。自从 2011 年御泥坊成为单店单品的销售量第一品牌以后，他再次将资金运作于优化用户体验、加大市场投入和提高运营能力等方面，对品牌和产品进行了更深层次的开发拓展。目前，御泥坊的合作经销商已达到上千家，稳居淘宝同行业领头羊的地位。

谈及未来的规划，戴跃锋充满自信地说："日本是我们的下一个目标。"御泥坊已经取得了相关的资格认证，完成了必要的检测手续，营销渠道也基本构建完成，为进军日本市场做好了充足的准备。

粉丝的支持："网管哥"摇身一变为 YY 直播明星

"网管哥"的本名叫李贤良，在 YY（歪歪）上要是提他的本名，也许没什么人知道。但你要是说"李先生""老李"，大家都会说他是 YY 界无人不知、无人不晓的大咖。2011 年，李贤良荣获多玩"年度风云人物主播冠军"称号；2011—2014 年，稳居 YY 年度盛典金牌艺人前两名，创造了草根逆袭的神话。而他之前只是一个网管，人称"网管哥"。

李贤良，没赶上"80 后"的尾巴，也没搭上"90 后"的快车，处在 1990 年这个尴尬的位置，这使他既具备"80 后"稳扎稳打的拼搏意识，也充满了"90 后"身上特有的叛逆味道。

出生于河北高碑店的李贤良，只有初中二年级的文化水平，其间离家出走过两次。他一直认为，既然自己不能像其他孩子一样读书、工作、挣钱，过安安稳稳的生活，那么索性就潇洒、叛逆一些。年轻的李贤良，从河北漂到北京，最后流落到云南，当起了网管。颠沛流离的生活，让他穷困潦倒，靠着姐姐每月几百元钱的救济勉强维持生计。那个时候，他每天打游戏，几乎与外界隔绝，不知道自己都能干些什么，前途对他来说实在是遥远和空洞。

谈到现在自己拥有的一切，连他自己都直呼太惊讶了。谁也没有料到，曾经的"网管哥"，如今摇身一变，成 YY 上月入数十万的明星主播。

当他还在游戏的世界里挣扎和徘徊的时候，一个偶然的机会让他接触到了 YY 语音。2009 年年底，19 岁的李贤良在打游戏的间隙首次接触到了 YY 语音。通过接触，他知道在这个虚拟的环境里，竟然还能唱歌，还有主持。而生存在这个环境中的人，在自己的专属天地里过足了瘾。李贤良意识到，YY 语音比打游戏好玩多了，看着那些和自己差不多大的年轻人在 YY 里拥有着众多的粉丝，他觉得这很有成就感。那个时候，李贤良的内心充满孤独和无措，他正渴望被认同、被接受。

"既然他们能这么光鲜亮丽，我看我也可以，甚至比他们更好。"李贤良看着眼前的这一切，对自己充满了信心。网管的工作给他提供了极大的便利，他有充足的时间可以观察和学习 YY 主播的演唱和表演。

回顾现在的收获，李贤良说，他每天都要花费大量的时间泡在 YY 上，12 个小时是最少的了。李贤良并没有一味地学习别人的风格，他一边塑造自己的风格，一边查找相关的资料汲取精华。他每天看主流网站的各类新闻，寻找合适的话题。他说，将近一年的时间他经常独自练习到夜里的四点多钟。

由于没有唱歌的先天条件，已经快二十岁的他训练起来十分困难，很快他就把目光锁定在了"聊吧"上面。"聊吧"的工作，简单地来说，只要把游客逗乐就行了。逗乐游客，契合游客的兴奋点是非常关键的。经过一段时间的摸索和学习，李贤良摸透了"抖包袱"这个点。在自己的小频道里，李贤良的粉丝开始慢慢地聚集，有了一点小小的起色。其风趣幽默、敢于抨击和直言的风格为他招来了更多忠实的听众。

努力就会有收获。2010 年，李贤良逐渐获得了多项荣誉："世界杯官方频道解说员""聊吧第一男主持""98 官方频道表演嘉宾""818 网络游戏盛典表演嘉宾""10 大人气偶像 5 站巡演嘉宾"。

　　不过，所有的这一切，只能让李贤良处于一个不温不火的状态，很难登上更大的舞台。但李贤良并没有着急，也没有气馁，他努力提升和优化自己的主持水平和聊天风格，深入挖掘游客心理，补充自己的知识面。换句话来说，李贤良在等待着一个让自己发光发热的机会。

　　很快，令李贤良朝思暮想的机会来到了。2011 年 10 月 11 日，YY 网络年度盛典正式向李贤良发出了客串嘉宾的邀请。当李贤良得知将和自己同台表演的是著名的网络红人"九局"的时候，心潮澎湃，一方面有点小小的畏惧，另一方面内心爆发出无限的激情。李贤良知道，这是一个千载难逢的好机会，要么一炮而红，要么继续浑浑噩噩地平凡下去。

　　机会只留给有准备的人。经过长期的努力与坚持，李贤良已经初步形成了自己的风格特征，只缺一个机会和一个作品。经过紧急的打磨和修炼，一个完整的作品展现在他的面前。当晚，"李先生"在这个最大的舞台上，淋漓尽致地展现了自己，不但把其磁性的嗓音和幽默不羁的主持风格发挥了出来，一段改编版《潘金莲》还为他带来了莫大的喝彩。很快，人们就知道了 YY 上有一个大神——李先生，这个名字开始被更多的人认同。

　　当看到 YY 中的通用货币——鲜花和月票在自己的频道里划出绚烂的弧线的时候，李贤良终于看到了努力的结果。之后，李贤良迎来了众多的表演机会——不断地收到各种娱乐网络游戏公会的开业庆典邀请与官方大型活动的邀约。很快，他就成为 YY7752 的首席主播，收费演出接踵而至，同时正式签约 YY。

　　2011 年，"李先生"正式加入 YY 娱乐最大的公会——皇族传媒集团，迎来了他人生事业上的巅峰。2012 年 7 月 21 日，李家军周年庆现场，创下当年直播间人气第一纪录——9 万多人。2012 年年底，在个人不断的努力和皇族公会的培养和提携下，李贤良一举斩获"YY

最具人气男主播""YY 聊吧第一人气男主持"，并与 YY3200 直播主管"大宝"结为夫妻，完成了人生大事。

李贤良不仅给 YY 这个虚拟的世界带来了许多的欢乐和泪水，也让自己的努力换来了丰厚的物质财富。现在，李贤良拥有数十万的 YY 粉丝，是大型活动的热门邀请对象，月收入高达数十万。

从"网管哥"到 YY 明星的蜕变，使我们看到了不一样的人生精彩，而李贤良的事迹也激励着更多的年轻人在未来的道路上不懈努力。比起刚开始人们习惯称呼他"李先生"，现在人们更亲切地叫他"老李"。

乐视 TV 超级电视的瞬时销售纪录

2013 年 6 月 29 日 12 时，1 小时内有 1.4 万人预订了乐视 TV 超级电视，在此后的 12 小时中，人数迅速增加到 3 万。统计上之前工程纪念版 X60 的 2 万预订人数，共有约 5 万人参与了这次预订。还有更火爆的，7 月 3 日 12 时，仅仅 49 分钟，在乐视商城上架的 1 万台超级电视就被抢购一空，创造了超级电视史上最火爆的销售纪录。总结这种现象，有分析人士指出，乐视公司独创的 CP2C，即众筹营销模式，发挥了巨大的作用。

互联网公司乐视 TV 自从宣布进军超级电视行业以来，引发了国内诸多传统电视厂商的强烈关注。2013 年 7 月 3 日，乐视 TV 超级电视的正式开售日让很多传统厂商坐立不安。传统厂商在电视销售上具有无可匹敌的强势地位，但对于前沿的互联网公司追求的大尺寸超级电视的做法仍然有些胆怯。据数据分析，国内的大尺寸电视销售还处于待开发的阶段。2012 年，大屏电视月均销量 2 万台，2013 年 1 ~ 4 月的数据显示，月均销售 3.2 万台。而乐视超级电视创造的瞬时销售纪录让行业内人士看到了超级电视的发展前景，对于乐视 TV 这个传统行业的挑战者充满信心。

这次的火爆销售局面并没有昙花一现，乐视 TV 方面表示，乐视超级电视立即进入持续的预售阶段，长期开放的销售渠道可以使购买者直接提交订单。鉴于整个预售的周期，乐视 TV 会根据自身的生产能力，让消费者全程了解从订单到付款再到发货的周期，从而全面实现以订单为驱动的供应链模式。为了加强产能，提高自身的供货能力，乐视与富士康开展了深入的合作计划，乐视盒子可以全面保证稳定的市场供应。

传统的电视厂商，以线下卖场、超市、经销商为主导，占据了较大的市场。随着连锁卖场的崛起，传统行业更加注重线下布局。电子商务的崛起和更加低廉的营销手段，使得传统厂商也在试图寻找更加有效的运营渠道。乐视 TV 独创的众筹营销模式，让贾跃亭充满自信地说，互联网时代到来，传统的营销模式已经全面落伍。

乐视 TV 这种全新的模式，可以让消费者参与产品的每一个环节，从而实现消费者的众筹营销。这种模式的发挥，更加注重消费者价值的利用，可以使用户真正参与到产品的设计、生产、使用中去，保持一个可持续发展的良性循环。

在具体的产品设计环节上，众筹营销模式彻底改变了传统行业的僵硬模式，让用户真正地参与进来。它可以根据用户需要满足个性化的需求，对产品进行订制。在传统的行业部门，产品的设计与开发全都处在专业工程师的封闭环境内，与用户真实的需求往往会产生较大的差异。在这种模式下，企业往往根据自身经验让专业工程师决定产品设计，再进行批量生产投放市场。而在乐视 TV 的众筹营销模式下，一开始的产品设计细节考虑就来自于用户意见，工程师会迎合用户需求进行针对性的研发，实现了"使用者即研发者"的创新思路。

在互联网时代，"饥饿营销"模式大行其道。"饥饿营销"模式本质上是在制造一种需求大于供应的表象，让生产者处于一个较为有利的地位，增强消费期待。但"饥饿营销"刻意营造的一种强烈的市场需求背后，隐藏着生产商的供应链问题，生产能力无法保证充足的市场需求，是一种不健康的产品营销模式，不利于整个产品生态链的稳定。

乐视 TV 对"饥饿营销"嗤之以鼻，代之以持续的预售和销售，不再让消费者感受到限量订购带来的消费恐慌。以用户为中心的众筹模式，真正让产品流通的所有环节为消费者所熟悉。乐视 TV 在起先的现货供应之后，采用可持续的预售模式，用户随时都可以进行购买下单，再也不用担心限量抢购的问题。乐视 TV 出于对自身生产能力的分析，把产品供货周期清晰地提交给购买者，按照前后付款顺序进行发货，实现以订单为驱动。乐视 TV 副总裁张志伟表示，这种以订单为驱动的供货模式，建立在乐视完整的供应链系统和富士康强大的制造能力上，以用户个性需求为中心，形成了可持续、健康的运营体系。

在产品宣传和品牌推广上，传统的行业以销售产品为目标，利用强大的传播手段进行大面积撒网，耗费了巨资，有时效果却并不显著。移动互联网时代，想要利用传统的宣传手段去覆盖更多的人口，效果已经式微。在众筹模式上，高效低廉的传播手段往往更具效果。张志伟提到，乐视 TV 将充分运用大众化的社交媒介，如微博、微信等，再发挥乐视网自身的视频网站优势，产生"乐视生态"的传播效应。

传统厂商把大量的成本花费到了营销上，导致价格与出厂价严重不符，给消费者带来了巨大的消费压力。乐视 TV 自建电子商务平台，运用广泛低廉的社交营销手段，节省了成本，为消费者带来了巨大的利益。**创维集团总裁对于乐视这个强大的搅局者极为肯定，乐视的众筹营销创新为整个传统电视行业带来了巨大的活力，让一个行业从此摆脱了日薄西山的产业趋势。**

乐视网充分运用自身优势，在巴西世界杯期间，联合众筹网，策划了一个"我签 C 罗你做主"的项目。项目规定，只要在约定时间内，筹满一万元（每人一元），项目就能成功完成，乐视网就按照约定签约 C 罗。乐视网利用自己的"乐视生态"链，所有的支持者将自动成为网站免费会员，还有可能参与以后的相关活动。

乐视网策划的签约 C 罗项目成了企业运用众筹进行网络营销的先行者。乐视网通过签约 C 罗的项目，有效开发利用了众筹隐藏的用户调研潜力，还为正式签约 C 罗的活动聚合了大量的粉丝。通过此次签约 C 罗项目引发的粉丝效应，乐视网在世界杯收视率上也同样有所斩获。

到网上卖烧烤去

说到烧烤，很少有人会把它和互联网联系到一起。李烨，一位落魄的"80 后富二代"运用全新的商业模式 O2O（线上到线下），硬是将"原始烧烤"和互联网联系在了一起，年收入逾百万元。

李烨是出生在江苏盐城，家里曾经营着大酒店，大学期间他每月生活费高达 5000 元，是一个标标准准的"富二代"。2003 年，父亲破产，难以为继的经济状况最终让他停止了大学学业。在退学之前，李烨曾一度以扛箱子换取生活费。

一场突如其来的"非典"，让父亲的二次创业希望宣告破灭，李烨站在了人生的十字路口上。在给烧烤摊打工的时候，李烨身上具备的吃苦耐劳精神打动了老板，老板最终将烧烤的配料赠予了这个年轻的小伙子。

李烨出于对学生群体消费情况的了解，在盐城师范学院门口摆起了烧烤摊，得以维持生计。本以为日子就这么过下去了，但 2005 年，李烨重拾学业梦，考上了上海的一所学校，学习多媒体设计。在校期间，他外出兼职，协助做电子商务服务。大二，他在一家网络贸易公司实习，这为他以后的电子商务事业奠定了基础。

大学毕业后，李烨和同学合伙创建了"上海天天爱购网"。由于种种问题，不久便宣布退出。又一次打击，让他陷入了沉思，开始认真思考自己的命运。处于人生十字路口的李烨，在给父亲帮忙烧烤生意的时候，想到了网店这个载体。

2008 年 11 月，"原始烧烤"网络店铺正式成立。网络店铺不像实体店，能有一定的消费量，"网络烧烤"这个新鲜的东西还没什么人了解，更别说在网上订购了，这在当时简直是破天荒的事。李烨的原始烧烤店近三个月连一个订单都没有接到，这大大打击了他的锐气。已经快要忘了这回事的时候，一个来自昆山的订单出现了。有了第一个"吃螃蟹"的人，下面就好办了，网店的经营状况逐渐改善。父子俩兵分两路，父亲开实体店，儿子开网店。

但是，网上卖烧烤的食材，物流成了一个令人头疼的问题。为了避免材料变质，李烨选择较快的顺丰快递，并且备有冷冻的固体冰和泡沫覆盖，成功解决了保鲜的问题。在室外温度超过 28℃的情况下，李烨都会暂时中止配送，只有较大的单子才会选择专车配送。

昂贵的物流成本对于薄利的烧烤来说，是难以承受的。鉴于自身团队人员的紧缺，李烨充分利用周边的学生资源，招聘学生兼职，并且在市内以地铁为主的运输手段，大大降低了成本。这样一来，原始烧烤店可以保证上海市内准时送货。李烨也顺带推出了"烧烤师"服务。

烧烤的储存和配送问题顺利解决了，李烨开始考虑原始烧烤的营销问题。李烨充分利用自己的电子商务营销理念，在营销上下重力。在各种社区聊天平台，李烨聘专人进行产品促销消息的撰写，定期举办优惠互动活动，充分积累顾客群体。在配送的过程中，配送人员会随机分发优惠券，有的时候甚至会直接以退现金的方式作为优惠。这种网络时代的口碑营销为李烨带来了丰厚的利润。

其实，网上烧烤比烧烤摊昂贵，但是网店销售量依然上涨。在一步步的发展过程中，李烨意识到了网店的卖点更多地倾向于烧烤服务。在现代人生活水平日益提高的前提下，人们不再追求仅仅享用美食，而是希望体验到烧烤过程中带来的乐趣。"原始烧烤"既具备完整的烧烤材料和设备，还能在烧烤线路相关的门票等问题上提供优质服务，解决了烧烤过程中的一切难题。这样的运营理念符合现代人的消费需求，个体订单的消费有时会高达万元。

随着生意一步步做大，李烨遇到了越来越多的模仿者。由于"原始烧烤"产品的特殊性，其所能辐射的城市范围较为有限，目前只在江、浙、沪地区销售。和其他行业的情况不一样，网上有的店铺直接照搬了李烨的产品图片和销售方式，几乎一模一样。不过，李烨并没有感到多大的威胁，他指出，产品和营销方式可以模仿，但管理和服务是独一无二的。

下一步，李烨希望能够将"原始烧烤"带到北京去。2013年，他已经在北京丰台地区尝试开了两家门店。李烨希望通过社区店的形式来达到整个配送的快速高效，这样既可以增强"原始烧烤"的品牌效果，也可以在运送成本上实现最小化。在社区店的安排上，李烨希望通过二维码的方式增加微信预约功能，达到就近加工和配送的目的。

如今，李烨的"原始烧烤"店总盈利已达到了数百万元。在销售旺季，平均每日销售100多单，单均销售额超过400元，日均营业额高达5万元左右。按正常的盈利原则来算，日净赚1.5万元左右。2013年上半年，李烨已经基本实现了2012年全年的销售额，在渠道开拓和产品营销上实现了较大的进步。

搭着互联网的顺风车，在个人的辛勤努力之下，李烨成功完成了一个落魄"富二代"的自我奋起。他保持灵活的商业头脑，运用各类销售途径和方法，在管理方式和营销模式上具有较大的创新。这些不仅使李烨的自我价值得到了充分的体现，也使他成为较多普通创业者的学习模范。

"寻找漂亮妈妈"：宝洁大数据营销实战

宝洁，作为全球知名品牌，在营销上一直扮演着先行者的角色。早在 19 世纪末，宝洁就向市场贡献了第一批带有品牌标志的肥皂，率先采用了高清晰度的彩色平面广告……

宝洁曾经创造了连续十年销售额呈两位数增长的纪录，在强大的市场占有率的背后，宝洁拥有一套完整的品牌营销策略。

在夺得"央视标王"的称号后，传统的日化企业巨头宝洁正在向一家以大数据为驱动的科技公司转变。大数据思维的应用涉及了宝洁产品从研发、包装、选址、宣传到销售的各个环节。有了这样精准的数据分析和市场定位，经历了 176 年风雨洗礼的行业巨头，策划了一次次令人折服的营销案例。例如，2012 年伦敦奥运会的"为母亲喝彩"。

每个时代都会有各自的时代病，表现在不同的领域和人群中。以"80 后"女性为例，从作为一个女儿到有了自己的孩子，社会身份发生了较大的转变，一时难以接受。这群"80 后"母亲内心惶恐不安，害怕失去家庭的中心地位，害怕得不到朋友和同事的关注……这样的担忧，造成了"80 后"母亲不安的心态，她们渴望向别人吐露自己的心情，发泄内心的郁积。社交媒介的出现，让她们有了发泄的平台，大量心情日志的聚集，最终形成了一股强大的"80 后"母亲倾诉潮流。在日益复杂的移动互联网时代，任何信息都可能隐藏着巨大的商业价值。

很快，宝洁的传播营销人员从海量的信息中注意到了这个细小的变化，密切关注着"80后"母亲们的吐槽。通过大数据的深度分析和挖掘后，宝洁的营销人员发现，"80后"是新中国成立后第一代独生子女，"80后"母亲与以往的母亲有很大的不同，她们担忧自己的宝宝成了整个家庭关注的中心，自己沦为一个不受关注的边缘人，同时也将失去朋友和同事的关注。

这种基于大数据的分析，具有很强的针对性和营销性。"80后"母亲们有这方面的担忧，对于宝洁而言，这代表着一次巨大的商机。2012年，宝洁中华区营销"鼻祖"李震宇带领自己的数字营销和电子商务团队在天猫、京东等电子商务平台策划了一次"寻找漂亮妈妈"的网络评选活动，试图让"80后"妈妈们再次回到关注的中心，享受掌声和赞美。宝洁营销团队策划了如下具体的方案：

（1）在网络平台上推出"寻找漂亮妈妈"的民间评选活动。

（2）组织专家对"80后"妈妈们进行必要的指导，包括心理健康、宝宝抚养、自身保养等方面。

（3）提供合适的产品方案，并且开展大量的产品促销优惠活动。

自2012年9月到2013年3月，宝洁与天猫、京东等五大电子商务平台共同合作举办大量的网络活动，在大数据的分析和引导下，打出了各式各样的口号，侧重于宣传让"80后"妈妈重新找回漂亮的自己，让"80后"妈妈继续美丽。这样的营销创意不但契合了"80后"母亲的心理，也将宝洁的产品和这次的活动成功地绑定在了一起。除了让"80后"母亲选择宝宝和自己的产品，它还打出关注家庭的口号，让她们为丈夫和父亲购买剃须刀等产品。

这样具有强烈市场定位的营销活动所取得的效果也是惊人的，完全超出了李震宇的营销团队的预期。在16天时间内，不仅预期的销售目标完成了，同期销售额增长了3倍，客单价也提高了2倍。李震宇深有感触地说道："这是宝洁一次典型的运用互联网大数据分析策划的成功营销，具有很强的指导性，对于未来产品的营销模式产生了重大的影响。"

2012 年，宝洁和百度加强了合作。百度推出的 Moments（营销关键时刻）理论，让宝洁受益匪浅。Moments 理论倡导以消费者的需求为主，抓住消费过程中的关键时刻，进行合理引导，最终助其完成消费。宝洁在以往的营销中，大部分选择在电视媒体上投放广告。现在，宝洁运用百度的 Moments 理论，在潜在的消费者搜索"洁面仪"的时候，将宝洁产品玉兰油洁面仪导向这个可能的购买者，提示以宝洁的销售渠道和产品价格，最终可以有效地完成玉兰油洁面仪的销售。

宝洁并没有满足于搜索效果的提升，而是继续寻求和百度在营销创新上的进一步合作。2012 年，双方达成了战略合作伙伴关系。作为全球最大的中文搜索引擎，百度得天独厚的大数据优势让宝洁垂涎。双方共同分析研究消费者最真实的动态和数据，帮助宝洁在消费者的背后找到更多可创新的营销点。百度承载的大数据，改变了宝洁对于消费者的了解渠道和方式，深刻影响了宝洁的推广和宣传策略。例如，宝洁旗下的剃须刀博朗品牌，一向以出众的技术和品质而闻名。然而，博朗在中国的推广却一度受挫，市场很难打开，遭遇了严重的水土不服。在国外，博朗的目标人群为高端男性，中国的年轻创业男性群体对博朗产生了消费倾向，但是博朗的高定位让中国潜在的消费群体感到了消费压力。通过百度的大数据分析，宝洁成功发现了这个制约博朗发展的"瓶颈"。宝洁通过调整博朗的国内市场定位，取得了较好的市场效果。

宝洁的大数据营销实践，不仅走在国内的营销前沿，也引来了国外营销专家的赞赏。现在，宝洁和百度继续加强合作，又开展了三年的合作计划。

大数据分析帮助商家选择代言人

如果你知道《中国好声音》，就一定会知道吴莫愁。

2012 年，吴莫愁通过参加《中国好声音》，凭借出色的表演而一举成名。此后，这个"90 后"东北女孩正式进入娱乐圈，成为又一个新生代大陆女歌手。她活泼灵动、热情奔放的性格一直是大家追捧她的原因。经过《中国好声音》比赛激烈的角逐，吴莫愁不断地成长，通过自己的努力证明了自己，为更多追梦的年轻人塑造了榜样。

吴莫愁在得到庾澄庆的认可后，更加努力地学习和创作。与庾澄庆合作单曲《我要给你》后，荣获了"中国魅力 50 人""亚洲年度新锐歌手""全球最美 50 新人"等诸多荣誉。出道两年来，她在音乐、时尚、商业等领域的成绩是任何一个新人歌手都难以企及的。从《中国好声音》这个音乐的舞台一夜成名后，她迅速成了全民偶像，在粉丝心中的地位简直无法撼动，走红的速度堪比火箭。

吴莫愁以创新营销为手段，先后推出不下六首大热单曲。这些单曲，是吴莫愁借鉴热门电影、广受大众欢迎的游戏进行创作的，而且她试验以新的方式推广，力求形式上的与众不同，凸显自己的特色。

2014 年 3 月 31 日，吴莫愁凭借自己的歌曲《就现在》一举拿下东方风云榜"十大金曲奖"和"传媒推荐大奖"。该曲作为年度金曲，试听数量突破 3 亿。

可以说，围绕在吴莫愁身上最大的光环莫过于代言国际品牌百事可乐。2013 年 11 月 15 日，吴莫愁与百事中国首席执行官参加了"大数据时代营销"的论坛。在访谈的时候，吴莫愁对于自己能够和国际品牌合作感到非常幸运，表示之前都是看国际巨星在做百事可乐的代言。这时，一边的百事可乐营销官称赞吴莫愁也是国际巨星。

为什么百事可乐这个国际知名品牌会找一个刚刚出道的年轻人做

代言呢？这一切都源于目前最潮流的名词——大数据。

在这次活动中，百度副总裁曾良说，不能光凭着感觉去找代言人，百度大数据才能真正体现出一个明星的热度。随着移动互联网时代的到来，用户的网络习惯发生了巨大的改变，营销活动不能光凭感觉，而是一个技术活。寻找代言人，不能光凭着印象去做直观判断。敏锐的直觉，加上精准的大数据分析，可以充分地保证广告主找到合适的代言人。

2013 年，百事可乐选择吴莫愁为代言人。曾良说，这样的选择是建立在充分的数据分析基础上的。2013 年，吴莫愁是华语女歌手吸金能力第一名。无论从哪个方面的数据分析，都可以为百事可乐牵手这个年轻人提供充足的事实依据。

从 2013 年的百度指数和风云榜上的数据都可以看出，吴莫愁具有非常高的关注度，知名度也非常惊人，连王菲等热门人物都在吴莫愁之下。尽管自出道以来，吴莫愁就饱受巨大的争议，但是根据百度大数据的分析，这些争议普遍来自于观众对于一个歌手的差异性看法，而并不是吴莫愁自身所带的负面消息或新闻。百事可乐的相关人员在分析具体的数据后发现，吴莫愁个性鲜明，引起了广泛的追捧，具备娱乐圈年轻艺人身上少有的新生代正能量。而这些都是百事公司寻找的代言人必须要具备的特征。

然而，即使具备一定的知名度也是不够的。娱乐圈具有大量的优质艺人，代言人必须要符合百事公司的特点，并且和其他的艺人具有必要的差异性和相关性。百事公司准确抓取了吴莫愁身上的一些特点，比如特立独行、坚持自我等，这些都很好地契合了百事可乐品牌本身的特质。通过百度数据得知，吴莫愁在北方长大，大部分的关注人群在北方地区，对于广告的投放起到了很好的引导效果。

最后，百度的大数据促成了百事公司选择这位有争议但个性鲜明的年轻人做代言人。数据支撑的选择最后还是用数据说话。这次的合作，取得了双赢的效果。百度的各项年度数据显示，与百事这样的国际品牌合作对于人气稍有跌落的吴莫愁起到了立竿见影的效果。2013年，吴莫愁的关注热度再度提升，再次形成了一个人气高潮。

这次的代言活动不仅给吴莫愁带来了巨大的影响，也给百事公司带来了良好的宣传效果。"吴莫愁代言百事"的话题搜索量急剧攀升，将百事这个品牌再度推上市场，引来巨大的关注热度。从相关的数据可以看出，百事可乐紧密地和吴莫愁联系在了一起。数据显示，吴莫愁百事可乐代言广告的播出，迅速带动了百事可乐搜索量的提升。吴莫愁的广告 MV 播放量达到惊人的 3 亿次，取得了巨大的宣传效果。这次的合作证明，合适的代言人的选择对于双方都是一件有利的事情。

曾良表示，百度天然的大数据平台对于广告业主具有很强的参考价值，可以直接推动相关品牌建设和营销方案的策划。百事高官也称，现在的营销必须以大数据作为事实依据，百度的即时性数据可以准确地洞察年轻人，这对于百事公司调整市场战略具有很好的参考作用。

从对近百位首席营销官的调查中得知，他们都急需大数据营销的知识，而且他们具有强烈的学习欲望。他们知道，大数据分析下的市场具有广泛的规律性，判断精准，对于决策具有很好的指导作用。

在移动互联网时代，大数据主导下的营销不仅是一项创意，也是一门科学。将直观判断和理性分析结合起来，才能取得事半功倍的效果。

你打车我补贴："滴滴打车"玩转营销

如果你打车，往往就会发现这样的现象：出租车司机时常会将目光盯向手机。而诱发这一现象的根本原因就是"滴滴打车"这一应用程序的出现。

"势如破竹"，这款应用程序的创始人程维用这简单却带有足够气势的短短四个字来形容"滴滴打车"近半年来的发展情况。据他透露，"滴滴打车"无论是在出租车公司还是在当地的主管部门，都没有遇到任何的阻碍，甚至一些出租车调度中心还会主动地与"滴滴打车"进行合作。北京的两大出租车调度中心 96103 和 96106 已经和"滴滴打车"达成了战略合作，成为战略伙伴，双方的系统已经形成互通的状态。"滴滴打车"甚至专门为 96106 定制了独家的客户端。而通过与这两大出租车调度中心的合作，"滴滴打车"的覆盖范围得到了极大的提升，使用"滴滴打车"的出租车司机从原来的 1 万多名激增至 3 万多名。目前，在北京的顾客使用"滴滴打车"能够成功叫到出租车的概率达到了 85%，而在非高峰时期，这种成功率能够高达 90% 以上。可以说，"滴滴打车"之所以如此成功，如此受到老百姓的推崇，根本原因就在于它提供给司机和客户的双向补贴。

2014 年 1 月 10 日，"滴滴打车"开始推出自己的补贴活动：使用"滴滴打车"进行微信支付的顾客，"滴滴打车"将为其提供 10 元的补贴，与此同时，用"滴滴打车"接到订单的出租车司机也会获得额外的 10 元补贴。有了补贴还不算，"滴滴打车"更是加大力度提供了 1 万份的免费订单，乘客如抽到免费订单就可以由"滴滴打车"报销全部车费。这种补贴自然受到了所有司机和乘客的热烈追捧，截止到 2014 年 2 月 7 日，在近 30 天的时间里，安装并使用"滴滴打车"的司机人数达到了 40 万人，乘客突破了 3000 万人，全国各地都掀起了用"滴滴打车"的热潮。腾讯方面表示，乘客通过微信支付的日均订单已经达到 70 万，仅北京一地平均每日订单就达到了 12 万，累计订单总量突破了 500 万单。

"滴滴打车"斥资 14 亿元，使自己的用户增加了 1 亿人。虽然很多人对"滴滴打车"的盈利模式产生了质疑，但"滴滴打车"用实际行动告诉了人们这不是问题。目前"滴滴打车"在有了稳定的客户群和核心的用户之后，已经着手和一些企业进行合作来实现自己商业化的转变。

而自 2014 年 2 月 18 日起，"滴滴打车"将在现金补贴模式的基础上加入游戏补贴，即通过微信下单的乘客不仅能够随机获得 12~20 元不等的车费补贴，更能够获得腾讯赠送的旗下热门游戏"全民飞机大战"中的一架高端战机——狮鹫战神，而且可以永久性地使用。当然，补贴也是有台阶和限制的，乘客每天最多可领取的现金补贴不得高于 3 次，而想要获得游戏补贴的乘客还需要符合"在一周内使用微信支付 10 次以上的车费"这一条件。此次新加入的游戏补贴是"滴滴打车"营销活动的一大重磅武器，因为腾讯提供的狮鹫战神战机价值 300 钻，而除战机之外，腾讯还给乘客附送了 8888 枚金币和价值不少于 200 钻的核弹装备，整个礼包的价值不低于 100 元。这使得大量的乘客和玩家蜂拥而来，订单纪录不断地被刷新。一周后活动结束，"滴滴打车"在官方网站上宣布自己已经完成了 1 亿美元的融资。

2014 年 3 月底，"滴滴打车"又推出了跨界营销的新模式：与乐视 TV 进行合作，推出了"打车送电视"的活动。

该活动需要乘客在微信上关注乐视 TV，然后通过微信支付订单。而乘客赢取电视的方法主要有三种，第一种方法是在使用"滴滴打车"之后将订单的截图发送至乐视 TV 的微信号，乐视会在众多乘客中进行随机挑选，送出一台价值近 6000 元的超级电视 X60 和六台价值 2500 元的超级电视 S40。第二种方法是乘客将"滴滴打车"与乐视合作的消息告诉自己的微信好友后将截图发送至乐视 TV 的微信号，乐视同样随机挑选出乘客送出 10 个 1T 硬盘、10 台乐视盒子、20 个无线手柄和 200 枚的超级电视乐码，用户可凭借乐码兑换电视。第三种方法是将订单截图发布到微博上，并同时参与话题"打车送电视"的讨论，乐视会随机抽选用户，而被抽选到的用户会分别获得 1 台超级电视 S40 和 1 台乐视盒子，乐视盒子共 10 台。

2014 年 4 月 2 日，"滴滴打车"又与优购商城联合推出了"用滴滴添新衣"的活动，用补贴加商城购物卡的模式对用户进行奖励。

从"滴滴打车"的发展中，我们不难发现，它的每一次营销都是利用了"免费思维"。用免费的补贴、电视、衣服等手段，为自己赚足了话题和关注。根据速途研究院最近发表的关于 2014 年打车软件市场的分析报告所提供的信息中，我们可以看到"滴滴打车"在整个相关软件市场中所占比例高达 60%，呈现出"一家独大"的趋势。而"滴滴打车"免费的"烧钱"型营销手段也成为整个行业的风向标。

现今的数据时代，只有像"滴滴打车"这样，用与众不同的营销方式来另辟蹊径才能从残酷的竞争之中脱颖而出，成功地让自己在消费者心中占据无可取代的位置。

荟萃楼珠宝：微博营销的典范

作为全球最著名的珠宝首饰运营公司——荟萃楼珠宝，于 1997 年进入大陆地区销售，主要经营钻石、黄金、珍珠、翡翠等奢侈品。就像它的故乡法国一样，荟萃楼珠宝的设计风格高贵典雅、浪漫大方。到了中国，设计师们不惜大手笔地精工打造，融入东方优雅率性的气质，创造了一个个的珠宝传奇。

其实，珠宝行业一直是一个不太规范的行业，不仅中国如此，其他各个国家也无一例外。也就是说，珠宝产业模式面临空前的整改，各个地区都或多或少地存在一些情况。就中国而言，华北、华东和华南的珠宝市场这几年发展迅猛，而东北地区的珠宝市场更常见的是坚守传统、发展缓慢等现象。而荟萃楼珠宝就是看到了东北这一现象，以此为契机，在吉林地区开拓思路，经过两年时间的短暂努力，荟萃楼珠宝一跃成为东北地区连锁珠宝企业的领头羊。这在东北珠宝行业是未曾有过的，就是在全国珠宝连锁业也是闻所未闻。

通过在中国的几年发展，荟萃楼珠宝成为高级首饰的推荐品牌、华人世界最具影响力的营销商。它的设计理念先进、设计风格时尚、工艺完美精湛，宝石在佩戴的同时还有理财、投资的功能。可以说，荟萃楼珠宝之所以能有今天的成就，与它完美的营销模式是分不开的。

荟萃楼珠宝在制作上采用压缩产业链的方式，所有珠宝直接从矿山到终端。这样做有两点好处：一是对珠宝的质量有清楚、明确的了解，确保每一个顾客都能买到货真价实的珠宝；二是减少了各级机构对利润的盘剥，最终以合理的价格卖给顾客。荟萃楼始终以专卖店的形式经营，只有这种经营方式才能最大限度地减少终端费用，在不破坏企业合理利润的前提下，给消费者最透明的价格。为了确保企业平稳快速地发展，荟萃楼采用"直营加合作"的方法，这样一来，既增加了企业的股份，也能够保障每一个合伙人最大限度地获得利益。时至今日，荟萃楼的每一家分店没有一家出现过亏损，企业与合伙人之间实现了双赢，这就是荟萃楼深受合伙人鼎力支持的原因。

荟萃楼的服务水准为同类行业树立了一个标杆。只要在荟萃楼进行珠宝消费，你就可以享受皇家贵宾式的服务。荟萃楼会针对顾客需求，一对一地接洽，心贴心地交流，并且针对顾客的形象气质，介绍适合顾客的产品，绝不会存在盲目的高价位推销。就连更换款式、增值回收、温暖售后等后期服务上也不用担心因为诉求而带来的困扰，任何地区的荟萃楼员工都是经过严格培训、服务素质一流的工作人员，对于顾客的合理要求从不会拒绝。

荟萃楼珠宝还用连锁营销、整合营销、企业文化营销等方案开拓市场。随着最近几年电子商务、互联网的蓬勃发展，网络营销日渐火热。作为国际品牌的荟萃楼珠宝肯定不会放弃这次发展的宝贵机会，趁着这股强劲的东风，荟萃楼珠宝抢占商机，在市场上取得了丰硕的成果。

身为荟萃楼珠宝网络营销的负责人，董子健先生在珠宝企业的微博营销上有着足够的经验和智慧。

2010 年年初，作为一种新的网络工具，微博开始进入我们的生活。作为网络营销人的董子健开始关注微博这个新兴的交往工具。

董子健在应用的过程中惊喜地发现，原来微博中蕴藏着一种潜在的互动功能。令他感兴趣的是，他把一件有趣的事情通过微博发表出去，他的一些粉丝就会纷纷转发，粉丝还有粉丝，继续转发，就这样一传十，十传百，这件事情很快就会被大家知道。于是，董子健决定，将荟萃楼珠宝运行到网络上面，以微博为载体，让更多的人了解荟萃楼珠宝，从而更大程度地提高荟萃楼的知名度。

荟萃楼珠宝的官方微博有着自身的特色。它的文字全部来源于原创，生活上和情感上的感悟更加贴近网民的生活。有时还会附上一些经过特别设计的精美图文，给网民带来视觉上的享受。当然，这些视觉上的享受同样包含着荟萃楼自己的品牌和营销。这个策略在产品营销的过程中就在无形之中给产品带来了趣味性，比干巴巴的文字看起来要愉快得多，不至于引起乏味、无聊的感觉，最起码不能让网民看起来厌烦、生气。

有了粉丝和内容还不算达到目的，最主要的是企业微博要与粉丝互动起来。如果只是单纯地发一些广告是不会被一些粉丝认同的。就像我们平时在家看电视一样，广告做得再好，观众想要收看的还是电视节目，网友和电视观众一样，对于广告是排斥的。那什么样的微博才能让网友认同呢？董子健说："你只有花大量的时间积累出更多的活粉和转发率再穿插一些软性的广告，才能够有所突破。"另外，还需要开动头脑，充分利用线上和线下两种资源优势，粉丝可以通过微博的转发积攒信誉，从而获得荟萃楼的优惠奖励，实现双方的共赢。

此外，董子健还利用国内外一些重大事件和一些节日进行产品的营销。

在伦敦奥运会期间，他把荟萃楼的翡翠手镯拼成五环的图案，借助奥运会的噱头通过微博进行宣传，看似简单的销售创意，却蕴藏着无限的商业机会。当然，一向以敏感著称的董子健更不会放过世界上名目繁多的大大小小的节日。就以中国的七夕节为例，每当七夕到来，他都会编辑一段浪漫的小文字，并附上荟萃楼的一些珠宝图片，帮着所有情侣传递真爱，说不定哪对情侣就会欣然前往，慷慨购买。

在荟萃楼珠宝店，要想成为它的贵宾会员，是需要一定的消费额度才能够实现的。董子健为了增加会员的数量，特别推出转发微博获得贵宾会员的活动，并且在活动过程中不收工本费。只要粉丝敢发，荟萃楼就敢送。这个活动既积累了荟萃楼的客户，又推广了贵宾客户，也使微博粉丝互动了起来，真是一举多得。

最近，董子健在研发一种叫作剧情微博的新的营销广告方式。相信此种营销一经推出，一定会为其带来更多的粉丝关注。

开业免费送 1200 份肉夹馍引来关注："西少爷肉夹馍"小店用互联网思维经营

在北京五道口清华科技园边，有一家名为"西少爷肉夹馍"的小店，虽然占地不足十平方米，但这丝毫不影响它的火爆程度，每每到了吃饭时间，小店的门口都会排起百人长龙。这种奇观震惊了很多营销大佬和创业草根：现如今连很多传统的老字号和老品牌都面临着客流量变小、营业额变少的情况，怎么一家名不见经传的小小肉夹馍店在这种大背景之下还能如此地红火？它的秘诀是什么？店主到底给顾客施加了什么魔法呢？

其实，"西少爷肉夹馍"能够在京城打响第一炮，是因为在它营业的第一天，店主就免费送出了 1200 份肉夹馍。

走近小店，从外面的玻璃窗向内看，就能看到四个既兴奋又忐忑的年轻人在认真地做着肉夹馍。其实西少爷并不只是一个人，而是一群人。"西少爷肉夹馍"是由四位原来在百度任职的 IT 男创办，店主名叫孟兵，来自西安。因为四位创办者不是都来自西安，但同样热爱西安美食，而且小店卖的又是西安有名的肉夹馍，所以把店名取为西少爷。

四人之前是百度的员工，因为厌倦了做"码农"的枯燥无味，同时也因为吃不到正宗的带有家乡味道的肉夹馍，于是孟兵干脆带着其他三个兄弟辞职，转而卖起了肉夹馍。

受之前 IT 工作的影响，孟兵对于小店的推广工作非常重视，在小店开业之前，孟兵特意在朋友圈发表了一篇名为《我为什么要辞职去卖肉夹馍》的文章，这篇糅合了四人共同情感与经历的文章一经面世，就得到了朋友们极大的关注，在朋友圈中被疯狂地转载。试想，几个大公司的 IT 白领放弃了原有的职业转而去和卖肉夹馍的人进行竞争，该是多么地吸引人的眼球。而很多人看了这篇文章之后都对四人非常好奇，并且很想看看四人做的肉夹馍到底是什么样子。

在微信中，四人还做出承诺，只要有朋友能够在朋友圈发布"西少爷肉夹馍"的消息，并得到一个赞就可以获得一份免单，而在大众点评网上给出点评的客户同样可以获得一份免单。不仅如此，四人还向众多的 IT 员工致敬，表示在开业的第一天要送出 1200 份肉夹馍，这 1200 份肉夹馍只送给在百度、腾讯、阿里巴巴、网易、搜狐和谷歌工作的员工。消息一出，顿时成为朋友圈中的"一颗重磅炸弹"，致使人们争相转发，"奔走相告"。

2014年4月8日，开业第一天，小店门前就集结了大量人群，以致过往人群纷纷注目。这样的盛况一连持续了几天，给这家不知名的小店赚足了眼球。如此火爆的开端自然带动了一批批顾客的出现，而小店的红火一直持续到今天仍没有呈现出任何的颓势。

原百度员工辞掉工作转而开肉夹馍店的消息一经传播，就得到了百度公司上上下下所有员工的支持，甚至百度的跑步协会还特意为此组织会员们进行了一次长跑。跑步的起点就设置在百度大厦，而终点则是位于五道口的"西少爷肉夹馍"店（总路程为8千米）。会员们希望能以这种方式表达自己对原同行的支持，这不仅仅是为了报答"西少爷肉夹馍"免费给众多IT工作者们提供的1200份肉夹馍，更是对所拥有的共同经历和感受的一份认同。

孟兵四人用1200份免费的肉夹馍换来如今小店的火爆局面，这是四位IT员工对于免费思维的灵活运用所收获的结果。所有的促销都会设置相应的门槛，否则会让客户感觉到产品是清仓处理有瑕疵的，这是每一个销售者的常识。孟兵首先对顾客的行业和身份进行了限制，非百度、网易等公司的职员不能享受到小店的免费赠送，这不仅仅让众多的IT员工们感到自己与众不同，同时也增强了这些员工对小店的好感。而知道了这条消息的IT员工们也没有让孟兵失望，争相在朋友圈转发传播。其次，由于四人原来就在IT圈中工作，所以通过自己亲朋好友的转发和传播，能够很精确地把消息传达到整个圈子当中。

当孟兵用此举吸引了一批固定的客户之后，很容易地就在开业第一天打造出了小店肉夹馍热销的景象。人都有从众心理，当这种热销的景象被渲染到极致时，自然会有越来越多的人前来购买。

"西少爷"用免费送出的1200份肉夹馍成功地打响了自己开业的

第一枪，但想要获得长远的发展，自然还要有品质的支持。在所有涉及"西少爷肉夹馍"的相关报道和信息中，我们都可以看到"西少爷"在开业之前就用掉了五千多斤的面粉和两千多斤的卤肉来进行肉夹馍的"研发"，四人甚至把配料的用量精确到了毫克，最后终于不负众望地找到了最正宗的口味。而在经营过程中，四人还强调"不怕花钱，只把最好的肉夹馍卖给顾客"，所以在肉夹馍的制作过程中，每当有瑕疵或者失误出现，这些"残疾"的肉夹馍马上就会被扔进垃圾桶，而"抛弃穷人思维，淘汰那些打折的肉夹馍"是四人共同的经商理念。这些都向顾客们传递出了这样一个信息："西少爷肉夹馍"的品质毋庸置疑。

靠着免费营销，"西少爷肉夹馍"斩获了一个火爆的开始，那占地不足十平方米的小店，却是用日进万元的营业额赶超着许多大店。

好口碑让珀兰床垫网络营销成功

为什么有些商家疯狂地打广告，业绩却没有得到明显的提升？为什么有些商家什么都没有做，就能够每天都生意爆满？后者比前者聪明的地方在于，他们知道：消费者的口碑就是自己做的最有价值的广告。

口碑营销有着自己独特的优势：它的宣传费用很低，企业只需要很小的付出就能够得到很大的回报；口碑营销的可信度高，因为消费者一般都会向自己的朋友和家人进行介绍，而朋友和家人是不会对此产生怀疑的，这也使得口碑营销具备了一定的针对性和团体性，甚至一个用户可以带动自己身边上百人进行消费。而在互联网的世界中，人们对于其他消费者的评论会非常在意，他们愿意去相信一个毫无目的、只是单纯评价产品的同类人。通过口碑营销，企业的形象会得到极大的提升，有了好形象才能挖掘更多的潜在客户，使客户对自己的品牌具有更高的忠诚度。同时，口碑营销能够很好地避开对手的锋芒，使自己避开"伤敌一千，自损八百"的境地。

退伍后的谢虎下海经商，做了四年的外贸之后，由于这一行利润较低，他毅然地将目光转回了国内市场。可是在最初，因为不知道究竟该如何走下去，往哪里走，他很是烦恼了一阵子。虽然这期间也承受过失败，但由于他善于思考又有着不服输的精神，所以最终还是挺了过来。

谢虎不是一个容易满足的人，他有着自己的追求目标，从一开始，他就希望自己能做大做强。所以，在决定转战国内市场之初，他就打算好了要做自己的品牌，建立线下团队。为此，他开始招商加盟，将自己的摊子铺开。可是没想到，事情远没有他想象的那么容易，一段时间后，他发现这个路子走下去很艰难。因为自己的品牌没有知名度，没有张力，所以很难有好的发展。而如何打开销售局面，就成了他日日思考的问题，终于，他决定尝试做电子商务。可是，自己对这个一窍不通，应该怎样操作，从何处着手呢？后来一位做沙发电子商务的朋友告诉他，如果不懂，可以去一些电子商务聚会学习交流，在那里不仅可以学到很多东西，还能结交很多朋友，这对一个想做电子商务的人来说很有益处。听了朋友的话，他便开始参加一些电子商务聚会，不仅如此，还去参加培训班，通过一段时间的学习，加上与大家的交流，开网店的基本程序就定下来了。

虽然对怎样开网店有所了解，但如何将自己的网店开好，谢虎还是一无所知的。所以，第一步他就走错了路。由于当时林氏是天猫家具类第一品牌，谢虎便把林氏木业当成了自己学习的榜样。林氏在当时的销售思路就是，多开店、多品类，以此来实现大规模引流。从没有过真正实践的谢虎，为了可以在最短时间内实现自己的目标，也学着林氏的这一思路，做全品类，可是做了半年之后，销量始终上不去。经过认真考虑之后，谢虎觉得不能再像林氏那样做，而应该改变自己的营销策略。因此，他又开始只专注于床垫销售。这样在不到两个月的时间内，销售额就达到了月销三四百万元，成为细分类目第一。

为了获得强有力的竞争力，谢虎为自己制订了两条策略。

第一，大打价格战。那时大家的平均单价在 1000 多元或 2000 千元，而谢虎将价格只定为 900 元。他是想凭借自己的制造实力和没有渠道负担的优势，打价格战。这样做无非是为了先达到争取更多的用户，使自己建立起一定规模的目的，而也只有这样做自己的供应链才能活起来。但是，仅仅如此还不够，无法形成竞争优势，因为你可以打价格战，别人一样可以，人家以次充好怎么办，你也要跟着这样吗？这显然不可行。所以，要想真正具有竞争力，就一定要在同样的价格上保证比他人拥有更好的质量。只有这样，才能立于不败之地。

第二，在超配中找到竞争力。为了扩大自己的竞争能力，谢虎除了打价格战，还利用超配的方式赢得竞争优势，可是这样做是要白白付出很多成本的。在当时，每个床垫的配送成本一下子就增加了 150~200 元。那时，一般的专线物流成本是 120 元，但由于德邦是点对点物流，所以成本在 280~300 元。即便这样，谢虎还是决定利用超配来实现自己的竞争目的。于是，谢虎毅然与德邦物流签订了合约，并提出将货送到消费者的楼下。德邦当时在全国有 2600 多家网点，谢虎利用这一优势，实现了点对点的物流，这不仅提升了客户体验，而且可以在天猫后台实现物流跟踪。谢虎的这一举措看似比别人少赚了很多，但却为他在客户中赢得了良好的口碑。也正基于此，"珀兰"这个品牌在淘宝上做到了细分类的冠军。

销售上去之后，谢虎一直苦于没有机会将自己的品牌价格提上去。而就在这时，央视曝光了北京市场上 87% 的床垫甲醛超标，一些制造商为了获取更多的利润，普遍使用一种叫椰棕的胶水原料，它有天然的和合成的，由于合成的原料便宜，所以行业内的大部分人都用这个，而正是这种东西，导致了床垫中的甲醛严重超标。这件事曝光之后，在社会上引起了很大的反响，但却给了谢虎一个很好的提价机会。于是，他将胶水换成天然的，又对布料和设计进行了一番提升，这样初步提价的目的就实现了。他利用"零甲醛"来赢得客户的信任，在配货时为每一个客户送一个五十多元的甲醛检测仪，让客户自己检测。通过这一环节，极大地增加了消费者心中的信任感，为自己赢取了优势地位。提价的问题也就迎刃而解了。可以看出，谢虎一直追求的是以让客户满意来达到创立品牌的目的，他利用消费者的心理，从价格到送货再到送检测仪，都是为了赚取口碑来实现自己的营销目的。

很多人都看到经商可以赚钱，也有很多人真的那样去做了，可是真正成功的人并不多。大多数经商者，只把利益放在第一位，认为只要赚钱就可以，却没有长远的目标。只是盯住了自己的口袋，忘了别人是否心甘情愿地拿出钱来买你的商品。从那些失败的经商教训中不难看出，很多经营者就是因为不知道从消费者的角度去看问题，问一问他们真正想要的是什么，才最终导致了失败。作为消费者，有所需才会掏钱，物有所值才会掏钱。谢虎正是懂得要从客户所需出发，让客户在将自己的商品买到家后不后悔，觉得物有所值才做营销的。而现在是网络时代，谢虎更是利用了这一平台，在线下无法打开更好销路的前提下，冲进电子商务行列的。他利用线上这个平台，为自己搭建了一个庞大的销售网络，从而实现了利润最大化。然而，能取得如此好的成绩，与谢虎懂得利用口碑为自己打造品牌是密不可分的。

在网络口碑营销中，谢虎首先以低价格高质量的口碑赢得了用户的青睐，做到了口碑营销的第一步。接下来，他又利用物流配送，实现了点对点的送货方式，这样的方式为消费者带来了很大的便利，即便他为此付出了比别的商家更大的成本，但却因此赢得了良好的口碑。后来，他又利用央视曝光的床垫甲醛超标事件，及时修正了自己的制作方法，做到"零甲醛"，并在送货时将检测甲醛的仪器一并给消费者，让其自己进行检测，这一招又赢得了消费者的信任，获得了良好的口碑，使自己的品牌越做越好。而网络上庞大的消费群体也是他走向成功的必不可少的重要条件。

现在是网络时代，人们纷纷利用网上资源为自己寻找发展的更大平台，各商家更是将这一平台利用到了极致，而好口碑的网络营销方式才是使商家的长远利益最大化的利器。

诚信交易——"淘宝第一美女"的招牌

"水煮鱼皇后"被网友们评价为"淘宝第一美女"，这一称号使得她迅速走红网络，无论是她的照片还是视频，都有着极高的点击率。但和以往的第一美女们不同，她的走红既不是因为她可爱的长相，也不是因为她使用过一系列的出位手段，而是因为她那月入两万元的名头和毒辣的眼光。

"水煮鱼皇后"真名叫李叶，毕业于浙江树人大学，真人看起来和照片中一样，都是那么瘦小与可爱。

李叶的父亲是一个商人，父母对于李叶这个家中独女非常宠爱，就连李叶自己也说父亲对她宠爱到了一定地步，简直可称为溺爱，从小到大，只要是自己喜欢的东西，父亲都会想方设法地弄到来满足自己。父亲的"富养"让李叶养成了购物的习惯，上高中时，其他同学都还在对网购处于懵懂状态时，李叶就已经成了淘宝的常客，甚至在高三时，她还开了自己的淘宝店。但由于高中课程繁重，学习任务很多，所以李叶并没有太多的时间去打理自己的小店，这使她的小店在疏于照料之下并没有引起网购者们的注意。

上了大学，李叶的空闲时间变得多了，同住的舍友们都通过找各种兼职来赚取零花钱，这让李叶非常惭愧，她突然间意识到早已成为成年人的她却一直都活在父母的羽翼之下，还要靠父母的"救济"才能生活。于是她暗暗决定要自己赚钱自己花，让父母知道，自己不仅是一个只知道花钱的人，还是一个能赚钱养活自己的人。她虽然有这样的想法，但却并不想像其他同学那样做一些当家教、发传单之类的兼职，此时，她想起了被自己疏忽了一年多的淘宝店铺。于是，她用平常父母给的零花钱进了一批货，下决心要好好经营她的小店。

"万事开头难"，任何一家毫无人气的小店想要迎来自己的第一单生意都是非常困难的。转眼间，三个月过去了，小店迟迟没有人光顾，以至于李叶在接到顾客电话的时候，差点张口和对方说"你打错了"。原来，因为自己的淘宝店无人光顾，所以李叶的阿里旺旺一直都是不在线的状态，而顾客又很喜欢李叶的衣服，正巧，李叶在店铺中留下了自己的电话号码，于是，这第一单生意就在李叶毫无准备之下意外降临了。

虽然自己第一单生意的交易额只有195元，但这给了李叶莫大的信心，从这以后，她又陆陆续续地接到了几个消费者的电话，看着自己的营业额在一点一点缓慢地爬升，李叶的心里透出一股满足和斗志。

有一天，一名浙江本地新昌的学生给李叶打来电话，说自己要订两千多元的货，但是因为自己没有支付宝，用转账汇款的方式又担心自己上当受骗，特此向李叶询问解决的办法。李叶一听，顿时来了精神，这可是自己开店以来遇到的第一笔大单子，思考了半刻，李叶对对方说："既然你也是本地的，咱们俩离得也不远，要不我给你送过去吧。"

李叶提着大包小包的衣服就坐车赶往绍兴，可到了绍兴之后才发现自己弄错了地址，新昌根本就不在绍兴市区。李叶不得已又提着这些重重的衣服赶去挤中巴，颠簸了两个多小时以后，她终于赶到了新昌，找到了订货的学生所在的校区，给该学生打了电话。当时学校的很多学生都跟着该学生一起跑出来，想看看这个不辞辛苦、自己亲自送货的姐姐到底长什么样子。

每当和他人讲起自己的这次经历时，李叶都会哈哈大笑，她说自己就像是个外星人前来参观地球，所有的人都对着自己指指点点，虽然这是她最累、最曲折的一次经历，但她还是觉得很开心。尽管此后她接到的订单有成百上千，但最难忘的、印象最深刻的还是这笔。

那位同学对李叶的衣服和李叶的态度非常满意，不仅给出了全 5 分好评，还在自己的朋友圈中大力地为李叶做宣传，为李叶介绍了很多大生意，而李叶的人脉也由此变得越来越广，顾客越来越多，生意自然也越来越好。

"我现在接的单子都很大，甚至会有女校专门来找我，要从我这里订购衣服作为她们的校服。我的营业额上升得很快，甚至有时候要比传言之中的月入两万高出不止一倍。"李叶曾经这样说道。

李叶的网店主要经营服装和化妆品等常见的女生用品。由于李叶的眼光独到，选择的货品都非常独特，再加上李叶本人的真人时装秀，很多女孩子都会慕名而来，逐渐地，李叶"淘宝第一美女"的名头不胫而走。有很多人为了见识一下这位"淘宝第一美女"的样貌，都会特意地搜索李叶的淘宝店，这也大大增强了李叶店铺的知名度，而且店铺营业额也得到了进一步的提升。不到一年时间，李叶的淘宝店就成为淘宝网中少有的双钻店铺，百分之百的好评率更成了淘宝店铺中的传奇。

当有人问起李叶是如何在小小年纪就能够月入两万元时，李叶告诉对方："因为我是在用自己的诚信做生意。开淘宝店铺不像是经营实体店，顾客能够切实地了解到产品的款式和质量，每一个顾客在购买之前都会货比三家，并不是你的价格低顾客就会在你的店铺消费，很多时候店铺的信用都会影响到订单是否能顺利地成交。只有把每一单生意都做到让顾客满意，店铺的信誉度才会越来越高，只有高信誉度才能赢得陌生消费者的青睐。当我用一颗真诚的心去和买家交易的时候，买家自然能感受到我的诚意。诚信交易不仅是一个人人品的体现，同时也是在为自己能够拥有更美好的未来奠定基础。"

这个真诚的女孩，有着靓丽的外形和高超的品位，在众多大学生还在为自己的未来感到迷茫而不知所措的时候，她早已成为月入两万元的"小富婆"，可谓是集美貌、智慧和财富于一身的典型代表。由于她的高知名度，阿里巴巴和酷六等多家媒体都曾对她进行过专访报道，土豆网甚至邀请她作为新春节目的嘉宾。此外，网友们也在热烈地讨论着她，很多女孩都羡慕并追逐着她，更有一些铁杆粉丝专门为她建立了个人贴吧。

很难想象一个不是明星的小姑娘竟然会比一些明星具有更高的曝光度和知名度，而这一切都源于她在网络上为自己赢得的超高口碑。这个口碑不仅让她成为名人，更让她的淘宝店铺成为年入上百万的名店。现在，她已经彻底告别了向父母要钱购物的时代，成了一个自食其力、独立自主的女强人。

借用平台让用户免费体验，相宜本草迅速提升知名度

在互联网上，任何一点风吹草动都会被无限制地夸大，网民们的影响力有时甚至会比新闻来得更加巨大。不管他们的出身是什么，他们的月收入有多低，职位有多普通，他们都可以通过在虚拟的互联网中发表自己的想法和感受去影响他人。

　　有一家名为朱庇特研究中心（Jupiter Research）的市场研究公司曾经做过一次网络调查，调查结果显示：有近 80% 的消费者在购买某样物品的时候，都会先参考购买过的网民所发表的产品评价。这一数据几乎被所有商家认可，他们相信，在网络世界中消费者是否购买产品的决定性因素就在于其他消费者的推荐和购买意见，所以一个企业想要拥有高知名度和高认可度，就要经营好自己的网络形象，打造好自己的网络口碑。

　　相宜本草是一家主打天然本草类产品的化妆品公司，因为刚进入化妆品领域没几年，所以它的知名度还不是很高。它的总部设在上海，但就是在自己的大本营内，它的知名度也只有 30 分，与其低知名度形成强烈对比的是它的产品美誉度，高达 70 分。造成这种结果的主要原因在于公司将大量的资源和资金都投入产品的研发之中，而忽略了市场方面的投入。虽然相宜本草的管理层注意到了这个问题，但在短时间之内，公司还不想改变自己的整体经营策略，也就是说，未来几年公司在市场方面的投入依然较少。

　　那如何在有限的市场投入之下产生无限的营销效果呢？经过广泛的资料收集与调研之后，相宜本草决定利用网络的广大影响力，在各大社区网站中采取口碑营销策略，借助这些具有广阔用户群的媒体网站，在迎合众多网友心理的情况下大力宣扬自己的产品，同时抓住并利用网络传播更方便快捷的特点，在短时间内实现自己低成本的广泛传播效应。

　　经过重重筛选之后，相宜本草最终选择了聚美优品作为自己的核心宣传平台。聚美优品是国内近年最新兴起的一家专门做化妆品团购的网站，网站中汇集了众多化妆品消费者、粉丝和在这一领域中有很大影响力的意见领袖，而且聚美优品的用户多为年轻人群，消费习惯和品牌习惯还没有养成，年轻的她们对于尝试各种新鲜产品和品牌具有非常大的热情，因此，聚美优品成了具有众多"小白鼠"用户的网站，而"小白鼠"的特点之一就在于她们的想法非常容易被"大神们"以及网络达人们所左右。相宜本草正是利用了这个特点，开始了自己在聚美优品的网络口碑营销。其口碑的建立过程大致分为五步：

第一步，将自己的产品设定为品牌试用装，让消费者可以免费申请试用。

对于消费者而言，免费的东西向来具有非常大的吸引力，而对于众多女性消费者而言，免费的新品试用装无疑对她们充满了诱惑——通过申请试用新品，她们也许能够发现一个就存在于自己的周边但却没有在专卖店里尝试过的新品牌，试用之后还能写下自己的感想，吸引到众多用户的注意，满足自己的虚荣心。所以在免费试用名额发布之后，会有众多的消费者进行试用申请。相宜本草正是利用了消费者对新鲜事物的好奇心和多种心理因素，达到了为品牌造势、积聚人气的目的。消费者试用过后，会在聚美优品中发表自己的试用评论，此时就会有众多的消费者关注到"相宜本草"这个品牌，通过了解试用者对产品的口碑评价，决定自己是否对相宜本草继续关注。在此过程中，相宜本草只是免费地发送了几批试用装，就使自己的品牌成功地抓住了消费者的眼球，获得了她们的关注。就这一点来说，相宜本草的第一步计划无疑是非常成功的。

第二步，收集消费者数据资料。将申请者的姓名、电话和消费习惯等信息进行收集并向公司进行反馈。

相宜本草充分利用了申请者的数据资源，通过向这些潜在用户进行电话营销和邮寄相宜本草会员杂志等形式来赢得她们的好感，通过此举让她们加强对自身产品的认识和了解，激发她们的购买欲望。《影响力》杂志曾提出过一种便于笼络客户的原理——互惠原理，它的主要内容是人们愿意以相同的方式对他人为其所做的一切给予相应的回报。这些试用者不仅免费地使用了相宜本草的产品，还在之后收到了公司邮寄来的会员杂志和其他服务，所以她们很乐意为相宜本草进行好的评论，也愿意去购买。相宜本草用这种方式不仅为自己赢取了好口碑，更为自己打开了销售的切口。

第三步，网络整合营销传播。

聚美优品本就是全国最大的化妆品团购网站，相宜本草通过聚美优品，再联合其他门户网站进行联合推广，使传播载体更加丰富，传播的范围更加广泛，快速提升了相宜本草在互联网上的知名度。在整个推广过程中，相宜本草不仅组织了线上线下的联合活动，还对高校人群进行了覆盖，利用短信平台对高校学生进行了精准营销，这些都为相宜本草的传播起到了极好的推广作用。

第四步，用户分享试用体验。

相宜本草用奖品当作吸引试用者分享产品体验的诱饵，以此来讨好试用者，引导她们做出正向的评论，达到产品在网络传播中知名度和美誉度共提升的最佳效果。聚美优品拥有着稳定、活跃的用户群体，试用者在收到相宜本草的试用装以后能够快速地开始体验，并且在体验过后马上将过程分享给同样感兴趣的用户。这与聚美优品网站整体营造出来的气氛和气质有很大关系。因为有着高质量的试用装和奖品作为鼓励，相宜本草的试用评论效果非常好，超过九成的评价都不下500字，在聚美优品上，如此高质量的评价是非常罕见的。这些高质量的评论极大地传播了相宜本草的口碑。而在这时，相宜本草的一款免洗眼膜也正好推向市场，很多还在观望中的消费者在百度和谷歌看到这款产品的评价时，基本上都会回到聚美优品，因为这里的试用者是这款产品的第一批用户，而消费者在聚美优品中可以看到关于这款产品几十篇的高质量好评，查看同类产品时，他们也会看到上百篇关于相宜本草其他产品的优质评论。相宜本草将聚美优品上汇集的大量优质评论通过复制传播到了其他门户网站，就这样，这个新兴品牌的好口碑在互联网当中逐渐地扩散开来。

第五步，通过"试用达人"博客的推荐达到推广效果。

试用达人博客在网络试用领域拥有着超高的人气和影响，目前他拥有一千七百多个网络订阅，读者群对他也非常信赖、忠诚。可以说，经过他推荐的新款化妆品都会获得消费者的拥簇和购买。在整个推广结束阶段，相宜本草还将网友的优质评论进行了重点的推荐，以此来加强可信度和影响力，为相宜本草第一次网络口碑的建立与传播画上了完满的句号。

相宜本草虽然是化妆品领域中的"新人"，但它的成绩已经非常喜人，它的年销售额以 50% 的高增长率远远地超过了业内品牌的整体增速，而善用网络进行口碑推广无疑是它能够取得如此傲人成绩的根本。

一切都是为了纯天然：不打广告的小蜜蜂

小蜜蜂是一个以绿色纯天然产品著称的美国化妆品品牌，它的产品天然程度能够高达 95% 以上，一些适用于婴幼儿的产品甚至能够达到百分之百的纯天然。但很多人都奇怪为什么小蜜蜂有如此好的产品，却从来不去为自己打广告，而其创始人对此很幽默地回答道："一切都是为了纯天然。"虽然小蜜蜂从来不在广告上投放一美元，但它的销量却还是很高。这主要归功于它做的一次社会化营销活动，正是那次活动顺利地让小蜜蜂在品牌的传播和口碑的分享方面得到了长足的发展。

组织这次活动的负责人认为，首先要选择好一个适合小蜜蜂的植入平台，这个平台包含了 SNS（社交网站）群组和一些网络社区，然后让这个平台中的消费者成为建立小蜜蜂口碑的源头，最后通过此源头再把小蜜蜂的口碑逐步推广到其他平台，让小蜜蜂的口碑不断地向外发散。经过组员的研讨和商议，他们最终选择了在唯伊网上建立自己的品牌俱乐部。唯伊网拥有着超过五十万的年轻女性用户，而这样的用户群正是每一个化妆品公司都要进行主打的顾客，她们对化妆品和护肤方面的话题具有非常浓烈的兴趣，而且无论是反馈还是互动，她们都会勇于参加并积极配合。最重要的是，这个平台能够快速地对某样产品的口碑进行分享和传播。

小蜜蜂在唯伊网上建立了自己的俱乐部之后，还将自己的产品放在了唯伊网的产品库频道上，以方便消费者随时对自家的产品进行点评，以此来增强小蜜蜂推动起来的口碑效应，提高消费者对小蜜蜂品牌的关注度。

找到合适的平台之后，小蜜蜂就与唯伊网签订了协议。协议指出，唯伊网对所有在其网站购物满 200 美元的用户，都赠送她们一款小蜜蜂的产品，让她们免费试用。协议在签署之日的一个月内有效。

消费者对唯伊网免费赠送试用装的行为产生了极其浓厚的兴趣，在这一个月的时间里，唯伊网和小蜜蜂共同发布的召集帖总共获得了超过十五万的点击量，有上千位的热心用户都对此进行了回复。可以说，这一个月的推广活动取得了比预想中还要好很多的效果，实现了小蜜蜂与用户之间的更多互动，拉近了小蜜蜂与消费者的距离。很多消费者在活动举办之后都表现出了对小蜜蜂旗下产品的热烈关注，并同时表达了自己强烈的购买欲望。通过这次互动，小蜜蜂的品牌曝光率得到了显著提升，而它在女性群体中的品牌影响力也在与日俱增。

经过试用以后，很多网友都将自己的使用感受发布到了网站上，与更多的用户分享她们的评论，这些试用报告成为小蜜蜂网络口碑营销的源头。之后，小蜜蜂又用一些带有激励性质的奖赏，鼓励这些用户将试用者所写的试用报告转载到其他的知名网站和女性社区当中。例如，在女性消费者心中比较权威的瑞丽网和新浪美容论坛等。利用唯伊网的分享机制，小蜜蜂最后顺利地达到了自己的传播目的。以下这些具体的数字就是最好的证明：

　　活动的页面浏览量达到了 30 万；在唯伊网社区中，召集帖的点击量达到了 152124 次，收到的回复达到 3216 篇；在唯伊网的小蜜蜂论坛中，新增加了超过 200 篇的主帖，不下于五千多条的回帖（这个数量已经大大超过了欧莱雅论坛的帖子数量）；小蜜蜂通过"满即送"的方式共发送出了二百五十多份的试用装，而有 111 篇试用报告都超过了 500 字，这其中，78% 以上的报告都是在夸赞小蜜蜂的产品质量和使用效果；这些高质量的试用报告中有 642 篇都被用户主动转载到了相关论坛和社区群组之间，小蜜蜂的口碑报告在这个期间已经覆盖了 64 个女性相关媒体和 32 个 BSP（博客服务提供商）博客平台；而根据不完全统计，被转载到其他论坛上的试用报告，也已经得到了356432 次的浏览量和多达 5169 次的回复；在百度搜索的数据中，小蜜蜂的搜索量和小蜜蜂试用的搜索量都呈现出了不同幅度的增长，整个活动预计直接影响到的人数达到了 60 万，人际传播影响到的人数达到了 400 万。

　　此时，小蜜蜂的口碑营销终于彰显了它的神奇力量，很多消费者都受到了小蜜蜂超高口碑的影响，不断地询问在哪里可以购买到小蜜蜂的产品，也有很多顾客向小蜜蜂反映是否能做一期团购活动。从这一点也可以看出，那些常规性的宣传已经不能激发消费者的购买兴趣了，但其他消费者的口碑却可以潜移默化地影响消费者的消费决策。

　　在消费者的强烈要求下，小蜜蜂终于做了一期团购活动，但与消费者的高热情截然不同的是，小蜜蜂产品在团购期间并没有得到较高的订购率。后来，小蜜蜂的销售人员对此情况进行了分析，得到的结论是：由于团购活动的时间正处于年关，此时人们都忙着准备回家，仓促之间影响到了消费者下单；还有很多消费者目前都处于观望状态，小蜜蜂正处在叫"好不叫座"的尴尬阶段；刚刚进行完口碑营销，消费者还在接触当中，太过短暂的口碑周期还不足以触发消费者进行大规模的购买。于是，在年后，人们都稳定下来时，小蜜蜂又组织了一次团购活动，这一次的结果显然要比第一次好了很多，短短一周的时间里，小蜜蜂就接到了六十多个订单，而且每个订单的单价都很高。

显而易见，随着小蜜蜂品牌传播得越来越深入，口碑传播得越来越广泛，对消费者的影响力也随之变得越来越超群，小蜜蜂的口碑效应已经逐步从试用者扩散到了初次购买者，又从初次购买者扩散到了其他的潜在消费者，小蜜蜂的购买人群正在逐渐扩大，产品的重复购买率也在逐渐攀升。

从小蜜蜂的口碑营销中，我们可以总结出以下几点：

第一，口碑营销要注重长期效果。很多企业在进行口碑营销的时候都对短期的效果非常重视，而忽略了长期效果。殊不知，在没有推力的情况下，口碑营销是难以持久的，如果在口碑还没能有效地积累，并转化为传播力量之前就停止营销，只会使口碑碎片化，从而减弱口碑对消费者的影响。小蜜蜂通过在唯伊网上建立自己的品牌俱乐部，聚集起了大量的忠实消费者和粉丝，在这里，她们不断地为小蜜蜂贡献着口碑，让这些口碑话题不断地发酵，这些口碑和讨论被不断地转载到其他媒体，最后变为了小蜜蜂口碑持续传播的力量。

第二，口碑营销要注意频率和连贯程度。小蜜蜂的整个营销方案都体现出了自己极强的目的性，在适当的频率和周期的结合下，小蜜蜂实现了自家品牌与消费者的良好互动。在众多消费者都在网络上发表自己的试用评论的同时，它积极地挖掘出消费者的购买欲望，在一定程度上捕捉到了消费者在活动期间的购物需求。

　　第三，口碑营销活动要具有持续性。密集性的口碑营销活动会让品牌传播得更迅速，产品销售也会变得更容易。小蜜蜂在年前以周为单位，连续不断地在唯伊网上做了四次活动，结果表明，小蜜蜂的各项数据要比其他企业高出很多。所以，在进行口碑营销的时候，要长期性地建立自己的口碑传播源头，同时周期性地推动自己的口碑营销，再在周期之内辅以互动类型的活动，以达到高曝光、深互动、广传播的目的。

第6章
利润不再是卖出来的，而是送出来的

在过去，一种用低价或免费商品做引子吸引顾客购买高价商品或长期增值服务的手段，即所谓的"交叉补贴"的吉列模式盛行于各行各业。在这样的商业模型下，埋单的人仍然是消费者自己，只是在另一个时间和地点付账而已。所以，这种免费充其量只能算是个幌子而已。

所以，过去我们一直被教育"世界上没有免费的午餐""天上不会掉馅饼"。但在互联网时代，这个观念将被彻底推翻。

在网络的世界，让人真的有一种"馅饼多得捡不完"的感觉。而这一切的背后，究竟是什么力量在驱动呢？这些人为什么要为你白干活呢？

目的只有一个——吸引你的"注意力"！比如在你浏览免费资讯时，同时会看到页面旁边的弹窗广告，你可能会被其内容吸引，进而点开链接，查看产品信息，广告主因此赢得了你的注意力。即使最后没有达成交易，但你花费在浏览上的时间本身就已经是一种经济效应，对于广告主而言，你成了他的潜在客户。

最常见的免费模式建立在三方系统的基础上。前两方通过免费交换创造市场，第三方付费参与。这种模式是一切媒体的基础逻辑——免费为消费者提供产品，广告客户为此埋单。其实，互联网所呈现的，正是媒体商业模式向其他所有产业的扩展。现在，整个互联网生态系统正围绕着这套模式展开并蓬勃发展。

比如你在网络上或现实世界中免费得到的一切，其实只是由其他人在替你付账而已。那些免费提供者才不是傻子或者慈善家呢。

网络经济时代，可以说谁拥有了网民的注意力，谁就有大把的利润。于是大家纷纷想办法、出奇招来获取更多的关注，而免费似乎是最见效的。因此，免费作为一种新的商业模式迅速崛起。

美国《连线》杂志主编克里斯·安德森说："'免费'，就是这样的一种商业模式，它所代表的正是数字化网络时代的商业未来。"

可口布丁生长出"蝴蝶的翅膀"

创业，是一个令无数人向往却又令更多的人望而却步的名词。尽管如此，许多人还是走出了这一步，并迎来了明天的辉煌。

包炬强毕业于浙江大学计算机专业，毕业之后他先是进入腾讯公司工作，这在当时不是一个很好的选择，因为那时的互联网还没有发展到今天这样的地步。

但是去腾讯公司面试，通过与面试官的沟通，包炬强觉得互联网行业大有前景，而且处处是机遇，于是就选择就职于腾讯。而当年的浙江大学计算机专业的研究生中，只有包炬强去了腾讯，他甚至还放弃了刚刚考上的公务员。他这个在当时不被人所理解的举动几年以后就被所有人理解了，而我们现在可以看到，互联网几乎席卷了所有的企业。

一开始包炬强担任产品经理，慢慢地他就发现虽然自己学的是计算机专业，可是对互联网并没有懂太多，很多东西需要重新学习，但他很快就适应了这个过程，成了主力产品经理。

包炬强担任产品经理的部门是企业 QQ 团队，后来的情况我们都已经熟悉，就是企业 QQ 做得越来越强大，已经成为很多人的必需。
包炬强完整地参与了企业 QQ 从无到有的整个过程，在取得了辉煌的
成果时，他却出人意料地离开了腾讯。而他离开的原因是，在腾讯搞
企业 QQ 的同时，他和一个同事利用业余时间搞了一个小游戏，一个
玩票的产品，竟然弄得颇为成功。虽然因为种种原因最后没有继续下
去，但是却打开了包炬强创业的心门。2010 年，包炬强去了创新工场
创业。创新工场是李开复于 2009 年创办的孵化那些前景乐观的创业
项目的平台。也就是说，你有一个好的项目得到李开复的认可，就能
进入他的创新工场，在他的支持下一心一意地去创业。虽然创新工场
的项目是移动互联网，而此时的包炬强根本就不懂什么叫移动互联网，
可他还是去了。

包炬强到创新工场后对创业的概念有了深刻的体会。他需要自己
亲自带项目、带团队、负责产品的研发，而像处理分配股份、注册公
司这样的事他也要一手包办。这时的包炬强压力特别大，因为他担心
自己的项目没有结果。但压力反过来又形成动力，促使他更加努力。

包炬强负责布丁项目，他的合伙人是在创新工场做战略总经理的
徐磊，他是清华大学的博士，也是布丁项目的首席执行官。徐磊认为
移动互联网是变量，处处都有创业机会。布丁移动已经是徐磊的第二
次创业。他们接连推出了布丁爱生活、布丁优惠券、布丁电影票等产
品。其中，布丁优惠券的成绩是很好的，包炬强通过市场调查觉得把
优惠券做成手机应用很有前景。布丁优惠券上线后有 10 万次下载量，
后来经过研究，放弃了比较小的餐饮业，只与那些大型企业合作。在
2011 年底成功地获得了千万美元的融资，而这和布丁优惠券的成功有
很大的关系。

包炬强的团队喜欢找一些稳定的方向来努力，比如利用渠道导流
的方式作为商业模式，虽然从某一个角度来看，是成功的，但是布丁

电影票的例子却从另一个角度证明了这种团队特色是一把"双刃剑"。

包炬强接下来推出的布丁电影票尽管也成为接入影院最多的应用，但是却由于团队过于保守，最初不肯做更多的投入，导致"煮熟的鸭子又飞了"，机会白白地失去了。当然，由于大把地烧钱而导致公司维持不下去的也不在少数。这就在于一个人目光的长远以及对时机的正确判断了。包炬强虽然颇感遗憾，但是他仍然认为自己还有机会，手机端购票最终将是王道。

包炬强未满足于以上的成绩，而通过他的努力，在 2013 年，移动应用——微车，一款违章查询应用上线了。

微车并没有沿袭已经拥有一定名气的布丁的名称，毕竟布丁在生活服务类方面的影响已经太深，已经让人一看到这个名字就想起了吃吃喝喝之类的小问题。所以不如干脆另起炉灶，换一个名字。至于微车这个名字，则会使人联想起微信、微博等时尚的互联网产品。

这款产品并不是第一个违章查询软件，能赢得用户的喜爱是由它自身的特点决定的。这个产品是以消息推送的方式告知用户的违章记录，使车主可以在第一时间看到违章记录，而其他的网站还得输入车牌号或者手机号，这样就极大地方便了车主查询。微车的覆盖面广泛，支持用户在自驾游的时候异地查询，而且查询过程非常简便。微车在查询功能上有高发违章地点预警功能，可以让用户在进入违章高发地点时提高警惕。此外，微车还有记录用户的行车路线等作用。为了做好微车的自动查询，包炬强投入了公司的多数技术力量。

除了这些技术上的硬件，在软件上，包炬强也尽量做到完美，页面设计得很有观赏性。界面皮肤也不是一成不变的，而是根据车主的车型来设计的，当用户选择了自己的车型后，界面皮肤也随之转变，显得极具个性化。

微车在没有做大规模宣传的情况下，就拥有几百万次的安装量，得到了广泛好评。包炬强不喜欢把钱花在宣传上，他觉得应该让产品自身的价值去吸引用户来自动使用，而一个产品既然有用户需求，那么它就是一个正确的方向。

对于用户最关心的是什么，包炬强也有自己的看法。他认为，用户体验固然重要，然而用户价值比用户体验还要重要一些。所以，一款新产品，一定要为用户创造真正的价值，这样才会给用户留下较深的印象，而体验是会疲惫的。

在创业的过程中，包炬强的思路并不是一成不变的。比如从生活服务类产品跨越到"高大上"的微车，曾经不重视社交网络的他，目前也转变了方向，觉得既然有挖掘价值，就应该充分地开发一下，于是他于 2013 年开发了轻应用，这就丰富了微车的产品形态。

过去追求稳扎稳打的包炬强，为了把微车打造成一个有车一族的个人移动门户，将会为微车打造出很多根据用户的刚需而设计的功能，他甚至决定大跨步地做出一些突破。当然，他的每一步转变不是一时冲动的结果，背后都有着对机遇的准确把握与判断。他认为成功者其实就是在合适的时间点做了一件合适的事情，所以在奋斗的道路上他一直在寻找着那个合适的点。

数据分析：阿迪达斯专卖店东山再起

阿迪达斯是人们熟知的运动品牌，尤其是受到年轻人的追捧，这让阿迪达斯的市场更加活跃。阿迪达斯通过对运动产品的研发，使每一个消费者都坚信："没有不可能。"企业本身也一直相信自己能够成为领导世界的运动品牌。

在国内，最让阿迪达斯名声大噪的就是 2008 年北京奥运会。北京奥组委执行副主席王伟在签约仪式上表示，阿迪达斯作为 2008 年北京奥运会的官方合作伙伴，将为 2008 年北京奥运会、2008 年北京残疾人奥运会所有的运动员、指挥教练员提供运动上的装备。同时，阿迪达斯也作为中国奥委会体育服装的合作伙伴，在 2006 年的时候参加都灵冬奥会，而且在 2008 年北京奥运会中国体育代表团所有参赛人员都将穿着阿迪达斯的运动服参加比赛。阿迪达斯大中华地区的总裁桑德琳表示："1920 年，阿迪达斯为奥运会生产第一双钉鞋的时候，就与奥运会结下了不解之缘，并一直做世界奥林匹克运动的支持者，不断创新产品，帮助运动员取得最好的成绩。阿迪达斯愿意为中国代表团服务，愿意为世界奥林匹克运动服务，预祝中国奥运健儿取得好的成绩，多得金牌，我们绝对保证为奥运会提供一流先进的设备。"

2008 年北京奥运会刚刚结束，一场精彩的奥运会在人们的脑海里打下了深刻的烙印。可是，从事多年服装生意的叶向阳却怎么也高兴不起来。2008 年，服装市场异常的低迷，许多从事服装行业的经营者纷纷破产，而自己的仓库也堆满了成千上万的货物，根本就没人上门订货，仓库里积压了大量存货，销路打不开，又没有资金周转，眼看他也要破产了。

叶向阳只能外出寻找出路，经过热心朋友的引见帮忙，他看好阿迪达斯的市场行情，作为北京奥运会的合作伙伴，阿迪达斯的销量一定错不了。于是，他决定利用手里剩下来的钱，再找朋友帮衬一些，开一家阿迪达斯专卖店，这兴许是个出路。他决定赌一把。

叶向阳在与阿迪达斯谈好了合作意向之后，就甩开膀子干了起来。这一次，他走的每一步路都会认认真真思考，踏踏实实研究，绝不敢掉以轻心，因为他不能再输了。

叶向阳很少在店里出现，他的身影遍布大中城市、大小商场，只要有阿迪达斯出现的地方他都会去看一看，了解一下情况。他在做什么呢？不错，就是在做市场调研。他积极搜索各种关于阿迪达斯的销售信息、消费者情况、市场环境等一切能够调查取证的消息。他密密麻麻的字迹布满了好几个本子。

经过这几年的发展，加上叶向阳不惜工本的努力付出，他把阿迪达斯的生意做得越来越火，分店从一个变成了两个，又从两个发展到四个，可以说是成倍地增长。到如今，他自己已经拥有一百多家阿迪达斯专卖店。短短的几年，叶向阳摇身一变，成为颇有名气的创业者。闲下来时，他也会想起自己濒临破产的那几年，如果不是积极寻找出路，找到正确的合作伙伴，自己也许又是另外一种境况。想到这里，他不禁暗自庆幸。

现在，叶向阳还是坚持每天收集门店的具体销售数据，然后上传到阿迪达斯大中华地区总部，总部收到叶向阳上传的信息后，就会对这些数字进行整理、分析，利用这些数字为其他的经销商提供参考、分享经验。阿迪达斯研究这些数字的意义在于，让经销商更好地了解消费者在颜色、款式上的偏好，尤其是在价位上的考量，即什么样的价位才是更容易让消费者接受的。

由于阿迪达斯所经营的产品类型丰富，很多经销商在面对琳琅满目的产品时，往往会根据自己的喜好下单订购，而忽视了消费者的产品需求。而现在，阿迪达斯会用数据告诉经销商哪种产品受众面广，容易销售，从而帮助经销商正确地选择产品。根据以往的经验数据，一、二线城市的消费者往往关注品牌的时尚设计，因此经销商可以把重点放在动感个性、运动经典、设计师参与研发的产品系列上；在消费水平一般的城市，消费者更加注重的是价值与功用，大家都愿意买到物美价廉的东西。而有的地区的顾客偏爱红色，有的地区的顾客讨厌蓝色，这些数据也是很有必要掌握的。

叶向阳的这套数据理论，得到了所有经销商的一致认可，很多阿迪达斯专卖店的经营者都扭亏为盈。叶向阳说："通过我们大家共同商量卖哪种商品，又有哪种商品会热卖，在这种情况下，我们的库存问题就解决了，我们也就无压力了。"

通过对这些大数据的整理研究，叶向阳还发现了一些有趣的事情：中国南部好多城市的生活习惯跟香港的情况类似；有的城市全部都是清一色的韩国风尚；气候的原因，让同为大都市的北京和上海有着不同的消费趋势。有的地区的消费者需要在不同的场合拥有不同风格的衣服，上班、吃饭、喝咖啡、跳舞，等等；而有的城市只要满足上班、休闲、宴请的穿戴就可以了。

叶向阳的这套大数据方案在无意之间改变的竟是整个大中华地区阿迪达斯的战略转型，这绝对不是夸大其词。

大中华地区阿迪达斯董事总经理高嘉礼满意地说："通过我们与经销商的合作，利用这些统计到的终端信息，我们能够适时地把产品投放到市场，既减少了库存又赚取了销售量，卖得多也就意味着获得的利润更多。"

应用程序上买东西：传统零售商沃尔玛的大数据变革

想过不用费心，一打开应用程序就是自己想买的东西吗？如果不敢想的话，沃尔玛已经帮你想到了。

沃尔玛的一位高管表示，沃尔玛正致力于移动商务建设，应用程序将会自动根据用户的购买习惯帮助用户选择相应的商品。随着移动互联网时代的到来，移动端的购买量正显著提升，沃尔玛将会用自己的大数据让顾客体验到更完善的消费服务。他相信，在 2016 年，移动端的消费量将是电子商务的两倍。

曾经做出"啤酒与尿布"经典营销案例的沃尔玛，是最早意识到大数据潜力的传统巨头之一。沃尔玛拥有全球最先进的零售商供应链。早在三四十年前，沃尔玛就注重数据交换与供应信息的融合，可以自动实现商品的供应。沃尔玛甚至还发射卫星，通过网络将全球范围内的门店连接起来，实现一小时内对任何一家实体店商品的全部信息调控，包括库存销售等信息。

2012年，沃尔玛控股"1号店"，正式进入中国电子商务市场。"1号店"将有可能重新建立起一座丰碑，完美结合线上、线下的零售业。业内人士更是直言，"1号店"将是"网上沃尔玛"。"1号店"非常重视互联网技术对供应行为的改善。"1号店"会把所有的内部系统集成于一个平台，对数据进行统一调配。500万名会员及与之关联的商品信息为"1号店"提供了庞大的数据。以数据为依托的供应链将会使消费更加舒适。

广东的一位李先生，通过"1号店"买了一个剃须刀，当鼠标单击"确定付款"的时候，这个信息在"1号店"系统内产生了深刻变化。当李先生将需要的剃须刀放入购物车的一刹那，"1号店"已经锁定了一件商品，同时在广东的配送中心，这件商品随之就减少了一件。李先生成功付款后，这个剃须刀会产生一个订单，这个订单信息会高速传递到仓储系统。仓储系统接到这个订单会派发一个拣货任务，这时会安排配送人员从最近的路途进行打包并发货。等李先生收到包裹并完成确认，这个信息又会传回到"1号店"的系统。

事情还远远不止这些，如果你以为这一切就此结束了，这就不是"网上沃尔玛"了。因一个鼠标引发的购买行为不会随着货物的成功配送而终止，李先生的购物行为将会被"1号店"的数据系统记录并进行深度分析。如果李先生再次登录"1号店"，根据李先生的消费习惯，推荐的关联商品信息将会发送到页面上，如剃须刀片、剃须泡沫等。

一笔小的订单就能引起一整套的反应，已经拥有 3000 万名会员的"1号店"，每天将会处理大量的用户浏览和消费信息。用户的信息集聚，让"1号店"成功拥有了进入大数据时代的前提。基于这样庞大的信息，"1号店"拥有自己独立的信息系统，并且有专门的团队负责把控技术。

"1号店"具备的这些互联网特点，让它对消费者的信息数据的整合更加重视。对于传统的零售商而言，如果用户拿起一瓶水又放下了，这个潜在的消费行为就会终止。但是对于"1号店"而言，这却刚好是一个开始。这个潜在的消费行为会被记录，并能够随之产生推荐订单反馈给用户，让销售者掌握消费主动权。

"1号店"的董事长于刚表示，大量顾客的消费数据会形成一个规律性的结果。"1号店"把这些数据当成了宝贝，进行深入分析和挖掘，做成用户消费模型探索用户需求。最后，能够为每一位用户提供一对一的服务，推荐相应的商品，这就是电子商务带来的变革，是以大数据为支撑的变革。

为了有效解决拣货的效率问题，"1号店"创造了"订单池"这个概念。配送中心不会对每一笔订单立刻进行拣货，而是加入订单池进行等待。这个池内会不断地有订单加入或删除。根据订单的关联性，十几个订单会被分为一个波次。每形成一个波次都会形成一个拣货任务等待拣货员提货。为了提高拣货效率，仓库大多选择平面库，以销售的单位量进行存放。货位的选择是一件极讲究的事情，对拣货员的拣货效率很有影响。根据商品的畅销度进行货位的选择，畅销商品的摆放有利于拣货和包装，关联性的商品也会选择放在较近的位置。

当拣货员拣完一个波次的商品，就会进行打包处理，接着进入分拣环节，根据地址进入待定的发货区。拣货并不是一个纯人工的环节，也需要数据和实物的交互作用。

　　为了更好地服务于消费者，"1 号店"还引入了考核机制。对于第三方的快递公司，"1 号店"会根据用户的反馈进行排名。对于排名靠前的公司，将会给予更多的订单任务，靠后的则可能进行整改或替换。其中顾客满意度是最重要的，这很大程度上体现了一个完整的配送环节。

　　沃尔玛还开发了一个比价项目，让消费者上传线下的消费数据到沃尔玛的应用程序上面。沃尔玛的后台会自动与竞争者进行同类商品的价格对比，如果价格高于对方，就会把差价退还给消费者。这种形式迎合了消费者的比价心理，不但轻松掌握了大量的数据，还吸引了众多潜在的消费者。

　　一旦拥有了这些数据，了解了消费者的消费习惯，就能带来关联的广告收入。供应商可以根据沃尔玛提供的数据分析结果，进行广告的投放，而且可以据此选择最好的投放方式和时间。

永久免费却赚钱的网络游戏——"征途"

　　大家都喜欢免费的东西，很多时候人们看到有免费的东西都会挤破脑袋地你争我抢。

　　商人的最终目的都是赚钱，他们会绞尽脑汁、费尽心思地去思考各种办法来使自己的利润最大化，而比较常见的方法无疑是提高产品的价格或者压缩运营成本等。但如果商家卖的不是具有垄断性的产品，就会流失掉自己的消费者，损失自己的最终利益。而商家有多想掏空消费者的口袋，消费者就会将口袋捂得有多紧。商家与消费者的关系就像是汤姆猫和杰瑞鼠，汤姆猫在不断地捕捉杰瑞鼠，在捕捉的过程中大大地消耗着自己的体能和物品，但最后的结果往往和自己的想象相去甚远。因为每一个消费者都知道商家的最终目的，会本能地对商家产生防备心理，在这种情况下，消费者的钱包怎会被商家轻易地打开呢？

但现在有些商家已经转变了自己的营销方式，他们利用人人都喜欢免费产品的特质，给消费者营造出一种产品免费的假象，引诱消费者上钩。这个招数简直是让消费者防不胜防，很多消费者都会因为前期的免费而在后期花费不少钱财，而这就达到了商家的目的。"滴滴打车"用数亿补贴为自己迎来了众多的用户；盛大游戏用"游戏免费，道具付费"的形式赚得盘满钵满；蒂哲用免费试穿的方法打开了中国的市场；360杀毒软件用免费的方式占领了中国数亿网民的桌面……

巧用免费思维，虽然会让商家一时亏损，但此后换来的利润却是不可想象的。

有一款很有名的网络游戏，相信大家不会陌生，就是史玉柱的"征途"。这款最高吸引了68.2万玩家同时在线的游戏，就是用免费模式运营的，即使到了凌晨，也照样火爆，而这款游戏的月收入则达到了4000万元。

投资网络游戏，人们从来都认为属于投机行为，机会好你就赚了，机会不好你就赔了。所以大多数人并不看好这款游戏，但事实是，"征途"打破了"传奇"保持了四年的纪录，领衔网络游戏市场。

这其中，史玉柱所起的作用是巨大的。而他的成功也引起了大家反复的思考：史玉柱是如何通过免费来实现赚钱目标的呢？

2006年4月8日，史玉柱在上海的新闻发布会上宣称这款新游戏的投资是国产版单款网络游戏中最大的，单区四万人同时在线，对所有的游戏玩家永久免费。这不得不让人感到困惑，既然永久免费，那要靠什么赚钱呢？

在"征途"的用户中，83%的用户免费，17%的用户收费，免费的用户给"征途"带来了巨大的人气，而收费的用户自然是带来了巨大的利润，这二者是相辅相成的关系，没有巨大的人气，哪里来的那17%的收费用户？

其实所谓的免费模式并不是完全免费，当然玩这款游戏是不花钱的，但是游戏提供的那些增值服务是需要付费的，玩家们正是通过这些增值服务把白花花的银子送进了史玉柱的口袋，诞生了很多花钱加快进度、获得更多特权的"人民币玩家"。

网络游戏的盈利模式有游戏点卡收费，而这一模式被史玉柱放弃了。他的增值服务有"替身宝宝"，如果某玩家一时没有时间玩游戏，可以通过"替身宝宝"托付其他人代练，仍然可以有30%的经验，当然使用这个"替身宝宝"就是要收钱的了（通过充值卡收费），而游戏中的升级装备也是要花钱的。

也许有人要问，这么明显的烧钱游戏，玩家为什么还要花钱去找那种虚拟世界中的成就感呢？提出这个问题的人一定是不了解游戏玩家的感受的，装备是这款游戏的中心，在游戏中拥有一套好装备，就会横行天下，而一个游戏爱好者为了找那种感觉，是很舍得花钱的。

巨人网络的另一个突破是，符合条件的玩家每个月都会得到"工资"，其实就等于消费到一定程度的玩家可以获得打折的服务，这种方式在网络游戏中还是第一次出现。

在洞悉用户心理方面，史玉柱堪称专家。"征途"抓住了用户的心理，就是好胜心、好面子。拥有这些心理的玩家，只得乖乖地掏出钱来，享受游戏中的成就感。

史玉柱是很重视自己的产品的。他会亲自去体验公司开发出的产品，而他则参与游戏的设计与测试，使"征途"集中了市场上大部分游戏的功能，这也使史玉柱在游戏市场竞争激烈的情况下还敢"明知山有虎，偏向虎山行"。

收费游戏与免费游戏之间是有区别的。免费游戏必须设计出很多玩点，同时也要有很多增值服务，丰富多彩的功能是玩点的一部分。而很多免费游戏所设计的增值服务烧钱过快，用户不接受。但"征途"这样的游戏，却在降低每一次服务的单价的同时，增加了大量的增值服务——玩家大多能接受这样的设计。

战争题材是网络游戏最喜欢选择的题材，同时也是史玉柱的最爱。"征途"自然是战争题材，而"巨人"也是战争题材，并且战争是这些游戏的主要卖点。一般情况下，服务器仅可以容纳两三千人，而由于技术的创新，"征途"却可以做到同时容纳上万玩家。

每个玩家在相同的大需求之下，还各有各的不一样的小需求，史玉柱为了能满足玩家的这些小需求，同时吸引更多的玩家参与到"征途"中来，尽可能地丰富游戏的内容，增加了像智力竞赛、骑自行车、运镖、采集、种植这一类的内容，吸引用户长时间地停留在他的游戏中，从而使他们为自己的增值服务付钱。

史玉柱对自己要做什么有着极为清醒的认识。他喜欢研究比尔·盖茨和李嘉诚的经历，也一直以他们为榜样。他把他们的成功经验结合在一起看，觉得要不断地寻找新的盈利点，而一旦找到这个盈利点，就要把它做大。在这样的思路的指导下，史玉柱选择了竞争残酷的游戏领域。

虽然专业人士纷纷指出"征途"这款新游戏不符合游戏市场的趋势，但史玉柱依然付出他那有名的执着。而在众多并不看好他的人的注视下，史玉柱一出手就有"乱拳打死老师傅"的气势，对游戏领域原来的很多规矩进行了突破。

史玉柱先是提出了"免费"的策略，接着又开创休闲加 MMORPG（大型多人在线角色扮演游戏）的风格。在他的游戏中，喜欢竞争的，可以找到合理的竞争原则；喜欢休闲的，则可以在打怪的同时斗地主。史玉柱宣称玩家们可以在这款游戏中找到符合自己爱好的玩法。而正是这些思路撼动了游戏界。

史玉柱希望自己的游戏能带给玩家们不一样的感受，因此其游戏有很多人性化的设置。例如，自动寻路功能就很受玩家们的欢迎，其他的像自动打怪、智力答题等都属于很注重用户体验的设置。史玉柱自己就是个玩家，自然非常了解玩家的心理，比如他自己觉得打怪升级枯燥，对此很不满，他就要求开发团队增加升级方式。这还只是个开始，史玉柱还会不断地改进"征途"的功能，以使其能够适应游戏玩家们日渐挑剔的要求。

不过，史玉柱所设计的升级系统是很烦琐的，目的当然是让用户在升级中不知不觉地花掉一大笔钱。

免费游戏对于收费游戏是一个极大的挑战，"征途"的收入超过了收费游戏，它的出现也使得整个市场的竞争朝着产品和服务至上的方向发展。

史玉柱不仅仅重视产品本身的质量，同时也非常重视销售，他有一支拥有很强销售能力的团队。由于史玉柱认为中国网络游戏的主力军在二、三线城市，所以他主攻的是这个市场。

史玉柱的雄心壮志是要建立中国网络游戏最大的营销网络，可以说，投资两个亿的"征途"的确征服了整个游戏界。

一个做网站做到发飙的人

2014 年 8 月，网上疯传搜狐大佬张朝阳因为吸毒被抓的消息，一时间各种传闻迅速发酵，网民粉丝对张朝阳的信息异常关切，各种消息迅速升温，为炒作带来了难能可贵的机会。

而张朝阳自己却深感无奈，可谓是"躺着都中枪"，随即发表微博澄清自己的无辜，他说自己平时连酒都不怎么喝，何谈吸毒呢？微博一经发出，流言不攻自破。在整个过程中，张朝阳一直保持着前所未有的淡定，就像粉丝对他的评论一样：他与生俱来的性格就是内敛。可是他对职业的态度却恰恰相反，无比地张扬，无比地放纵，就像他在做搜狐微博的时候，简直可以用"发飙"来形容。

一向严肃的张朝阳内心却极度地自由，从小在古城西安长大的他有着关中人的宽厚与淳朴。1976年恢复高考以后，他靠坚韧的意志连续参加五年的考试最终如愿进入清华大学物理系，同年远渡重洋到美国麻省理工学院学习，一直到完成最后的博士后学业。这个有志青年最大的梦想就是从事互联网行业。学成归来，他就一直为自己的创业梦做准备。

时机终于到来了。1996年，在美国风险投资的支持下，张朝阳创建了中国第一家以风险投资为投资方式的互联网公司——爱特信公司。1998年，张朝阳创立的爱特信公司开始推出搜狐的产品，并更名为搜狐公司。企业经过几年的发展，顺风顺水，终于在2000年7月12日在美国的纳斯达克成功上市，用张朝阳自己的话说就是：总算找到了自己的方向。

在随后的事业发展中，张朝阳把搜狐的市场渗透到各个领域：游戏、搜索、视频、微博，甚至金融，简直是无孔不入，分切各个效益蛋糕。

2014年9月，作为网络公司的搜狐，利用网络资源搞起了互联网金融信贷——搜易贷。相比阿里巴巴的招财宝而言，这个互联网金融队伍主要做的是向民间提供小微的金融信贷，最近几年互联网金融行业持续升温，张朝阳看到了这里面的优势，觉得互联网金融有很大的机遇和发展空间。他以开放的胸怀表示："只要正规经营，放开步伐，合理地做调度，中国的市场同样可以出现最伟大的投资银行。"

为了使搜易贷能够更好地为人们提供小额信贷，张朝阳特意让它与搜狐名下的搜狐焦点联合推出"焦点首付贷"，此合作项目主要是针对需要购房的用户，为他们提供小额的购房首付款，最高可以获得 20% 的款项。在其他方面，更大的优势在于不用贷款方提供抵押，还款的方式也是灵活多样，利率甚至为零。而张朝阳的信心是来源于搜狐集团的众多资源与核心团队的精诚协作。

我们不能否认搜狐对这些技术的掌控能力，和对风险投资的独到眼光，而张朝阳对于下一步的打算又有了新的方向。

随着《极品女士》等网络短剧在搜狐网站的成功播放，张朝阳又在探索以周播长剧作为搜狐视频的主打。随即搜狐视频上便出现了 16 集的青春短剧《匆匆那年》。对此，张朝阳有自己的想法：现在的版权成本居高不下，只能用不同的形式内容来满足观众的需求，在保证品质的情况下，寻找与其他网站的不同点。

张朝阳透露，短剧《匆匆那年》作为青春题材，很受年轻人的欢迎。第一次在长剧领域进行探索的搜狐视频，对每一个剧集的投入都在 100 万元以上，如此高的投入，主要是为了对网民粉丝的高要求、高水准进行最大限度的满足。剧组在编剧、拍摄和布景上下足了功夫，在演员的选拔上大多选用了新人，这样一来，在剧情和拍摄方面有了很大的提高，而对于年轻演员来说，也是一次很好的机会。为了调动网民观众的口味，还效仿美剧和韩剧的播放模式，每周只播放一集，以提高收视率。他还坦言，与几百万元一集的国产剧相比，这种自制内容的剧集成本还不算太高，对于今后的行情，依然是信心满满。

关于视频网站自制内容带来的成功，张朝阳有着自己的见解：自从支持正版的呼声进入影视行业以来，对资金的要求空前加大，许多剧组的拍摄需要大量的资金支持；一些演员的身价高得离谱，拍一部电视剧，动辄一集就要几百万元，简直是难以接受；还有一些剧组对影视剧粗制滥造，粗糙程度让观众无法接受。综合以上三点，就为视频网站自制内容的发展提供了机会，而且自制内容广告带来的收益既覆盖了成本的投入，又弥补了资金上的不足。

不过，视频网站自制内容也存在着一定的风险。张朝阳坦言，如果你不在视频的类型和内容上做出革新，一切的投入就都是徒劳的；只要形式多样，追求品质，了解观众的喜好，你的网站内容一定会为你带来好的消息。

张朝阳在搜狐微博上，利用他的"名人方略"展示拳脚，将他的搜狐一举打造成中国互联网的超级巨星。

张朝阳把搜狐微博看成搜狐未来发展的重中之重。微博的强大之处就在于，它能把繁复的信息和每天无固定位置的人群融合在一起，每天都有数以万计的人浏览、关注每个名人的信息，这就让这些粉丝与名人之间形成了关系，这种关系微妙复杂，带动着信息的传播。

正是微博的这一强大功能，给媒体带来了福音。可以想象，如果没有微博，门户网站就不会更多次数地被应用、被查阅，它的受众也就没那么多，势必造成门户网站的访问量下降。这样的威胁，是任何一个门户网站的经营者都不愿意遭遇的。

张朝阳对于做微博排到了新浪身后很是不服气，在多种场合公开发飙："微博根本没有新浪什么事，只有搜狐有这个机会和能力，我一定要把这个位置夺回来。"激动的言语简直是嚣张。

张朝阳可不是在简单地耍嘴皮子而已，他想了各种方法为自己的搜狐微博探寻出路。

首先，开展浩浩荡荡的微博相亲大会。此活动一经推出就引起了无数粉丝的狂热追捧，异常火爆，超过万人在线下报名参加活动，官方微博引来了超过六十万的粉丝围观。这个活动自从被推出起，就被网民粉丝公认为时下最给力的网络大事件，无数人通过微博相亲大会走到了一起，开始了甜蜜幸福的生活。

每个微博里都不能少了明星的影子。张朝阳也同样会利用自己的

"明星效应"拉拢其他的名人加入，大幅度地渲染明星的一举一动。

真正让张朝阳和搜狐微博火起来的人是大S。当年大S、汪小菲两人结婚，大S把所有的媒体统统挡在门外，拒绝一切的跟踪报道，唯独把机会留给了张朝阳——只有他有资格在婚礼现场全程直播拍摄。这可惹恼了台湾媒体，大家纷纷表示抗议，大S、汪小菲无奈，只好又委托张朝阳在搜狐网上登他们二人的道歉信，澄清事情的原委。通过这件事，张朝阳和搜狐微博一下子成了众人谈论的话题，有的粉丝甚至调侃说，大S、汪小菲的婚礼最应该欢喜的是张朝阳。

网络时代的步伐越来越紧凑，张朝阳跟搜狐还有更大的难题要挑战。新浪和腾讯已经分享了大半的网络市场，各种门户网站一应俱全。最近几年，张朝阳不惜亲自上阵，或是投入更多的资金来发展搜狐的市场。也许，在强大的网络竞争中，张朝阳真的是发飙了！

免费体验：龙湖地产抓住了客户的心

1994 年，重庆龙湖地产公司宣告成立。10 年后，龙湖地产的销售额达到了 10 亿元；13 年后，龙湖地产的销售额达到 100 亿元；15 年后，龙湖地产在香港挂牌上市。

这家成长于重庆、发展于全国的地产公司，被业界人士形容为"可怕"的龙湖地产。这种"可怕"不仅来源于它的发展速度，更源于它对于产品细节的无限追求。能够发展到今天的规模，龙湖地产凭借的不是雄厚的资本，而是它推行免费的客户体验，能够牢牢抓住客户的心。

2010 年，刚刚在香港成功上市的龙湖地产，在得到充足的发展资金以后，终于开始尝试着开发新的地区，而青岛成了它的首选目标。10 月 23 日，龙湖地产宣布位于青岛胶州湾区域的龙湖滟澜海岸城市别墅正式开盘，别墅开盘当天就实现交易 378 套，交易金额达到了 13.3 亿元。这个销售数据震惊了青岛的房地产市场，同时刷新了青岛别墅市场开盘日的销售套数、销售面积和销售金额三项指标的纪录，交易成交量甚至和青岛别墅市场自年初至 10 月 17 日的成交总量不相上下。同年 11 月，杭州的龙湖滟澜山正式开盘销售，销售情况同样火爆，开盘一周就实现了 8 亿元的成交数额。

2009 年，龙湖地产涉足的城市只有重庆、北京、上海、成都、西安，而仅仅在 2010 年这一年的时间里，龙湖地产就向无锡、沈阳、青岛、常州和杭州同时发起"进攻"，旗下"滟澜"和"香醍"两个系列的产品迅速在新进城市落地，并且都取得了非常漂亮的销售成绩，吹响了自己快速发展的号角。

龙湖地产之所以能够取得如此辉煌的成绩，并能够维持业绩的持续增长，除了自身的实力，其推行的客户免费体验式营销策略功不可没。

龙湖地产专门在龙湖滟澜海岸设置了一片占地约十二万平方米的大型体验区，体验区分为四大板块，顺序依次为门口的形象区、海滨的休闲区、核心售楼处，最后到达别墅样板房。四大板块层层递进，一气呵成，让客户能够身临其境地感受到龙湖别墅的魅力，并为之倾倒。

龙湖地产一直把客户免费体验放在企业发展中一个举足轻重的位置，并为此专门设置了直属中心，有超过二十名的工作人员全权打理客户体验区，大到整个别墅的卫生情况，小到一本杂志的摆放位置，都要经过工作人员细致地安排与调整。正是因为这几近完美的体验，客户才能下定决心，不惜斥巨资购买龙湖的房产。同时，龙湖用此举动也让自己的品牌在每一个新进入的城市中落地生根，发扬光大。

龙湖不断加强客户对自家产品的体验，龙湖人认为客户只有在真正地走进龙湖，对环境和服务有了切身的感受和体验之后，才能知道龙湖对细节的高追求和对质量的高掌控。早在 2006 年，龙湖就在成都开展了一场名为"思君不见下渝州"的活动，带领着成都上千名有意购房者亲下重庆，与龙湖地产进行亲密接触（这一活动被业内奉为经典，影响至今）；2008 年，龙湖上海滟澜山别墅开盘之前，特意将所有的会所提前向客户开放，让客户用实景体验的方式提前感受到了物业服务的全面与合理，由此创造了滟澜山的热销景象，实现了 5 亿元的销售金额，这股购买热潮整整持续了 5 个月，让龙湖在上海别墅市场中抢得了一席之地。

房产对于个人来说，属于"奢侈品"，因为动辄就要花费成百上千万元才能把一所房子成功地纳于自己的名下。而想要让购房者从自己的腰包中掏出这样一大笔钱来，没有让他们切实感受到实惠是不行的；而购买者只有真正地购买房产，才能有切实的体会。这是房产业的一大矛盾。龙湖地产通过免费体验的方式，让意愿购房者能够不花一分钱就提前感受到优质的服务，体会到龙湖地产精益求精的态度和品质，让购房者自主地将意愿转化为实际的行动。正是免费体验的魅力，才让龙湖地产的业绩得以逐年稳定的增长，屡次打破成交套数和额度的纪录。

龙湖地产喜欢将自己置于客户的角度，从客户的感受、行动、情感等角度出发去定义和设计自己的体验计划。用良好的环境、迎合客户需要的产品和完美的服务，让客户在看和听的过程中，在触摸和接触的过程中，产生满意和喜欢的感觉，创造出让客户难以忘怀和值得回忆的丰富体验，从而促使客户做出购买决策，完成项目的销售工作并争取能够让客户的利益达到最大化。这也是为什么龙湖地产的重复购买率稳居行业前列的主要原因。通过免费体验，龙湖地产能够最大限度地挖掘出客户的潜在需求和欲望，提升客户对龙湖地产的喜爱度和忠诚度，当这种喜爱与忠诚达到一定程度时，老客户就会向新客户介绍龙湖地产，龙湖地产的拥簇者就会变得越来越多。很多消费者在购房时是存在一定的盲目和跟从心理的，这些体验过了的客户就是龙湖地产免费的广告和最有说服力的代言人。

与此同时，在当前瞬息万变的市场环境下，客户的需求和欲望也在不断地变化。通过客户免费体验的方式，龙湖地产能够根据客户反馈回来的信息，更准确地把握客户的需求，不断完善自己的服务和项目，提升自己的品牌影响力，让自己在以后的发展中获益。

品牌来自于消费者体验的积累，当自己的客户体验不足以提高自己的品牌价值时，就要通过免费的形式不断招揽自己的新客户，用免费心理敲开客户的心扉，完成自己的品牌战略。

优惠多多：美团网用折扣吸引你的眼球

全球第一家团购网站高朋（Groupon）成立于 2008 年，网站的主要亮点在于每天只在线上推出一款折扣产品，每个注册用户每天只能拍一次，其所推出的折扣产品都是服务类型的且具有一定的地域限制。这一新型消费模式得到了消费者的热烈推崇，在业界引起了强烈的反响。

美团网于 2010 年 3 月 4 日宣布上线，在进行一些调整后，美团网成功地克服了团购行业中的不稳定因素，在竞争激烈的团购市场中顽强地存活了下来，并取得了令人艳羡的成绩。

为什么美团网会取得如此傲人的成绩？为什么消费者会喜欢光顾团购网站？这主要在于"折扣"二字。

薄利多销，但除那些批发商以外，人们在进行购物时，都不会大批量地只买一样商品，卖家为了盈利就会提高商品价格。但通过团购的方式，消费者的增加使得卖家的利益得到提升，此时卖家就愿意将自己的物品以低价出售，达到以量获益的目的。假使一件衣服的成本为 200 元，卖家卖给消费者的单价可能为 340 元，此时卖家盈利 140 元。但当卖家将商品以 220 元的单价放在团购网站上进行出售时，可能就会有 50 个消费者同时购买，此时卖家盈利就会达到 1000 元，前后差距达到了 860 元。虽然卖家的单件利润减少了，但通过数量的弥补，卖家的整体利润却得到了极大的提升。显然，不论是对消费者还是对卖家，团购都是使自己利益最大化的有效手段。

美团网发展壮大的基础也来自于折扣，而美团网之所以能够从众多的团购网站中脱颖而出、拔得头筹，主要与以下策略有关：

第一，低价策略。进行网购的消费者都知道通过网络营销，卖家的销售成本会大大地降低，而团购则会让卖家在普通的售价基础之上进行更进一步的让利，所以美团网发展的根本策略就是低价。但低价并不代表低端，美团网为自己制订的价格策略是"商家要好，折扣要低"，所以美团网合作的对象都是在一定区域内具有相当知名度和影响力的企业，消费者不用担心因为价格的变化而产生质量上的不同。

第二，可变的折扣策略。美团网在团购网站中具有超高的知名度，是很多消费者进行团购时的首选网站，所以商家基本不会为参团人数担心。具有强大用户基础的美团网在和卖家进行谈判的时候会就价格折扣进行相应的约定，当参团人数达到一个限度以后，卖家还要将折扣升到更高的位置。在团购之前，美团网会根据自己和商家的要求制订好价格函数，参加的人越多，价格就会越划算，这种根据参团人数决定折扣标准的政策也得到了卖家和买家的大力支持。

第三，差别定价策略。美团网的市场占有率是所有同类网站中最高的，注册的用户中有很多都会重复购买，商家也可能会重复地推出一些产品，而面对二次购买甚至重复购买率更高的用户，美团网就会在原本折扣的基础之上给这样的用户提供更高的折扣和相应的补贴。

这不仅为美团网培育了一批批忠诚度非常高的用户，同时也极大地提升了美团网在网购者心中的美誉度。

第四，分批付款策略。很多消费者都在反映，有一些商家在得知自己是团购用户之后，对自己的服务态度瞬间转变，而提供给自己的商品也会和正常购买的商品有些不同。面对这样的情况，美团网提供分批付款功能，消费者在团购时只需要支付一部分费用，在得到了完整而满意的商品和服务之后，再向商家补齐剩下的费用。例如，消费者在美团网上团购了一张25元的电影票，在付款时，消费者只需要向影院支付5元钱，就可以凭借着美团网发给自己的序列号和密码前去影院看电影，到影院时，只需要凭借着消费券再补齐差价就可以了。

正是通过这些科学而全面的价格策略，美团网才成为目前中国市场占有率非常高的团购网站。虽然美团网不是中国第一家团购网站，但它凭借自己"消费者第一，商家第二"的原则将自己的位置放到了最低，使自己的消费额逐年增长，市场占有率也跟着水涨船高。

除了优惠的价格策略，为了吸引到更多用户的加入，打响自己的知名度，加强自己的影响力，美团网还推出了"0元抽奖活动"和"邀请返利"活动。

"0元抽奖活动"在推出伊始受到了消费者的普遍怀疑，人们不信任这种"0价格"的抽奖方式，于是美团网联系到了用户众多的新浪，在新浪官方媒体的见证下，向消费者证实了这种促销活动的正规性与真实性，用户确实可通过免费抽奖的方式得到大众所喜爱的手机甚至计算机等一系列高端产品。此举不仅向用户证明了美团网的实力，更重要的是抽奖活动的如实兑现向用户展示了美团网对于自身信用的重视，获得了用户的信任。与此同时，通过免费抽奖，美团网的网站点击量得到极大提升，这不仅讨好了用户，还提高了美团网的知名度，真可谓是名利双收。

　　"邀请返利"活动的规则是用户购买成功后，将链接发送给自己的好友并推荐其进行购买，一旦好友通过此链接在限定的时间内成功购买，美团网就会为此用户提供一定价值的返利。通过"邀请返利"活动的进行，美团网获得了大量通过老用户挖掘过来的新用户，壮大了自己的用户群，提升了自己的市场占有率。

　　美团网是全球范围内第一家推出"过期退款"的团购网站。团购券的过期问题曾困扰着每一个消费者，团购行业内部也曾对此进行过广泛讨论，直到美团网敢为人先地推出了"过期退款"的政策，这个问题才终于得到了解决。美团网认为，既然消费者没有得到相应的服务和产品，他们就不应该付出报酬，也许消费者忘记了或者干脆因为其他一些不可抗力的因素而出现所持消费券过期的情况，但这并不是消费者有意为之，所以美团网应该把款项退还给用户。在用户的消费券即将过期的时候，美团网会向用户多次发送消息进行相关的提醒，即便最后用户没有进行消费，美团网也会毫无保留地退款给用户。时时刻刻为消费者着想，这就是美团网"把消费者放在第一位"的集中体现。

　　通过高折扣、0元抽奖、过期退款等方式，美团网将商品和服务几近免费地送给用户，种种政策为美团网拉拢到了大批忠诚度颇高的粉丝和用户。美团网的创始人王兴曾说："团购网站的冬天已经到来，千团大战结束后，或许最后只剩下三五家团购网站了。而美团网已经做好了过冬的准备。"

一曲《小苹果》，催红一个制片人

　　2014年5月，人们被一首"神曲"成功"洗脑"！"我种下一颗种子，终于长出了果实……你是我的小呀小苹果，怎么爱你都不嫌多……"

这就是现今被无数人传唱的网络红曲《小苹果》。从歌曲 MV（音乐录像带）到网友恶搞，无一不说明了这首歌曲的火爆程度。

人们对歌曲《小苹果》的熟悉程度甚至超过了它的电影原作。《小苹果》原本是《老男孩之猛龙过江》的宣传曲，由筷子兄弟创作，意在表达他们对流行的致敬和对青春的怀念。苹果，作为最受人们欢迎的水果之一，有着丰富的含义，代表着值得珍爱的人和事，在影片里也和一段爱情故事有关。

《老男孩之猛龙过江》由韩轶担任制片，作为资深的影视投资人，他坦言，在《老男孩之猛龙过江》开拍之前，就有人劝说他不要投资制作这种没有知名演员的片子，这样赚不到钱不说，还会坏了自己的名声。

的确，作为新生代影视新贵，"80 后"的韩轶事业刚刚崛起，稍有不慎就会满盘皆输。回想往事，每一段经历韩轶都历历在目。

韩轶确实是一个在影视方面不可多得的全能选手。他在 2001 年走入人们的视线，那时的他风华正茂，可谓是年少得志，通过在北京举办个人摄影作品展脱颖而出；2006 年第一次以独立制片人的身份拍摄电影《茶色生香》，被业内权威人士公认为"中国最年轻的电影制片人"；随即，其在 2007 年第 16 届金鸡百花电影节所播放的故事片《笛声何处》，被国家电影局推荐参加第四届好莱坞中国电影节，影片在国外广受赞誉；接着，又被 2008 年北京奥运会组委会邀请，担任奥运会的大型活动总指挥；2013 年又与导演高希希合作拍摄大型 3D 科幻电影《襄阳之诸葛亮密码》。

在韩轶看来，几年的打拼虽然艰苦，但更多的是觉得成功来之不易。人生就是战胜无数困苦的过程，越是困难就越要尝试，越是不被别人看好的东西，也许在努力下就会有意想不到的收获。于是，韩轶准备尝试一下，接下这个不被人看好的电影——《老男孩之猛龙过江》。

2014 年 5 月底，光彩影业传媒公司（2004 年由韩轶一手创办）开始在网上宣传歌曲《小苹果》的 MV。这首单曲动感色彩浓厚，与以往旧曲不同的是，音乐清新亮丽，歌词也很简洁，唱起来朗朗上口，容易被快速记下来，瞬间就能让我们想起迪斯科的动感。

再加上整个 MV 都在韩国拍摄完成，由著名的《江南 Style》的作者鸟叔担任舞蹈动作设计，整个 MV 讲述了一对男女四世的情感纠葛，并邀请韩国歌手裴涩琪客串其中的角色，为 MV 增色不少。

《小苹果》上传不到两周就达到了韩轶在起初阶段预想的效果，分别在酷狗、酷我音乐、网易云音乐获得三个"最热"和"第一名"。一时间，整个社会从咿呀学语的小孩到热衷广场舞的大妈都爱上了这首歌，特别是大妈们《小苹果》的广场舞在网络上走红，让《小苹果》红到了难以附加的地步。不管你是时尚一族还是小清新，或者是东北汉子、南国姑娘，只要有《小苹果》的旋律，你就有跳起来的冲动。根据《小苹果》而研发出的歌唱类软件也应运而生，各路"豪杰"争相 K 歌，一举拿下麦霸的那种劲头简直难以形容。《小苹果》真是"血洗"了社会，"血洗"了网络。

善于创造的网民当然不会放弃各种搞怪的机会，这些拍客们自发的模仿秀在网络异常活跃，各种风格的"苹果舞"层出不穷：有刚满周岁的萌娃，有穿着校服的学生，更有疯狂搞怪的大叔，简直让你乐翻天。

到了六、七月，《小苹果》的火热程度简直要爆棚了。三里屯太古里的快闪版《小苹果》点击量超过三千万；李小璐等明星和网友模仿《小苹果》的网络视频已有五千多个。

除了搞笑视频，各种奇葩版《小苹果》游戏也层出不穷，苹果和安卓的应用商店里一时间热闹非凡，所涉及的游戏适用人群从 15 岁到 70 岁不等，但总体而言还是以年轻用户为主，所设计的游戏类型大多数以休闲路线、非主流路线呈献给年轻用户。

　　除此之外，对于《小苹果》的利用人们是不会放过任何一个可以抓住的机会的。一年一度的征兵季又来到了，陕西省西安市政府征兵办公室为此特别制作了名为《祖国，我来了》的2014年征兵宣传短片。这个军营版《小苹果》又迅速走红，让每一位人民子弟兵都深受鼓舞。最终，军营版《小苹果》因为紧贴话题、精神向上，被国防部征兵办、总政宣传部评选为2014年全国征兵宣传片第一名。

　　粉丝们对《小苹果》的疯狂追捧，或许韩轶早有预料；或许他根本没有想到会火到如此地步。但是，韩轶已经确定用这种营销方式继续他的商业运作，要用粉丝这个群体对新鲜事物的热衷传递他的制作理念，不要觉得没有名演员就没有好的票房，真正能够赚取好的票房的不是演员的演技、拍摄的特技，而是那份与观众心与心的接触。

　　也许，"神曲"《小苹果》在不久的将来就会被人们淡忘，新的"神曲"又会出现。但《小苹果》终归算是完成了它的历史使命，更纯粹地说是它的商业使命，而《老男孩之猛龙过江》在第一周就达到了1.3亿元的票房，"筷子兄弟"肖央、王太利的出场费甚至高出了那些科班出身的一线明星。而所有的这些，都是《小苹果》带来的，作为"神曲"，它的地位当之无愧。

　　美国苹果公司也注意到了《小苹果》的网络营销价值，主动找到筷子兄弟和韩轶的光彩传媒交流合作意向，以便在iPhone6上市时起到宣传的作用。一些国内的知名企业也纷纷找到筷子兄弟，极力征求他们为其产品代言。

　　如今的韩轶又在文化地产方面做文章，在他的老家湖北襄阳，斥资3000万美元建了一座三国影视城，韩轶觉得，自己身为荆楚大地的子孙，有责任把故乡的文化传承下去，目前初步的想法就是利用互联网的商业运作搞这个项目，因为这是这个时代赋予他的使命。

对于韩轶的这个想法，艾瑞咨询集团总裁杨伟庆深表赞同。他说："湖北人民在网购中的消费在中国的地位是前十，目前湖北做得比较成功的互联网公司还不是很多，这里蕴藏着无限的商机。"

投资《老男孩之猛龙过江》，"神曲"《小苹果》风靡全国，韩轶的个人感觉就是，互联网时代的营销要靠粉丝，而商家必须学会经营客户的理念，把客户变成你的粉丝。这样说来，你的经济团体就是粉丝团体。

永久免费：360 迅速实现高收益

互联网时代让每个网民和杀毒软件都产生了密不可分的关系，很多杀毒软件为了让用户能够有更好的体验，都会提供给用户一段免费的试用期，而期限一到，用户如想继续使用，就需要进行购买。但此时一款永久免费的杀毒软件却横空出世，彻底打乱了杀毒软件的市场。这款让众多杀毒软件都陷入危机的软件就是 360 杀毒软件。

360 杀毒软件一经推出，就得到了广大网友的大力支持。网民纷纷下载此软件，360 的客户量激增，以迅雷不及掩耳之势顺利"攻陷"了大批网民的桌面，迅速抢占了杀毒软件的市场。据 360 官方公开的资料显示，2009 年 9 月，免费的 360 杀毒软件发布后，平均每天的下载量都达到了百万人次，最高纪录接近 200 万，而当时的中国网民总数也不过 3 亿多。在相当短的时间内，360 就已经占到了市场份额的 60% 以上。它运用"免费"这一招，势不可当地打败了一直占据着杀毒软件市场第一名的瑞星杀毒。在有了广泛而牢固的客户群之后，360 开始借助杀毒软件的安全平台深度拓展自己的业务线，向网站导航和软件下载等领域进行大跃进式的迈步。

360 的增值收入主要有两种，即服务收入和广告收入。

第一种是基础服务收入：奇虎 360 在自己的平台之上为网民提供第三方公司所开发并运营的网络游戏，同时向一些付费会员提供远程的协助和技术支持。360 依靠牢固的用户群，借助广泛的杀毒平台，可以很方便地占据用户的桌面，所以在提供平台推广第三方的网络游戏方面具备着得天独厚的优势。360 自己也承认，联合运营游戏所带来的收入的增长速度要比网址导航方面带来的广告收入的增长速度高出很多。

最初 360 合作运营的游戏只有二十多款，而如今则不下百款。通过与第三方的合作，奇虎 360 既能够从第三方手中获得自己的既定收入，又能够为自己的用户提供更丰富的娱乐生活和更新潮的应用。

虽然 360 的杀毒软件是免费供网民使用的，但用户想要体验更高端的远程服务则要支付一定的费用。免费加收费的模式已经成为现如今众多公司都在使用的一种常见商业手段。360 在自己的杀毒页面中专门为远程电脑服务划分出了一个板块，"电脑专家"会一对一地对网民进行远程指导和电脑维护，这也成为 360 的增值服务之一。

第二种是网络广告收入。360 有自己的浏览器和平台支持，而 360 会将免费策略所带来的大量用户转化成为自家浏览器的用户，有了众多用户做支撑，360 就可以向第三方收取网络广告的大笔费用。无论是浏览器还是网址导航，甚至包括搜索公司提供给 360 的流量导入费，都让 360 赚得盆满钵满。

在百度 3 月发布的国内浏览器使用排行统计中，360 占到了 26%。360 网址导航是建立在 360 浏览器之上的，使用 360 杀毒软件的用户会收到 360 浏览器的安装提醒，而一旦用户下载并安装 360 浏览器，360 网址导航就会被默认设置为浏览器的主页，而第三方想要在主页中占据一席之地，就要付出高昂的广告费用。360 浏览器所带来的广告费用是非常可观的，这种费用也在逐年增长。

据统计，截止到 2013 年 12 月，360 电脑端的月活跃用户达到了 4.75
亿；使用 360 手机卫士的用户达到了 4.67 亿；安装并使用 360 浏览器
的用户已经达到了 3.54 亿；360 的起始页面和它的子板块，每日的平
均访问量达到了 1.19 亿人次，而点击量更是高达 6.81 亿次；360 自主
研发的搜索引擎服务，占据着 26% 的市场份额。这些数据无不向人展
示着 360 的傲人成绩，而这个成绩的前提则是 360 最先推出的免费服
务。可以说，没有 360 杀毒软件的免费使用，360 就没有如此广泛的
用户，而互联网时代，没有用户就没有发言权，就没有任何利益可言。

360 在竞争如此激烈的杀毒软件市场中，之所以能够迅速抢占市
场，成功地做到后来者居上，所依托的就是它那"终身免费"的口号
和不断推陈出新的产品。有了用户，才有广告；有了广告，才有宣传
和研究的经费；有了经费，才有创新的产品；有了广泛的宣传和优质
的产品及服务，才能有更牢固的用户群。正是这些环节彼此之间形成
了积极的正反馈作用，才有了 360 如今的规模和成绩。

360 的周鸿祎曾说："我们的目标就是利用向客户提供免费的服
务和平台，达到吸纳客户的目的，在有了广泛的客户群之后，再逐
步建立起我们的品牌和影响力，并达到最后依靠用户获得增值收入
的目的。"这个盈利模式与腾讯的盈利模式相较起来颇为相似，而在
稳定的用户基础之上发展起来的 360 浏览器和游戏等产品，每年给奇
虎 360 至少会带来上亿元的收入。很多人都曾有过"360 什么都免费，
靠什么盈利"的疑问，现在这些人大可不必为此担心，因为它的盈利
状况已经大大超出了你的预想。

互联网经济越来越向着规模经济发展，客户的多少直接决定了一
个企业的利润大小。360 一直都在按照用户的需求做杀毒，这样不仅
能够保持用户对它的良好印象，更能够留住用户，增加自己的竞争力。
凭借着庞大的用户群，360 能够得到很多杀毒软件公司都无法企及的

用户样本量，有了众多的样本数据之后，360 就可以进一步地对自己的产品加以研究和加强，不断地为用户提供更独家的产品和更优质的服务。同时，用户出于对 360 的信任，会乐于将自己电脑和手机中出现的问题交由 360 来解决，这也促使了 360 对用户软件产生了一定的约束作用，而一些第三方软件想要获得用户的认可，就不得不向 360 缴纳一定的广告费用。

现在的 360 已然成了众多广告商眼中的宠儿，这使 360 从第三方手中拿到的广告费占据了它总收益的 70%。而任何一个企业所推出的免费服务，其最终目的无疑都是从用户身上赚取最多的利益。

游戏随便玩：盛大游戏的发展秘诀

中国游戏行业曾有一家企业创造出了很多传奇，成为业内当之无愧的"神话"，而它就是盛大。

1991 年 11 月，盛大在上海成立，并同时推出了一款名为"网络归谷"的社区型游戏，这是中国第一个图形化的虚拟游戏。2001 年 9 月，盛大推出大型网络游戏"传奇"，正式进军网络在线游戏的运营市场，两个月过后，"传奇"成为软件销售排行榜的第一名。2002 年 5 月，盛大建立了人工服务台，专为用户进行各方面的答疑解惑，部门平均每天的接听电话数目达到了 6000 个。同年 6 月，盛大又成立了接待中心，据工作人员透露，他们平均每天要接待的用户超过了 300 名。盛大运营的休闲网络游戏"泡泡堂"，同时在线用户最高时可达到 70 万，刷新了世界纪录。2005 年 11 月，盛大决定将旗下运营的"传奇""梦幻国度"等几款主力游戏变 come（进入游戏）–pay（付费）–stay（留下体验）模式为 come（进入游戏）–play（体验游戏）–pay（付费）模式，即从原来的想玩游戏先付钱模式，变为了游戏免费、道具收钱的模式，这引起了业内的轩然大波，而在经历了一段时间的摸索和尝试过后，免费模式发挥出了巨大威力，使得盛大的业绩顺利赶超了当时的网络游戏界"霸主"网易。2008 年 6 月，盛大成立游戏公司。2009 年 9 月，盛大游戏在美国成功上市。

从公司成立到上市，盛大仅用了 20 年就完成了"从丑小鸭到白天鹅"的华丽蜕变。这样急速的成长自然和中国整个游戏行业的热度分不开，但除此之外，盛大推出的免费模式也为它的发展注入了一股不可或缺的新鲜血液。

"传奇"是盛大推出的一款角色扮演类游戏，同时它也是国内第一款此类游戏。2001 年 9 月，盛大从韩国引进此款游戏，刚一面世就引起了玩家的广大关注和游戏热潮。这是我国目前为止运作得最成功的网络游戏之一。可以说，"传奇"对盛大的崛起与称霸有着功不可没的作用。

但喧嚣终会归于平静，"传奇"在爬上了顶峰之后终于出现了疲软的情况，它的同时在线玩家在 2005 年第三季度时出现了首次的明显下滑，由原来的 38.1 万人骤降至 23.3 万人，虽然这依然为盛大带来了 1.5 亿元的利润，但此收入相比它以往的成绩却下滑了 33.5% 的额度。无疑，这也直接导致了盛大整个公司业绩的下滑。

正是"传奇"创造了盛大的荣耀和辉煌，但如今它却成为公司业绩下滑的主要因素。原来"传奇"所创造出的利润甚至能够占到盛大整体利润的 100%，而今却连 30% 都不到。"传奇"在"魔兽世界"和"梦幻西游"等游戏的联合打压下，已经明显进入到了衰退期，如果盛大公司再不采取措施对"传奇"进行挽救或推出一款能像"传奇"一样吸引玩家眼球的游戏，任由这种衰退继续发展，那么网易和九城等公司将会在市场占有率和用户数量等方面迅速地赶超。而为了保住自己的霸主地位，盛大终于推出了日后对游戏界产生重大影响并被众多公司效仿的免费政策。

关于盛大免费模式的诞生，坊间一直流传着这样的版本：唐骏见了几位主要负责"传奇"私服的负责人，向其询问了免费模式的可行性，在获得几位负责人的肯定之后，立马就将此模式投入到了运营之中。从传统的 come-pay-play 变形到现在的 come-play-pay，其间必然经过了负责人们的激烈讨论和深入研究。这是一场事关生死的赌博，想要把这个模式真正地应用于游戏之中，需要的不仅仅是勇气，更是一种智慧。庆幸的是，盛大赢了。

当时有报道称，盛大游戏在"五一"期间，通过"游戏免费，道具付费"活动获得了不下亿元的收入——一些玩家为道具所投入的费用要远远高于原来的点卡费用，毕竟像游戏道具这种增值服务，盛大是可以无限收取的。免费模式为盛大带来的高收益，引发了盛大对付费道具等增值服务的疯狂扩充，导致大批付费玩家纷纷涌现，让盛大顺利地从原来的点卡付费时代过渡到了现如今依靠增值服务盈利的时代。通过这一举措，盛大不仅成功地扩大了私服游戏的存活空间，更重要的是，它引发了众多市场投资者对盛大股票的热情。

推行"免费游戏"策略，不仅保住了盛大宝贵的用户资源，延长了它的一些主力游戏的寿命和游戏周期，更是打乱了网易等老对手们的发展策略。盛大用短期的利益牺牲换来了长期的利益增长，保住了自己在游戏市场中的占有率。免费模式的开启，打开了免费网络游戏的大门，使得越来越多的玩家加入到这个市场中来，而正是免费策略为网络游戏所设置的低门槛，才让原来众多没有接触过网络游戏的玩家愿意去尝试，愿意去亲近网络游戏，使中国的网络游戏市场发展得越发繁荣。

国内著名互联网分析师吕伟钢表示："盛大推出的免费游戏模式已经在游戏行业中引发了一场强度极高的地震，它把整个行业原有的传统经营模式和既定的市场格局通通地打乱，建立了一个自成一体的新型收入模式，这对盛大的竞争对手而言，无疑会带来巨大的消极影响。"

盛大免费模式的推出，引发了众多玩家的游戏欲望和参与热情，而盛大游戏的同时在线人数获得的急速提升，向还在持观望态度的众多公司发出了明确的信号：免费模式是迎合了众多游戏玩家心理的科学运营模式。虽然免费模式在一定程度上减少了企业的收益，但通过免费模式所吸引来的众多玩家，极大地提升了游戏的知名度和影响力，而用老玩家带动新玩家，用老粉丝带来新粉丝，使得盛大的用户资源在无形之中就得到了极大的增加。

目前，商业模式正在经历着种种异化和变形，商家正在向消费者提供越来越多的服务与优惠，但服务不是让消费者白白享受，而优惠也不是让消费者白白获取的，毕竟这个世界上不存在免费的午餐。一旦消费者因为商家提供的服务和优惠对商家产生认可与信赖的心理，就会不自觉地开始交付出自己更多的价值给商家。正如玩盛大游戏的玩家一样，因为游戏免费，众多玩家一哄而上，热情地参与到了游戏中来，可是经过时间的推移，玩家在网上已经交到了很多的朋友和"战友"，有了一些所谓的"江湖面子"和荣誉。面对其他付费玩家对自己的赶超，免费游戏的玩家也会不由自主地开始不惜代价来进行消费，购买高级的道具和武器来强化自己，装点自己的门面。正所谓"由俭入奢易，由奢入俭难"，当玩家习惯了自己在游戏之中的高地位以后，就会不断地加强自己的武器装备来维持自己的形象和战斗力，就像那些咬住了鱼饵的小鱼一样，越是挣扎，陷得就越深。免费模式的盈利也来源于此，它科学地利用了"二八黄金法则"，即付费用户只占到所有玩家之中的 20%，但这 20% 的玩家所付出的高消费却为盛大带来了 80% 的收益。

"我没有那么傻，把每年上亿的收入白白扔掉。"这是盛大负责人陈天桥在面对记者采访时说的话，而盛大公司的发言人李黎群也曾经对外界表示："虽然免费模式在短期之内影响到了公司的整体收益，但公司会不断强化增值服务给玩家带来的高吸引力。随着玩家的增多，市场占有率的提高，增值服务的收益将会迅速填补免费游戏的空缺。从长远的角度来看，免费模式对公司的发展壮大是大有益处的。"

现如今，盛大率先推出的"游戏免费，道具付费"已经成为我国网络游戏界的主流模式，正是这一模式的出现创造了盛大新的"传奇"。

向乘客提供免费 Wi-Fi：重庆"的哥"的创新

星巴克中随处可见正在浏览网页、刷微博的时尚白领；即使身在发布会现场，记者们也能随时向上级汇报情况，传输稿件；越来越多的人成为"宅男"和"宅女"，在休息时间宅在家中连上自己的 Wi-Fi 随心所欲地上网冲浪。Wi-Fi 成了我们生活中不可或缺的一部分，如今的商场、机场，甚至在一些公交车上，都已经实现了 Wi-Fi 覆盖。而当我们去饭店吃饭时，第一眼看的往往已经不是菜单，而是饭店的 Wi-Fi 账号。

有一天，有一位名为"张超 Vncent"的网友发布了一条微博：重庆的一辆出租车已经覆盖了 Wi-Fi 网络，乘客在乘车的时候可以免费"蹭网"。在文字下方，他还配上了几张照片，分别显示了出租车司机贴在前挡风玻璃和副驾驶前方的提示：本车已全面覆盖 Wi-Fi 网络。同时司机将 Wi-Fi 密码也打印在了这行字的下方，并提醒乘客：为了你的个人安全，请不要随便下载游戏和软件。微博一经发布，就引起了众多网友的广泛讨论，人们纷纷为他点赞，并有许多微博网友留言回复道：好想体验一次。

　　这位向乘客免费提供 Wi-Fi 的司机名为张超，今年 25 岁，做出租车驾驶员不过一年多。张超最初在出租车上安装 Wi-Fi 的目的仅仅是为了能让自己更快速地抢单，因为现在有很多打车软件，像比较主流的"滴滴打车"和快的打车等，很多年轻人都会通过这些软件来叫车，司机安装了打车软件之后不仅能够根据订单内容自主地选择乘客，还可以得到来自软件方的补贴，于是很多司机都纷纷开始安装打车软件查看订单。查看与接收订单都需要网络，如果司机的网络过慢，就无法抢到订单，而为了增加自己的竞争力，张超决定在出租车上安装 Wi-Fi，以此来提升自己的网速，便于抢单。

　　张超于 2013 年 11 月 10 日，将移动 Wi-Fi 带到了自己的出租车上，一番测验以后，上网速度提升了很多，而他抢到订单的概率也增加了不少。

　　把 Wi-Fi 免费提供给乘客源于一次非常偶然的机会：有一次，张超接到了几位急着团购 KTV 的乘客，但因为网络原因，团购一直失败，再继续失败下去，势必会影响到他们今天晚上的安排。张超看着他们着急的样子，就将自己的 Wi-Fi 账号和密码告诉了他们，几人连上 Wi-Fi 之后顺利地团购上了 KTV，心情顿时放松下来，连连称张超帮了大忙，以后一定帮张超大力推广他的出租业务。

　　乘客的话给了张超灵感，他想：Wi-Fi 不仅可以给自己用，还可以让乘客免费使用，这样不仅方便了乘客，同时也扩大了自己的知名度，而且一点都不需要为网速担心，因为自己的使用时间和乘客的使用时间正好是错开的。就这样，张超打印了三张纸，将这三张纸分别贴在了出租车的前后挡风玻璃和副驾驶前方，纸上标明了自己的 Wi-Fi 名称和密码，在密码下方还有一些安全提示。贴好以后，张超和他的出租车果然引起了路人的注意，并且有很多人都会主动前来乘坐他的车。

据乘客反映，张超提供的 Wi-Fi 信号还不错，在车上刷微博、逛网页一点也不卡。张超自己也说，他的这台移动 Wi-Fi 能同时支持至少 6 台以上的移动设备，所以即便出租车是满员状态，乘客也丝毫不用为网速担心。同行的老师傅们都说，自从张超将移动 Wi-Fi 带到了车上，很多乘客都会直奔他而去，不得不说，现在的年轻人是真的很有想法。

也许有人会问，张超这样让乘客免费使用 Wi-Fi，会不会增加自己的负担，让自己做了亏本生意呢？其实，完全不用为此担心。张超透露，这台移动 Wi-Fi 设备是自己在网上花了 400 元钱购买而来，它就像是移动电源一样，只要充好电，就能够支持上网活动，持续时间在 4 个小时以上。买完了设备，张超还要买流量，他办理了一个 78 元就能使用半年的流量套餐，套餐总数据流量有 9G，如此多的流量已经足够乘客们刷网页、玩微信等。但想要下载电影或者软件则肯定是不够的，所以张超特意在密码下方给乘客设置了温馨提示，以防有些不明就里的乘客将所有流量都使用完。

张超才将 Wi-Fi 设备放进出租车没几天，就有乘客慕名而来。很多乘客在车上就会问张超："所有的出租车都已经开始向乘客提供Wi-Fi 了吗？"每当这时，张超就会很得意地告诉对方："没有，整个重庆独此一家，再无分号。"有些乘客在用打车软件进行叫车时，知道张超会为其提供免费 Wi-Fi，还会特意在软件上进行选择。张超也由此得到了很多订单和补贴。他的同行们看到他的生意如此火爆，都开始向他打听 Wi-Fi 的事情，张超对这样的问题都进行了细心的回答，而且他说他毫不在意会有人和他一样，也向乘客提供免费 Wi-Fi，因为即便这个行业的所有出租车司机都在自己的车上配了 Wi-Fi，自己还是独一无二的存在。作为"鼻祖"式的人物，他的知名度会比现在还要高很多，而真的到了那个时刻，也许所有的设备就都不用司机自己购买了，这也能为司机节省一笔费用。

　　Wi-Fi 的魅力果真如此巨大吗？有专门的公司对此做了一份调查，他们在街上随机抽选出了 50 位群众，当调查人员问他们"在一辆提供 Wi-Fi 的出租车和没有 Wi-Fi 的出租车之间，你会选择哪辆进行乘坐"，有 45 位群众都明确表示自己会优先考虑提供免费 Wi-Fi 的出租车，而另外 5 位则表示有无 Wi-Fi 对他们的影响不大，因为他们并不经常性地浏览网页，其中有 1 人还说："如果在堵车的过程中，能够免费地上网浏览一下网页或者回复一些消息，会极大地缓解自己焦虑的心情。"

　　除了免费提供 Wi-Fi，张超还在筹划着在不久的将来，为乘客提供免费充电的服务和免费"爱心包"的使用。在车中配备晕车药、呕吐袋、清凉油等应急物品，如果有乘客感觉到任何不适，都能及时地向自己索要这些物品，而自己也会免费供应。张超想通过向乘客们提供种种便利的小物件，解决乘客乘车时出现的问题，让自己成为同行之中的楷模，把自己打造成新一代的模范司机。

　　张超向乘客提供免费 Wi-Fi，不仅满足了乘客的乘车需求，同时也让自己成了热门的出租车司机，而他每月的收益也跟着水涨船高，从原来的四五千元发展到了目前的七八千元，成为同行们眼红的对象。可以说，张超会取得目前的收入成绩，免费 Wi-Fi 功不可没。

第 **7** 章
人人时代，人人可以做店商

人人时代已经到来。

基于共同的喜好、目标或者经历，人和人可以通过新的社会性工具超越传统社会的种种限制联结起来，一起分享、合作乃至展开集体行动。

亚马逊（Amazon）上有一件印着三匹狼和一个月亮的 T 恤，从任何角度来看这都是一件再普通不过的 T 恤，但就这样一件 T 恤居然一度爆红，成为亚马逊服饰类商品销售第一名。

其实原因很简单——一个网友对这件衣服无厘头的"赞赏"吸引了高达 403 条的评论，有高达 312 条评论将它评为"5 颗星"。大家争相查看购买，这件衣服就成了销量最大的商品。

美国，伊凡娜丢了一部手机，拾到者却不愿归还。但就是这么一个简单微小的事情，却造就了一场轰轰烈烈的全民网络大搜索运动，甚至还惊动了《纽约时报》、美国有线电视新闻网（CNN）和纽约警察局。

这就是人人的力量。

在人人时代，媒体不再掌控机构特权，人人都是媒体，人人都可通过微博、微信、人人网、短信、EDM（电子邮件营销）等多种途径通过朋友的朋友的朋友的朋友的朋友去认识这世界上的任何一个陌生人，去发布自己的信息或推广自己的产品。

在人人时代，每一个人都是自己的首席执行官，每一个人都可以成为代理商、零售商。只需用手指轻轻一点，你的消费者就可以随时随地关注你的商品动态，你可以在第一时间与顾客进行心贴心的沟通，了解他们的需求！

正如37signals的创始人戴维所说："这是全新的现实。今天，任何人都可以创业。"

当然，你也不例外！

"糯米酒先生"用微信公众号带来的高收益

如果你搜索"客家土楼糯米酒",就会知道"糯米酒先生"这个人。糯米酒先生,即一位酿造糯米酒并进行出售的先生。这位先生原名张湘隆,来自厦门客家土楼。他的酒坊就坐落在永定县的一个小村子里,他酿酒有一个最大的特点,就是酿酒的整个过程都是采用传统的纯手工工艺。

人们很难想象到这位采用纯手工工艺酿酒的先生其实早在2013年8月就已经成功申请到了微信的公众账号,就是前文提到过的"客家土楼糯米酒"。而经过了一年的经营,通过自身的摸索与积累,张湘隆终于取得了初步成功。通过具体的数据我们就可以看到他取得的销售成绩:打开他的公众账号,里面的数据显示有近2.55万名的粉丝在关注着"客家土楼糯米酒"。张湘隆为糯米酒的定价是每斤60元,在这么多的粉丝当中,购买者通常都是一次性就购买五斤以上,所以每笔单子的最后成交价都在300元以上,而其月销售额超过了5万元。

那"糯米酒先生"究竟是用什么秘诀通过微信营销取得了如此让人眼红的成绩的呢?

有了微信公众账号后，张湘隆就开始想方设法地笼络粉丝。

微信不像微博，在微博中，很多微博达人与微博大 V 们为了吸引人们的关注与增加自己的粉丝量，都会在刚开始的阶段买很多"僵尸粉"，作为吸引正常用户的手段，有些达人和大 V 用户的"僵尸粉"甚至占到了整体粉丝阵营的 90% 以上，而人们都是具有从众心理的，况且点击一下关注又很方便，所以很多不明真相的路人就会被吸引，跟风式地点击关注。但这一方法在微信中却根本行不通，因为微信所采用的是这样一种模式：你可以关注我，我也可以关注你，我们之间可以很有效地交流，但我们双方的粉却不知道我们之间的互动关系。也就是说，微信所采用的这一模式从一方面来说很好地维护了用户的隐私，但从另一方面来说，这个模式也使得用户缺少粉丝增长的途径。所以在微信上，粉丝的获取更多的是需要通过其他的媒介进行推广或者其他渠道进行介绍才能实现。

张湘隆为他的糯米酒定下的单价是每斤 60 元，但市场上所流通的糯米酒基本都是二三十元一斤，所以无论是从价格还是从品质上来说，"糯米酒先生"的产品都与其他店家的产品有很大的不同，这就需要"糯米酒先生"定位自己的客户群，并且知道去哪里寻找客户群。而为了锁定客户群，并能够让他们成为自己的粉丝，张湘隆是这么做的：

首先，他对当地高端的厨柜以及酒类企业进行了细致的观察与了解，最终把目标定到了其中的十几家大品牌与二十几家中高端品牌上，然后他和其他的伙伴们利用了近半年的时间专门守在这些店铺的门口进行现场"拉粉"。我们都知道，能够在高端橱柜店闲逛的人多数都是具备一些经济实力的，他们愿意多掏一些钱来购买高品质的产品。接下来，"糯米酒先生"与他的伙伴们会对客户进行判断，一旦发现合适的人选，就会主动前去搭讪。如果人们害怕上当受骗或者担心泄露隐私，他们还会递上印着他们店铺二维码的名片，并强调自己的账号是公共性质的，私密性很强，面对热情而真诚的他们，很多客户都会很快点击关注。

此后，张湘隆就会向已经关注公众账号的客户免费邮寄一瓶糯米酒给他们试喝。通过此举，他们不仅能够获得客户的第一手信息，增强客户对他们的信任，同时也推广了自己的糯米酒。况且，有很多客户为了补偿张湘隆免费给自己提供糯米酒，都会在公众账号上下单并主动帮助他进行账号的推广。从消费心理学上来讲，只要对方能够接受张湘隆的试喝邀请，那么将对方发展成为自己的客户也就只是时间问题。如此，经过反复邀请、尝试与坚持，"客家土楼糯米酒"终于有了四百多名忠实的粉丝。

但四百多名粉丝对于一个公众账号来讲，明显是不够的，接下来就要完成粉丝的量变工作了。张湘隆得到这最初的四百多名忠实粉丝后信心大增。他知道，是时候结束这种利用蹲点和免费才能获取到粉丝的模式了，采用广而告之的方法来获取粉丝的条件已经达成。

从这以后，张湘隆就开始了自己微信公众号的推广活动：当有顾客来电购买糯米酒时，他就会直接将自己的公众号告诉对方，邀请对方关注，让他们成为自己的粉丝。在把公众号告知客户的同时，张湘隆还会用"利诱"的手段吸引客户：他用折扣和抽奖等方式来引导客户，用线下体验的方式来吸纳客户，把二维码接口放在每一个糯米酒的标签上来方便客户，充分利用各种手段和机会来增加自己的粉丝量。

诚然，想要建成罗马并非是一朝一夕就能够完成的，想要获取粉丝就要珍惜并把握每一个曝光机会，"没有条件创造条件也要上"，除了张湘隆所使用的方法，还可以用展会的形式向大家展示自己的产品，用 DM 单的形式来推广自己的产品。DM 即 direct mail advertising，译为"直接邮寄广告"，也就是把自己的产品直接邮寄到客户的手中，让客户有更直接、更全面的体验。当然，如果没有足够的资金，也可以用最为原始的办法：从自己附近的人中筛选出目标受众，加其为好友之后再邀请对方关注自己的公众号。

当张湘隆的公众号粉丝数量足够多的时候，他就着手运营自己的公众号了。首先是线上内容的运营。张湘隆并没有采用硬性推销的方式，按他的话说，"只有用沟通交流的方式才能长久性地留住客户"，因此账号只是向粉丝推送一些酒文化的介绍和糯米酒的酿造工艺，重点介绍一些糯米酒的具体喝法以及保健功效等。

第二就是线下活动。张湘隆会在公众号中不定期地发布一些关于举办线下活动的消息，号召大家到他们的酿酒基地去考察与监督，而有空闲时间的粉丝就会报名参加。试想，在闲暇的周末时光，情侣或者一家三口其乐融融地去体验客家酒文化，身临其境地感受传统而古老的酿造工艺，该是多么惬意。可以说，这是一种身与心的双重享受。而在活动结束后，基本上所有参与活动的粉丝都会购买一些糯米酒回去，对于张湘隆来说，此举既吸引了粉丝，又增加了自己的销量，可谓一举两得。

就这样，靠着微信营销，张湘隆的月销售额超过了五万元，而这个纪录还在不断地刷新。

微信里的水果店：大学生卖水果也能月入上万元

水果电子商务是一个新趋势，包括现在的很多电子商务巨头都已经开始进入到了这一领域，如天猫和"1号店"。天猫增加了一个新频道——喵鲜生，主推水果、鲜肉、大米和水产这四类产品，而且这些生鲜产品中有很大一部分都是源于他国，有一些产品是我国本地所没有的，像源于智利的樱桃、来自加拿大的北极甜虾、产自挪威的三文鱼，包括新西兰的羊肉和澳洲的杧果等，这些产品都需要消费者进行预订之后才能出售。

以下这个案例的主人公黄铁森，也是刚驻扎到这一领域的创业者。他还是一名在校学生，针对为什么现在卖水果的电子商务越来越多的这个问题，他是这样回答的："我想大家可能都看中了卖水果这个行业的利润吧，毕竟它的毛利润能够达到总体的 30%。"

黄铁森最初的创业灵感来源于他的女朋友，因为他每天都要为女朋友买水果、送水果。而在女生宿舍楼的楼下，不乏很多和他一样拎着水果等女友下楼的男同学，这使他灵感乍现：学校有这么多女生，基本上每个女生都要吃水果，而每个女生的月生活费中都要分出至少 50 元钱来买水果，这还是一个最基本的数目。一幢宿舍楼大约有 1500 名女生，而一个校区至少有 10 幢女生宿舍楼，男同学的水果消费不多，但也不在少数，这样算下来，通过微信在学校卖水果简直是大有赚头。

黄铁森从 2014 年 3 月开始通过微信卖水果，做了一个"微商"。

创业之初，黄铁森的生意并不怎么好，一般都是以个为单位将水果卖给不爱动、懒得出去的学生，常常等上一天才有一笔几元钱的生意。人们不信任他，觉得他不太靠谱，但时间一长，同学之间也会就微信买水果进行讨论，有了几单成功的生意以后，黄铁森的口碑才逐渐好了起来，生意也逐渐步入了正轨。

在整个微信经营中，黄铁森自己一人要负责进货、分拣和配送的所有环节。他第一次去水果批发市场进货时，一共要进五箱苹果，可是老板以他的进货量太少为由只给他验了一箱的货，没有办法的他只得同意，但回去拆开检查后才发现，后面的几箱苹果都是开裂的甚至是腐烂的残次品。即便如此，他也不能去向果行老板退货，因为一旦自己的行为惹得水果批发老板不高兴，那自己的生意也就没得做了。因为黄铁森的进货量不大，所以搞水果批发的老板们都不重视他，其至根本就不想和他合作，如果他不能以行动来向他们证明自己能够让他们获利，并且这种利益是长久性的，那么面对这些水果商们，他就永远不会具备议价的能力。

"在刚开始的时候，因为人们都知道你是个学生，所以你肯定会面对一些让自己非常无奈的情况，但后来跑的次数多了，业务也做得熟练了，现在的我可以说是这行的'老油条'了。"黄铁森得意地说。紧接着，他又说："我现在每天到市场之后首先要做的不是挑选，而是比较。这个市场是变化的，是动态的，不论是价格还是质量。可能我今天从这几家进货，明天又跑到其他几家进货了。现在我的进货量已经不像刚开始那样小了，所以现在我的选择权也多了起来。"

进完货之后就是分拣和配送。刚开始，每天的订单都很少，所以黄铁森自己一人就能够忙得过来，但到了后期，随着订单量的增长，他自己就有些力不从心了。所以他又邀请了几个好朋友跟他一起卖水果。虽然进货只需要自己细心地去摸清水果批发市场的规则，熟能生巧就能够掌握要领，但分拣和配送却不是这样容易的事情，这个环节不是通过时间的推移就能够解决得好的。最初，由于他们分拣水果没有一定的规则和程序，所以六个人忙一整天也才仅仅能够承受 1000元的订单，有时即便是 1000 元也忙得众人焦头烂额。直到后期，他们将分拣和发货的流程做了总结和优化之后，情况才得到了明显好转，每天只要三个人就能够接下 4000 元的单子。

他们是通过这样的优化来提高工作效率的：

首先，对水果进行预挑选，在拣货和打包的时候，将订单中的套餐和微店中提供给顾客的水果组合中所包含的水果进行挑选并打包。

其次，将订单按照地域来进行分类和整理，送货地点的不同决定了送货时间长短的不同，对于一些地区较远的订单，需要后台的管理人员在打印订单的时候自行分类，将它们额外分出来。

再次，在工作台进行打包的工作人员会一起处理三个订单，打包人员将自己负责的三个订单所需要的水果全部集中到工作台，按照订单内容进行打包并在包装袋上贴上小票和顾客的订单号来做好标识。黄铁森说，他们现在的工作台已经扩充到了三个，每个打包人员平均每小时能够处理40个订单。在他们工作繁忙的时候，还会特别增加一个传送员，从货架上取出所需要的水果传送给打包人员进行打包，省去了打包人员在货架和工作台之间来回穿梭的时间。

最后，在打包人员打包结束之后，分拣员再把工作台上的所有订单按照不同的配送地区，分发到对应的装货箱内，由派送人员进行最后的收尾工作。

由于顾客大多是在校学生，所以黄铁森就针对大学生的特点，经常在微信中推出一些个性产品来吸引大家的眼球，包括为考研同学推出的考研套餐，为情侣们设计的情侣套餐，等等，这些时尚而有趣味的组合一经推出就获得了众多同学的青睐，成为抢手货。

黄铁森还经常在朋友圈发一些天气的变化信息和失物的招领信息等来吸引新粉丝的加入。他非常明确自己微信营销的主要客户群是众多的大学生，作为一个在校学生，他很清楚一个大学生的需求，根据这些需求做相应的市场投放，准确率和同学的接受率会特别高，而且用作为社交工具的微信进行营销，这个行为本身就能够被同龄的紧跟潮流的学生们所接受，信息的传播也会更深、更广，自己的品牌也会越做越大，口碑也会越做越好。

通过卖水果的经历，黄铁森有了以下感悟：要以做物流的想法去做电子商务，这点不仅仅体现在卖水果方面，对任何电子商务都是如此。因为相较于实体店而言，电子商务是以量取胜的，而面对大量的订单和货品，电子商务想要有好的回报就必须让自己的物流做到规范化和系统化，用物流和供应链的思维去做店铺的维护和推广。

黄铁森理想中的状态是创业到了一定阶段以后，自己要脱身出来转到后方，但现在他还没有停下自己的脚步，依然每天都与销售水果的日常杂事打着交道。

在校男生的"永生花"花店：店虽小但顾客多

没有实体店，仅通过微信或者微博的形式销售产品，人们称这样的店铺为"微店"。

近年来，通过微店赚钱的人有很多，蒋灵就是其中的一位。蒋灵是一名浙江经贸技术学院的学生，已经上大三了。他的微店主要经营鲜花，人气很旺，只要搜索"鲜花生意"，就能找到他的微店。不要小看了这家只卖鲜花的微店——他的月营业额很高，基本上每个月都能超过十三万元。

蒋灵说，现在一登微博，或者刷微信朋友圈，肯定能刷出很多卖各种物品的消息。也许常人看到这些消息会觉得开微店是一件很简单又很好玩的事情，但如果没有一颗坚持到底的"石头心"，真正做起来还是很困难，是很容易让人心生放弃的。

那为什么蒋灵开的微店能够得到大家的欢心，受到大家的欢迎，生意如此火爆呢？对此，蒋灵给出了他的回答："因为我们店里的花足够特别。"

蒋灵的店里除出售一小部分的鲜花之外，所售出的大部分花都是永生花。人们也叫永生花为保鲜花和生态花，它是把如玫瑰、蝴蝶兰等大众普遍喜欢和认可的鲜花，用特殊的工艺进行处理，在保留鲜花特质的前提下而生产的，这种花在颜色与手感上与真鲜花比较起来是没有分别的，但颜色却更为丰富，用途也比鲜花更广泛。最为关键的一点是，永生花的保存时间在两年以上。

鲜花一经采摘，如果没有得到好的照顾，很快就会枯萎，而永生花则不同，它的"长寿"使它更具吸引力。蒋灵说，2014年的永生花卖得非常好，因为之前的高温，很多鲜花都容易枯萎，所以人们争相购买永生花，而且今年的节日也很多，每逢节日到来，永生花的订购量就要较往常翻上几番。

在蒋灵的朋友圈中，我们可以看到，店里的永生花不是单支卖的，而是通过盒的形式出售，每盒中包含了十种不同颜色、不同款式的永生花，平均每盒花的单价是650元，而对于那些包装更为精美、款式更为漂亮的永生花，他定下的单价更是高昂，有些甚至达到了上千元。开店一个月，蒋灵的营业额已经超过了十三万元。

而据蒋灵透露，他通过微信开花店纯属偶然。2014年的七夕情人节，蒋灵想买一束花送给他喜欢了很久的女孩，但如果送那些千篇一律的鲜花又显得过于普通，没有个人特色，于是他就去淘宝搜索鲜花。搜了很久都不满意，终于他看到了一家永生花的专卖店，点击进去看到了永生花的照片之后，他立即就被吸引了，于是他马上联系店主要订购一盒价值750元的永生花，但令他意外的是，店主回复他说永生花已经被订购完，而直到情人节过后，永生花才能到货。这让蒋灵很是失望，可他转念一想：为什么永生花这样受欢迎？它到底有什么魅力，能够让人们掏出近千元来购买，而且购买的人还如此多呢？

于是，蒋灵马上就查阅了永生花的资料。知道了永生花的特质以后，蒋灵忽然想自己也可以卖花，现在开微店的人这样多，自己的好友也不少，如果开微店来卖永生花，不仅能够省去房租的费用，还能通过自己的好友来帮自己做宣传，也许这能够让自己大展一下身手。

但蒋灵并没有冲动地马上开店，他先是在网上进行了考察，考察后发现，在日本和台湾地区，永生花的生意非常火爆，销售得非常好，而永生花的整体制作工艺也达到了细致而系统的程度，就这样，又花费了些时间进行相关的摸索，蒋灵终于联系到了供应商，于是一个卖永生花的微店就诞生了。

在开店初始，花店的整体运营和所有程序都是靠蒋灵自己一个人完成，即他包揽了客服、搭配和送货的所有工作，直到后来，订单量增多，他忙不过来了，才招聘了 3 名员工——1 人负责永生花的工艺搭配，另外 2 人担任客服。

现如今，蒋灵的微信公众号粉丝已经达到了 7000 人，而这其中购买过他的永生花的粉丝就有上千人。他说："我没有做过多的宣传，这些粉丝都是通过微博和微信认识我和我的花店的，很多粉丝不止一次光顾我的店铺，还有很多新粉丝都是老粉丝带进来的。"

就这样，经过粉丝的传播与长久积累下来的好口碑，蒋灵的花店逐渐被更多的人知晓，查看他的订单会发现，很多订单都来自外省。而由于永生花的保质期可达两年以上，所以完全不用担心快递的问题。蒋灵自己也统计过，他的顾客中有近一半都是省外的。

现在，想要购买蒋灵的永生花都要提前一周进行预订。蒋灵说："在我的微店中，花样不是很多，但它们有一个共同点，就是它们都足够特别。制作永生花的材料是我专门找到一家进口商提供给我的，而一些配饰则是我每天去市场千挑万选才买回来的，像风车果、绣球等这些不常见，但足够特别的花是我选购的重点。"

在蒋灵设计的 7 个花盒款式中，名为"最初"的花盒销量最佳。蒋灵说："这盒永生花的花样都非常简单，透着一股天然去雕饰的感觉，就像刚刚从园中采摘回来的一样，所以我把它命名为'最初'。这个花盒风格受到了顾客的一致认可，所以都争相购买它。"

利用微信开微店，生意能如此红火，蒋灵并不感到奇怪，也没有为自己的成绩感到丝毫的骄傲，他只是说这是他创业的第一步，而且目前的成绩和他预想中的成绩还存在着一定的差距。接下来，他打算把自己的生意做得更大、更正规，不但要在微信上卖花，还要在老家开一家实体店，赚到足够的钱去迎娶他心爱的姑娘。

"面膜女王"的微店经营心得

牛姐来自山东，目前是一位非常成功的微信营销商，朋友眼中的她是一位著名的"面膜女王"，因为她每个月的面膜销售额已经破了百万元。

刚开始在微信上卖面膜的时候，她的团队中只有三个人，三人的微信好友加起来共有六千人左右。牛姐三人通过每天的朋友圈更新就已经能够给三人带来几千元的收益了，但牛姐觉得这还不够。于是她不断地调整着在朋友圈发布消息时所运用的策略，加强与微信网友的沟通和交流。随着时间的推移，她的销售额逐渐攀升，慢慢地居然也能够卖到上万元了。

当时微信对于好友数量是有限制的，几千人的好友数量虽然不少，但长期下来肯定会遇到销售"瓶颈"，好友数量无法提升，销售额自然也会跟着受到限制，无法取得进一步的突破。面对这样的情况，牛姐只得在原有的销售模式基础上再开辟出一条新的道路，而这个新道路就是朋友圈代理。她意识到，只有集众人之力才能让自己的生意更上一层楼。

通过向老师和其他做销售的朋友进行详细的咨询和交流之后，牛姐走上了自己的朋友圈代理销售之路。

牛姐首先在朋友圈中发布了招代理的信息：购买并使用过面膜的朋友可以将自己使用后的感受发布到朋友圈。感兴趣的朋友自然会对此进行咨询，如果有人有购买意向，就将此人介绍给牛姐，一旦买卖成交，牛姐就会给介绍人提成。这样一来，很多使用过后感觉效果还不错的客户都会在朋友圈中帮牛姐推广她的面膜。

但紧接着问题又出现了，很多顾客虽然帮牛姐在朋友圈中做推广，但她们的手法并不专业，这也直接影响到了二次销售。为此，牛姐专门成立了一个微信群，将所有做推广的客户都拉了进来，将自己的心得与销售的相关知识和技巧一一介绍给大家，而客户之间也会彼此交流。就这样，大家做得越来越专业，招揽来的客户也越来越多，销售额自然也成倍地增长起来。牛姐早期的客户大多数都成了她的代理商。时至今日，牛姐的代理商已经有几百人了。

为什么会有如此多的客户帮牛姐做代理呢？首先，还得是牛姐的面膜质量确实有保证，这些客户用了之后确实感觉良好，自然会信任牛姐，同时也信任牛姐的面膜；其次，使用微信做推广，并不需要占用她们太多的时间，只要将自己的感想和面膜的介绍发布出去，不断地增加自己的好友数量，就能够成功地销售，而销售之后还会有牛姐提供的提成。一份提成虽然不多，但积少成多。随着朋友的增多，销售额得到提升，她们自然会获得越来越高的提成。这就提高了她们的积极性，形成了积极的循环。

利用这种方式，牛姐的微信代理商不断增加，销售纪录也不断被刷新，从最初的每月几十万销量，到后来每月上百万的销量。这个传奇的缔造仅仅花费了牛姐两个月的时间。

现在，牛姐的团队人数已经增加到了 7 人，除她之外，1 人负责财务，4 人负责客服，1 人负责整个微信平台的维护。

而以下几点即是牛姐总结出的销售心得：

第一，找到适合的销售渠道。

首先，牛姐通过在微信朋友圈更新自己的面膜图片，能使自己的个人粉丝更加精准地收到信息。这些信息就像一对一的电话营销一样，能够使潜在客户更清楚产品的定位。同时，牛姐在微信朋友圈中还会更新一些充满正能量的文字，和一些关于生活的感悟和体会之类的文章。这些有价值、有意义的文章不仅仅吸引了朋友的眼球，同时也明确了牛姐做微信营销的态度，让客户对牛姐更加信任与依赖。而顾客的信赖就是牛姐胜利的关键。

其次，牛姐有自己的微信公众号，名为"济南曙光"。微信公众号是牛姐对外宣传和对外招商的一把利器，同时它也是一条双向沟通的渠道。利用公众平台，牛姐的面膜销售就能够更全面地覆盖到全国，通过每天信息的推送，牛姐能够精准地把信息传送到每一个关注"济南曙光"的粉丝。与此同时，牛姐还会时刻分享一些养生养颜类与健康励志类的文章，投大众之所好。这样不仅能巩固原有的粉丝群，还能广泛地吸纳新客户。

第二，对销售渠道的维护可以促进每一笔交易的完成。

首先，要笼络一定数量的粉丝，没有粉丝，就没有潜在的客户，那么一切都是无稽之谈。一个拥有五千名粉丝的公众号所带来的影响力和一个拥有五万名粉丝的公众号所带来的影响力是不一样的。所以牛姐总结道："要想销售做得好，吸引粉丝的工作不可少。"一开始，牛姐的公众平台粉丝数量很少，极大地限制了销售数量，员工们也都很沮丧。这样浑浑噩噩地过了两周，牛姐觉得不行，再这样毫无建树下去，销售额永远都突破不了"瓶颈"。于是，牛姐特别要求员工们每天增加粉丝的数量不能低于五十人，低于这个数量则要对员工施加一些小惩，但如果超过这个数量则要给员工包一个大大的红包。就这样，员工每天都在绞尽脑汁地研究怎样吸纳新粉丝。两个月过去了，员工们看着急速增长的粉丝量都露出了满足的笑容，而牛姐也如约给每个员工都发了一个厚厚的红包。

其次，在有了一定数量的粉丝之后，还要想方设法地增强粉丝的黏性。所谓的黏性就是粉丝对平台的归属感，让粉丝不会从平台中脱离出来的力量。而想要让粉丝不脱离，就要和粉丝之间建立起密切的关系，用交流来达到交心的效果，用交心来促成交易的完成。对于粉丝的疑问要耐心解答，对于粉丝的咨询要详细答复，只有用最朴实的态度去感染粉丝才能保证粉丝对你的持久认同。

最后，要稳扎稳打地促成交易。微信营销有两个核心问题，就是内容的营销和客服的答疑解惑。公众平台所推送的内容要有价值，并且在内容中强化自家的品牌才能加强粉丝对品牌的记忆与认同。如果推送出去的内容不能引发粉丝的关注，不能为粉丝创造出价值，不能在粉丝心中留下独有的记忆，那么每天失去粉丝的数量绝对会超出想象。客服在交易中的作用也显得尤为重要，这些看似简单的谁都能做的工作，恰恰需要最耐心、最细致的人来完成。客服人员是否能及时并有效地回答顾客所提出的问题，对于一笔交易能否顺利达成起着至关重要的作用。

第三，就是管理。

牛姐在建立代理咨询微信群的时候，会安排一名专业的工作人员作为该群的管理员，详细地向代理人员介绍工作内容和一些常见问题的处理方法，同时不断吸纳新代理商，让新老代理商们共同交流沟通，达到共同进步的效果。在工作人员为大家答疑解惑的同时，牛姐也会为大家安排一些培训，教大家一些微信的运营谋略和软文的写作技巧。

就是靠着这些运营技巧与自己坚持不懈的努力，以及对与粉丝关系的精心维护，牛姐才在短短一年之内就做到了微信营销圈中的"面膜女王"。

布谷娃娃手工艺品微店：顾客可以自己来缝制

布谷娃娃是一家专门卖手工缝制物品的微店，店主名叫石丹。店内的所有物品都是她自己设计并手工制作的。她的店内有温馨的沙发靠垫、可爱的抱枕、充满童趣的碎布壁画、文艺感十足的粗麻布包，甚至还有一些精美程度较一些大牌也丝毫不显逊色的布艺玩偶……凭借丰富多样的产品和独树一帜的风格，石丹获得了很多粉丝的青睐和拥护。而石丹做生意的招数则是聊微信。

石丹每天除了制作新产品就是在聊微信，仅仅依靠微信的营销和宣传，就能够让她的月营业额达到万元，这使她轻松地胜过了很多公司白领的薪金待遇。

石丹毕业于山东师范大学美术系。刚毕业的时候，她在烟台一中做过短期的美术老师。学校给学生安排的美术课并不是很多，所以她的工作也就不是很忙碌，甚至可以说是很轻松。但旁人都很羡慕的工作对于石丹来说却显得有些过于安稳与平淡，她觉得自己不能这样悠闲地过一辈子。

一次，石丹去朋友家做客，偶然看到了一本关于制作布艺蛋糕的外文杂志。朋友对这样的蛋糕感到很惊奇，石丹却很无所谓地说"我也能做"。朋友看着她一脸不屑的样子，就很想打击一下她的"嚣张气焰"，于是朋友对她说道："过两天我过生日，你要是也能做出一个和图片上一样的蛋糕给我当礼物，我就相信你。"石丹听后很爽快地答应了下来。

朋友不知道，制作这些布艺类的东西对于石丹来说是真的没有难度——她在手工制作方面向来很有天赋。朋友的生日很快就到了，当天，给朋友庆生的所有人都拿着买好的假他人之手的礼物，只有石丹一个人把自己亲手制作的布艺蛋糕送给了朋友。众位亲友都对这个布艺蛋糕惊叹不已——虽然是布艺缝制，但传统蛋糕上该有的奶油和鲜花却是一样也没有少，与真实的蛋糕比较起来也不差毫厘。

众位亲友的赞美与鼓励让石丹很是欣慰与得意，她想到，既然自己有这方面的天赋，制作出来的东西也确实很漂亮，那为什么不开一家专门卖手工布艺缝制品的小店呢？这样既娱乐了自己，又满足了他人。于是，2012 年 3 月，她的布艺缝制小店就在烟台最热闹的地方诞生了。

石丹斗志昂扬地想要大干一场，但理想很丰满，现实很骨感，残酷的现实给她带来了最猛烈的攻击——她的小店开业后，生意异常惨淡，看的人很多，买的人却寥寥无几。这样的打击差点让石丹的信心就此崩溃。

石丹不甘心，自己的产品这样新奇，工艺这样精致，居然得不到大家的认可，她很疑惑。于是她去做了广泛的市场调查，通过调查她发现，现在的很多年轻人根本就不认同手工艺产品。

对此，石丹很无奈，她觉得想要打开手工艺产品的市场，首先要在年轻人的圈子中普及一下手工缝制的概念以及这其中所包含的乐趣。

那利用何种方式，通过何种渠道才能达到宣传广泛、人们认同度高的效果呢？石丹首先就想到了微信。现在的年轻人几乎都用微信聊天、交友，甚至获取信息，如果能好好利用微信这个平台来为自己的手工缝制工艺品做宣传，肯定能取得意想不到的效果。于是，石丹马上注册了一个微信号，并拍摄了自己制作的布艺工艺品的多角度照片，将它们发布到了朋友圈，然后便开始与附近的人打招呼。

微信朋友对于新事物的接受程度明显要比石丹预想中的还要高，他们见到这样通过微信做生意、招揽顾客的店主都感到很好奇，许多人都开始询问石丹的手工布艺品，并咨询具体的店铺位置和石丹的联系方式。就是在这种亦乐亦卖的互动中，石丹建立起了自己的第一批顾客群。

石丹的第一笔生意，不是卖自己的产品，而是卖自己的手工缝制技艺。青年温某最近刚结完婚，婚礼很是热闹，但不幸的是场面过于热烈，自己的一位朋友一不小心将老婆的婚纱烫出了一个窟窿。如果这件婚纱归自己所有那还好说，朋友的无心之失他自然也不会太过计较。但这件婚纱是从影楼租来的，事情就变得有些复杂了。温某只能拿着破洞的婚纱去找影楼交涉，影楼的负责人表示：如果温某能够将这件婚纱缝补得几乎和原来一样，影楼就可以不让温某赔偿。

温某火急火燎地跑了几家裁缝店，但所有的裁缝都说这件婚纱的破洞处是在婚纱的前胸部位，根本就无法修补。万般无奈的温某只得抱着"死马当活马医"的想法向石丹求助。石丹看了看婚纱破损的程度，找来了三条七彩的绸缎，打成了三个纽扣结，将纽扣结依次缝制到了婚纱上。这样不仅填补了婚纱的破洞，更是在西式的婚纱上加入了一丝东方的意蕴，显得比原来还要别致很多。

温某将婚纱拿给影楼负责人看，负责人很欣喜地表示不用温某赔偿了，并赞叹温某找到了一位技艺了得的技师。负责人从温某处将石丹的联系方式要了来，而这家影楼也成了石丹后来长期合作的对象。

石丹的第一单生意不仅完成得非常出色，更给自己带来了一位长期的客户。这次良好的开端似乎也给石丹带来了好运，此后，石丹的生意越来越火爆，单子也接得越来越多了。渐渐地，石丹几乎不用自己主动加微信好友了，有很多人都慕名而来，主动加石丹为好友，而她的手工缝制业务也终于走上了正轨。

2012 年 7 月，石丹正式辞掉了学校的工作，专心做起了裁缝。缝纫机变成了石丹手中最顺手的画笔，石丹任自己的想象肆意驰骋，做出了很多新奇而有趣的小东西。一块粉红色的布经过石丹的缝制变成了令人垂涎欲滴的桃子，一块咖啡色的布条被石丹做成了诱人的巧克力棒……石丹不断在朋友圈中更新着自己的作品，她诙谐幽默的描述也为粉丝们带来了很多欢乐。就在此时，有人通过微信联系到石丹，表达了自己要做石丹学徒的意愿。

手工缝制自然费心费力，现在的生意很火爆，石丹正有些焦头烂额，而这个"求学意向"正好解了石丹的燃眉之急，同时也给石丹提供了一个新的经营思路。

为了招收更多的学徒，同时也为了扩大自己的商业规模，石丹租下了一个门市楼，装修风格很是古朴，石丹还在室内放了几张桌子，而每张桌子上都摆着一台精致又典雅的电脑缝纫机，前来学艺的朋友可以尽情地挑选自己喜欢的风格和款式，然后在石丹的指导下，缝制自己的作品，而前来购买的顾客也可以自己亲手实践一番。

石丹在微信中将这条消息发布到了朋友圈，而顾客和粉丝们听闻布谷娃娃居然能够自己动手缝制自己喜欢的物品，都兴致勃勃地来到店中，准备一展身手。顾客们在石丹的指导下有时竟然真的能把自己的想法变为现实，做出了很多简单却又实用的小东西，如茶杯垫、方巾。两个月下来，石丹的学徒已经增加到了 6 人，而店里的会员竟也吸纳到了百人以上。

到了 2012 年年底，除去租金和器材、布料的成本，石丹每月的收益竟然能达到两万元以上。她没想到仅仅通过微信的介绍和宣传就能将自己的兴趣变成赚钱的利器。石丹认识到了微信的巨大影响力，她决定要采取更进一步的行动让自己的微信发挥更大的威力。

在缝制手工艺品的同时，石丹开始积极关注一些相关的微信频道和公众平台，新添加了五百多名好友，而她个人的微信粉丝也增加到了一千多人。石丹充分利用微信推出的群功能，有意将与自己志同道合的一些"裁缝"都拉入到了群中，沟通过后她找到了几个技术与人品都不错，而且和她一样都经营着自己的"裁缝店"的人，单独放在另一个群里，并协商承诺道：群里的各位同人要共同分享自己的客户群和订单。就这样，她们的客户群变得更加广泛了，甚至遍布到了全国，而有时遇到忙不过来的情况，大家也都会彼此求助，这样既使自己的知名度得到了提升，又避免了"肥水流入外人田"的情况发生。

为了扩大自己的影响力与增加自己的粉丝数量，石丹还印制了很多名片，顾客一眼就能看到上面占了大半篇幅的二维码，这使石丹的微信好友变得更多了。而很多交易也是在微信上完成的。客户信任石丹，看着石丹朋友圈中的照片就能够下单购买，丝毫不会担心质量、款式会出问题。顾客对石丹的这份信任源于石丹对自己、对学徒的严格要求。石丹自己既要指导学徒，又要指导顾客，有时根本忙不过来。她担心学徒在她忙碌的时候偷工减料、浑水摸鱼地欺骗顾客，也怕学徒自己私下里揽顾客的生意，所以她特意制订了非常严格的规定：

首先，学徒和其他工作人员必须是真正热爱手工缝艺工作。不能只为了贪图一时的新鲜好玩就盲目报名，降低了自己手工艺品的品质。

其次，她给学徒和员工定下了三个月的微信业务考察期，在此期间，学徒如因为服务态度不好、工作不细致而遭到客户投诉，将立即予以开除。

最后，在订单的分配上，所有学徒都要为小店的品牌和形象考虑，彼此互帮互助，保质保量地完成订单，杜绝出现因学徒贪功而失约于客户的现象。

规定很严苛，石丹执行起来更是一板一眼，丝毫不"姑息养奸"。正是凭借着这样的态度，布谷娃娃才能在她的精心经营下，生意蒸蒸日上。现如今，石丹每年的收益已经达到了五十万元。也正是借助着微信的这股东风，石丹如愿地到达了装满了财富的城堡，敲开了财富的大门。此刻，她正在寻宝的路途中信心满满地继续前行呢。

背着大米去跑马拉松，赢得媒体关注

在 2013 年以前，富军是一个做五金配件生意的小老板，而在 2013 年以后，他变成了卖大米的大老板。

富军卖大米纯属偶然。富军的老家在山东，他妻子的老家在东北，全家都喜欢吃大米，而且每年妻子的家里人都会从老家给他们寄一些有机大米。寄得多了，富军就会把大米当成礼物送给朋友。朋友们吃了以后也都说好。就这样，富军的大米一送就送了两三年。一天，妻子跟富军开玩笑道："朋友既然喜欢东北大米，而且吃了以后都说好，你干脆卖大米吧。你作为'金牌销售'，肯定能把大米卖得很好。"

妻子的一番话给了富军灵感，在妻子的激励和鼓动下，富军毅然地走上了卖大米的道路。当富军在朋友圈中将自己要卖大米的消息发布出去之后，得到了朋友们的一致点赞。他将自己的社会关系梳理了一番，甚至请和他一起卖五金产品的朋友们一起帮忙，把这么多年来合作过的客户都一一列出，在其中挑选出一些潜在的客户，然后将自己的大米分成 10 斤、20 斤的都送了出去。朋友们都很疑惑：富军不是卖大米了吗，怎么还和原来一样给人送大米啊？

对此富军有自己的考量，富军知道，这些客户只知道自己的五金产品质量不错，所以能够和他进行合作，但大米和五金产品根本不搭边，想要赢得客户的好感和信赖，做一些前期的投资是很有必要的。而且，客户收到自己的免费大米，必然会感到不好意思，回头还会从自己这里买一些大米回去的。这样一来，自己的大米就有了买家和客源了。

第一批大米销售结束之后，富军的售米事业显得有些举步维艰，毕竟老客户也是有限的，接下来要怎样发展新客户呢？此时，机会来了。

　　富军的朋友们组织了一次户外旅行，邀请富军参加，富军欣然前往。旅行的时候大家都玩得很疯，有一位朋友提议道：咱们比赛吧，先设定好一个地点，然后我们在两个小时内从现在所处的位置到达指定的地点，到了之后比一比谁加的微信好友多——在2013年年初的时候，微信已经开始流行，人们见面之后不再仅仅局限于交换名片，而是互相添加对方为微信好友。众人都觉得这个创意很好，很有挑战，于是都欣然迎战。

　　就是在这一周多的户外旅行中，富军新加了一千多名的微信好友（这些好友成为富军的第一批粉丝和第二批客户）。很多好友看到富军朋友圈中的大米和他的介绍之后都流露出了购买的意向，大家看到富军在朋友圈中如此不遗余力地介绍自己的大米，并没有心生厌恶，相反，人们对这个在旅途中乐观开朗、自信洒脱的富军印象更深刻了。

　　随着富军微信好友数量的逐步增加，他觉得尝试做一些线下活动来推广大米的时机已经到了。虽然他没有做过品牌的推广，但他毕竟做过商人，有着商人应有的敏锐。他知道，事件营销无疑是最有效应和影响的一种推广活动，有趣而令人印象深刻的话题总是能吸引众人参与到讨论之中。于是在2013年12月1日，上海国际马拉松日，人们看到了这样的"奇观"——有一只背着米袋的"愤怒的小鸟"正飞奔在马拉松的赛场上。

　　"愤怒的小鸟"是富军，他穿上了从网上买的一套"愤怒的小鸟"的衣服，背上了一袋自家的大米，在衣服上贴满了自己的二维码，晃晃荡荡地来到了赛场上。富军这副"愤怒的小鸟"造型引发了媒体的大量关注，就连赛场上"最美丽的选手"廖智都来和他进行合影留念。

　　富军顺利地登上了媒体的头条，他个人的微信也被众多的网友加爆，而他的大米则卖得脱销了。这时，富军只花费了十个月的时间。

　　虽然富军的朋友圈的消息不断在更新，但已经有朋友向富军抱怨了：你发来发去都是大米的信息，大家已经看了不下百遍，就不能有点新意吗？富军对此做出深刻反省，并马上改变了套路。

此后，富军把朋友圈变成了自己的"媒体发布会"，把一些自己解决不了的难题都发布到朋友圈中进行求助，包括店铺要取什么名字好，广告语要设置成什么更有吸引力，线下活动要怎样做才能更有趣，等等。富军所开展的很多线下活动，最初都源于微信网友的创意。此举不仅解决了富军的难题，还让广大的朋友们对富军的卖米事业更为关注，增强了大家对富军大米的认同度。

后来有朋友总结了富军朋友圈中出现的高频词语，主要有：大米、健康、真诚、坚持、感恩。富军成功地在朋友圈中塑造了自己开朗、阳光、充满正能量的"卖米大汉"的形象。这和他熟悉微信平台，能够准确定位自己的销售群体是分不开的，更重要的一点，他确实是一个积极向上、努力争取的人。

到了 2013 年年末，富军已经销售了超过二百万元销售额的大米，超过九成的订单出于和他素不相识、素昧平生的微信网友。很多网友也会对富军的朋友圈内容进行回复，他们都说：富军，我吃过你们家的大米了，不错，我们也算认识了，接下来的大米就在你们家买了。

二百万元对于富军来说还仅仅是一个开始，接下来他打算开通自己的微信公众平台，相信这会给他带来更高的利益、更多的可能性和更广阔的发展空间。

大学生创业：微信卖菜生意红火

在睡前打开微信，找到"土拨鼠送菜"平台进行下单，第二天等着"土拨鼠"将菜送上门，轻松地享受下厨烹饪的乐趣，成为很多芜湖白领们越来越习惯的事情。

"土拨鼠"是由几个就读于安徽工程大学的学生创立的。它的主要负责人是杨同舟。杨同舟说:"从淘宝开始,电子商务已经走进了大多数人的生活,而微信较淘宝而言,不仅能够免费发布消息,更能同时与客户直接交流,而不用再通过其他社交软件,所以在微信上做电子商务是一个很好的选择。无论是推广平台还是销售平台,微信的潜力都是巨大的。与此同时,微信的用户群普遍年轻化,包括很多的上班族在内,很多人根本就没有时间去菜市场买菜,而如果我们能把菜都买好送到他们手中,相信很多人都乐于接受。这就是我最初成立这个平台的原因。"

而为了将"土拨鼠"和其他的卖菜平台区分开来,增添"土拨鼠"的特色,杨同舟决定,将菜清洗并切剥、装盘之后再送给客户,这样客户掀开保鲜膜之后就能够直接将菜下锅了。此举不仅省去了上班族们大量的洗菜时间,更提升了"土拨鼠"的形象,增加了他们的收益。

杨同舟的合伙人是他的两位名为严景生和焦亮的室友。每天早上天刚蒙蒙亮,他们就要起床把农户送来的蔬菜搬运到加工间,到了午休时间进行蔬菜的清洗和包装,下午下课后进行芜湖市各区的配送。由于他们的创业行为并没有影响到学业,所以学校非常支持他们的行动,还特意为他们在校区的大学生创业基地内另辟了一间办公室。

2014 年 4 月 15 日,"土拨鼠送菜"正式在微信平台上推出,经过一段时间的宣传和推广活动,"土拨鼠"目前已经有了几千名粉丝,并且这些粉丝的消费都趋于稳定。杨同舟一行三人每天都能接到几十份订单,到了周末,更是能接到上百份的订单,每天的交易额高达两千元。对于这样的成绩杨同舟并不满意,他说:"目前我们三人还在上学,每天的课程都很紧,白领们的时间很紧张,我们的时间也同样很紧张,而如果我们有更多的精力和时间,成绩一定会比现在还要好很多。毕竟我们的菜品已经齐全了,客户只要添加了我们的微信,就可以在上百种菜品中选择他们喜欢的进行订购。"

三位同学目前成了校园中的名人，不仅芜湖市的电视台和一些报社、杂志社要采访他们，就连安徽电视台也要在共同频道的新闻中播出他们的事情。学校里的学生都说，每次见到这三人，他们不是在打电话、聊微信，就是在骑车去送菜，而这样忙碌又充实的生活确实让他们心生羡慕。

短短半年的时间，"土拨鼠"的服务范围已经基本覆盖到了整个芜湖市区，而一手创建"土拨鼠"的三个在校大学生，居然已经开始注册商标和公司了。

虽说生意很好，但创业之路才刚刚铺就，出现困难也是在所难免。杨同舟说制约他们继续发展的主要因素还是资金，要想把这个项目做成品牌，没有充足的资金显然非常困难。所幸经过电视台的相关报道之后，找他们谈加盟、谈合作的人也多了起来，不仅仅是在芜湖本地，安徽的其他地方，如合肥和马鞍山等地居然也有加盟商在不断联系他们，谈合作的事项。目前，他们正在制订详细而完善的加盟细则，为扩大"土拨鼠"的规模和影响做着努力和准备。

而对于"土拨鼠"的未来，杨同舟的心中已经有了规划，他说等到"土拨鼠"的规模和影响足够大的时候，就推出一个类似于承包的服务项目。也就是说，客户在微信上向他们订购的将不再仅仅局限于市场上随处可见的蔬菜，还可以是按照他们的意愿种出来的只卖给他们自己的独家蔬菜。这种私人订制的流程是：客户向他们提出自己想要吃的蔬菜，由他们去联系农户，农户会将自己的菜地单独地划出一小块来租给客户。在蔬菜种植以及成长期间，客户完全不用自己动手劳作，农户会替顾客进行菜地的打理。而客户会通过摄像头的实时监督了解到自己蔬菜的现状，并提出自己的一些想法和要求。在蔬菜成熟以后，再由"土拨鼠"进行包装和配送。在包装过程中，"土拨鼠"

会将包含了整个蔬菜种植和培育期间所有信息的二维码贴到包装袋上，让客户体验到绝对的私人订制的优越感和安全感。

现在的消费形式是"所见即所得"。也就是说，客户只能在看得到的有限的商品之中选择自己喜欢的进行购买，而杨同舟的构想是要让客户实现"所想即所得"，客户想吃什么，"土拨鼠"就能够为客户提供土壤和条件去实现客户的所想和所愿。在"消费者就是上帝"的现在，相信这种消费模式一定会掀起新一轮的营销热潮。